U0673622

西北大学学术著作出版基金资助

传道与出仕

共同体理论视野下的先秦儒家

李友广　王晓洁◎著

人民出版社

目　录

导　论 1

第一章　先秦儒家：家伦理影响下的道德共同体 25

    第一节　乡里生活与礼俗传统 28

    第二节　共同体理论视角下的先秦儒家群体 37

第二章　先秦儒家对"家"的执守、突破及依归 55

    第一节　共同体理论与先秦儒家对"家"的执守 56

    第二节　"家"的有效性及先秦儒家的突破 60

    第三节　伦理困境与先秦儒家对"家"的依归 70

    第四节　对"家"的反思 75

第三章　政治的伦理化与伦理的政治化 80

    ——先秦儒家在政治文化领域的建构努力

    第一节　政治的伦理化 84

第二节 伦理的政治化 ……………………………………………… 95

第四章 传道与出仕 ……………………………………………… 106
　　　　——儒者的价值理想与实践取向研究
第一节 理想感召下的干政行为 ………………………………… 110
第二节 传道与出仕 ……………………………………………… 123

第五章 道德自信与政治焦虑：先秦儒者的群体形象 ………… 134
第一节 用道德自信提领实践行为 ……………………………… 134
第二节 自信、焦虑与俟时：先秦儒者的群体形象 …………… 150

第六章 道势之间：中央集权体制压力下的汉儒及其艰难抉择 … 164
第一节 中央集权体制下的儒家理想 …………………………… 165
第二节 守持或者权变：汉儒的转向与分化 …………………… 184

余　论 …………………………………………………………… 196
参考文献 ………………………………………………………… 201
附录　自然与益生之间：道家、道教生命态度比较的一个重要向度 … 212

导　论

一、关于对先秦儒家的省思

由于先秦诸子学的原创性特点及其所处的历史地位，当今学界对其研究在学术成果方面已是非常可观，对先秦儒学的研究尤其如此。于此，笔者不想如学位论文那样遵从惯常的做法，对学界的研究现状、选题意义进行详尽的罗列与综述，尽管在很多时候这是很有必要的。在这一部分，我们主要对先秦儒家这一学派进行必要的省思。

虽然学派划分之自觉意识的出现是在西汉，但由于儒家人物在先秦时期所持有的卫道立场，故而在儒家身上具有一定的学派属性，应是无须怀疑的。

先秦儒家不是凭空产生的，而是渊源有自。先秦儒家的产生，首先是与其在面对三代文化尤其是周代礼乐文明上的立场与态度密切相关。与孔子相似，儒家学派在形成的过程中，门人弟子在对待古典文献与三代文化方面，往往持有因、损、益的态度。他们对待古典文献与传统文化的这种态度，或多或少地会衍生出"尚古"、"厚古"、"托古"的思想立场与历史观念。这种"尚古"、"厚古"、"托古"的思想立场与历史观念又会让他们对待前孔子时代的礼仪文化、礼乐文明与天下秩序时念念不忘，并一有可能的机会便意欲恢复或者实现这种以旧有秩序为基础的社会图景。当然，有必要指出的是，儒家学派的产生还离不开其时的社会历史条件。在宗法血缘伦理色彩异常浓厚与稳固的先秦时期，儒家学派的产生自是与此密切相关（关于这方面的内容，后文将有较为充分的展开，为免于拖沓、重复起见，此处不予赘述）。基于这一具体而特定的社会历史条件，以及对宗法血缘伦理的深刻认同，儒家人物在对待家、国、天下问题上所彰显的立场、态度与情怀，与道家、法家、墨家、兵家等其他派别相比有着自己较为显著的特点。儒家的这一特点，既包括对历史传统的敬重，对内圣与外王目标的双重渴望，对王道政治的执着追求，也包括对元典文献与礼仪文化的热忱研习，对失道王侯与隐逸之士所抱有的批判态度，以及对道、势之间关系的反复考量。可以说，所有这些特点都在儒家人物身上或隐或显地存在着，实际上这些特点便构成了作为共同体的先秦儒家之特征。

当然，先秦儒家作为学派的产生，还离不开孔子、孟子这一类领袖人物的出现。作为知识的权威、道德的楷模和整个团队的领航者，是孔子、孟子他们的感召力、号召力与人格力量，致使一干弟子分别围绕在他们各自的身边。实际上，通过《论语》、《孟子》、《史记》等传世文献，以及新近出土的郭店楚简中的儒家类简（此处仅列郭店简，而对于其他来源可靠性问题仍有争议的地下材料如上博简等并未罗列，故而在后文中对于诸如上博简此类出土材料的征引则相当谨慎），我们可以发现，孔子、孟子这一类文化领袖人物对于一个共同体的稳定维持、有效延续与持续发展所起的作用显然是共同体当中的一般成员所无法比拟的。这是因为，由于出身、年龄、阅历、心智、性情、兴趣以及对人间世事的洞察能力等方面的不同，门人弟子在面对道与势、德性与权力之间的紧张和冲突的时候，往往在反应、应对以及行为行动上的表现不尽相同，甚至大相径庭。门人弟子由此所产生的种种困惑、迷茫、矛盾甚或分歧，对于共同体内部已有关系构成的稳固性而言，其所带来的影响很有可能是破坏性的，尽管这种破坏性在很多时候是隐而未显的，甚至经由学派领袖人物的努力在某种程度上还可能会对共同体的稳定与延续起到一定的助推作用。在这种时候，领袖人物在发展方向、目标追求以及学派价值定位等方面常常会有着相对明确而坚定的信心，他们的这种价值定位，以及对于自身这一学派的理想追求，在很多时候可以化解门人弟子对于自身价值、命运的怀疑与动摇，从而可以使他们这一学派能够在社会政治环境比较糟糕的情势下得以尽可能地延续下去。

当我们在今天试图运用西方社会学家所提出的共同体理论来研究先秦儒家的时候就会发现，先秦儒家在特定历史阶段和具体社会历史条件下所彰显出来的共同体性质的特征，对于儒家人物在其传道与出仕的过程中产生了不可小觑，甚至可以说是根本性的影响。我们说，作为共同体的先秦儒家，具有上文所提到的诸种特征，这些特征既体现了其对旧有政治秩序和文化传统的尊崇，也彰显了其对以德性介入政治权力的愿望与信心。具体来说，对于旧有政治秩序和文化传统的尊崇，让儒家惯于从三代政治智慧当中寻找应对与解决春秋晚期、战国时期政治社会困境的经验和方案，所以在这方面因袭的成分会相对多一些，往往也会给时人和后人造成迂腐、不切实际的印象。另外，儒家对于以德性介入政治权力所表露出来的愿望与信心，恰恰与以战争四起、争权夺利、天下失序为主要表征的功利主义时代相疏离，故而儒家群体的这种道德理想主义在当时往往又难以得到充分实现的机会。当然，如果以牺牲或部分地牺牲儒家道德立场与价值理想为代价来换取政治上的机会与成功，也不是没有可能的，但是以这种方式所换取的成功，能否还算作儒家，还是变成了法家式或者黄老道家式的人物呢？① 当然，以牺牲或部分地牺牲儒家道德立场与价值理想为代价来换取政治上的机会与成功，还需要具体分析与估量儒家这种行为的价值、意义与合理性，但这又是另外一个问题。于此，我们只想强调，在先秦，儒家之谓儒家，其学派属性是什么？儒家该如何维护这种属性？而对于这种属性的维护，其价值与意义何在？换句话说，儒家是否一定要维护这种属性？有无刻意维护的必要？事实上，具有共同体属性的先秦儒家，在很多时候都是刻意维护自己的这种理想价值与道德立场的，当然我们也不能否认在儒家群体身上（尤其是在孔门弟子身上）所逐渐发生的种种变化与分化。但不管怎么说，儒家身上所具有的共同体属性，以及由此所彰显出来的诸种特征，对于他们的传道与出仕确实产生了重大影响。关于这一点，应当引起我们的重视，也值得我们做进一步的研究。

　　通过文本分析与研究，我们可以发现，儒家在先秦时期的形象是丰富而又多元的。当然，我们也可以概括地说，先秦儒家主要呈现出道德自信、政治焦虑与追求王道理想的整体形象。从春秋晚期、战国时期到汉代，天下政治格局与政治体制都发生了重大变化，已由原来的封邦建国政

────────────

① 对于这个问题，王中江有着详细的分析，可以帮助我们加深理解。对此，他说："早期儒家在政治上给人的印象是不得意，但我们认为早期儒家扮演的成己、成人的人文教化和文化传承角色，同他想扮演的公共事务管理角色同样重要，它没有成为'哲学王'或者执政官亦不完全是悲剧，因为它在道德理性与政治地位不可兼得的情况下守护和坚持道德理性，恰恰反映了其人文主义的特色。如果儒家为了参与政治，而放弃道德理性和人文主义信念，这对儒家来说倒可能真是可悲的。""仅从主张士人入仕还显示不出儒家之'士'的根本特征，因为法家也主张士要入仕。儒家之'士'的根本特征是追求真理和道德。"与儒家不同的是，"法家、纵横家甚至名家一些人物之所以能够在政治上获得显赫的地位，是因为他们基本是现实主义者，他们都善于迎合现实政治的需要，而不受政治伦理的严格约束。"他的这番话，正好可以为在我们文中所提到的问题作注脚。见王中江：《儒家的"社会角色"意识》，载《儒家的精神之道和社会角色》，中华书局 2015 年版，第 295、299、309 页。

4

治体制、诸侯林立的天下格局变成了一国一皇的中央集权政治体制。在这种历史背景下，儒者的形象也发生了重大变化，而这种变化正昭示了儒家在中央集权时代所背负的政治压力愈加沉重，以及实现王道理想机会的愈加渺茫。当然，儒者形象之所以会发生重大变化，除了政治体制和社会历史条件发生改变的根本性原因以外，还应从文化的角度来寻找答案。华夏文明、中华文化的发展，从春秋战国历经秦朝到汉代，逐渐附有融合、会通之特点，进而呈现为合流之趋势。由此不难看出，随着时间的推移和社会历史的发展，儒家所受文化的影响亦逐渐呈现出多元、丰富的特点。在这种情况下，儒家所秉持的立场，所具有的形象，以及介入政治权力的方式、手段与应对社会现实问题的能力等方面，都已变得更为复杂、多元和丰富了。关于这方面的内容，读者朋友如感兴趣可以阅读正文的相关章节，希望能有所收获。

　　最后，需要说明的是，在书稿完成前后，随着对先秦儒家研究的不断深入，笔者对儒家的生死态度与终极关怀亦产生了浓厚的兴趣，故而对道家、道教相关问题的关注与研究则成了自己一个很自然的切入角度。可以说，由孔孟至老庄，由老庄返孔孟，此为笔者近年来的治学之主要路径。因而，在本书的最后，笔者将自己关于道家、道教的最新研究成果附录于后，这既可以让读者朋友对笔者十余年来治学之大要有一个较为全面的了解，同时，更为重要的是，书末所附录的道家道教研究成果正好与笔者对先秦儒家的研究作一对照，以更好地彰显后者之立场、特质及意义。

二、问题意识与研究方法

　　作为社会中存在的生命个体，先秦儒家群体中的成员在成为儒者以前的早年，其生活和日常行为与生活于其周围的人们并没有太大的差别。由于先秦儒家群体中的多数人出身贫寒、低微，所以早年所经历的以家庭和亲戚邻里朋友等关系为主导的基层社会生活想必会在他们的精神世界里留有深刻的印记，而这种源自家庭、家族血缘亲情的印记一定会在他们以后的游学、交往以及带有浓厚政治色彩的游说活动当中产生深远的影响。因而，我们对于先秦儒家共同体角色身份、立场主张、理想价值以及政治性行为等方面的研究，便首先要从对其早年所经历的生活场域和礼俗传统的考察入手。这种研究思路，是基于人的思想、行为和价值观念源自社会、源自具体的生活方式，是一种从社会到思想又从思想到社会的带有回环性质的考察策略。①

在过去，我们惯于依赖元典阅读和知识积累，以寻求学术研究的灵感和思想的火花，这当然是学术研究过程当中所必需的，经由岁月的洗礼，我们的知识面会越来越充实、完备，对于元典所呈现的历史境域以及人物的立场、思想及行为方式的理解也会越来越准确、客观，甚至可以遥契古人之心曲。然而，不得不说的是，当我们面对同一研究主题，而且对于这一主题的研究成果已是不可胜数的时候，仅仅依赖元典阅读和知识积累，其对研究对象考察的有效性就很难得到保障，其所竭力寻求的创新性就往往以落入俗套、窠臼的局面而告终。倘若如此，那么我们的研究就很有可能会成为又一次重复前人的、徒劳无功的行为，除了可以增加个人学术成果的数量以外，对于后人的学术研究并不能起到所应当起到的积极作用。这种不幸的局面，也是我们的研究所要尽可能避免的。鉴于此，当研究主

---

① 关于这种研究思路与考察策略，诚如王中江所言："按照知识社会学的观念，各种知识，不管是哲学知识（哪怕是形而上学的知识），还是科学的知识都具有社会的基础，都可以从它们发生的社会条件中对它们作出某种解释。"笔者对于这一观点深为认同，本书的写作也持有同样的立场。见王中江：《道家学说的观念史研究》，中华书局 2015 年版，"前言"。

题无法保证是全新的时候，我们便设法在理论视野、研究方法和论证材料方面下功夫，以使我们的选题在论证的有效性、考察的综合性和结论的客观合理性，甚至是研究的创新性上尽可能地有所收获。

正是出于这样的研究理念，针对先秦儒家的研究，我们主要通过对其传道、出仕这两个层面的考察来对其多重面向及其由此所彰显的丰富形象进行相应的探讨，并通过这种探讨来深入了解儒家在应对混乱时局时所提出的解决方案，以及在推行方案的过程中所经受的种种挫折与苦痛（这种挫折与苦痛既包括现实层面的，也包括道德和理想层面的）。实际上，先秦儒家的这种挫折与苦痛对于汉儒在中央集权体制时代政治行为方面的调整也确实产生了相当大的影响。所以，我们的研究虽然以先秦儒家群体为主，但并不局限于此，会顺势延伸到汉儒，对汉儒的政治行为以及先秦儒家的理想主义、干政热忱对其所产生的影响进行相应的考察，以期通过这种带有前后比较性的考察来更好地审视、观照先秦儒家的思想、立场、行为以及形象等。

在研究方法上，我们的研究注重运用西方社会学家（包括知识社会学家）斐迪南·滕尼斯、卡尔·曼海姆和齐格蒙特·鲍曼的思想理论，以共同体理论视角来研究先秦儒家，这正与刘笑敢"反向格义"的诠释立场相应①。当然，对于反向格义这一诠释方法与立场，刘笑敢本人也有着比较充分的反思。对此，他说："（反向格义）是以相对来说自己不够熟悉的

---

① 对此，刘笑敢说："反向格义或许可以分为广狭二义。广义可以泛指任何自觉地借用西方哲学理论解释、分析、研究中国哲学的做法，涉及面可能非常宽，相当于陈荣捷所说的'以西释中'。狭义的反向格义则是专指以西方哲学的某些具体的、现成的概念来对应、解释中国哲学的思想、解释中国哲学的思想、观念或概念的做法。"在本书中，我们的研究方法与立场可以与刘教授所说的广义的反向格义相对应。见刘笑敢：《"反向格义"与中国哲学研究的困境——以老子之道的诠释为例》，《南京大学学报》（哲学·人文科学·社会科学）2006 年第 2 期。

西方哲学概念体系来解释自己比较熟悉的中国本土的典籍。这是通过自己不太了解的理论思维框架来重新认识自己比较熟悉的经典或传统思想。这样做有利于中国文化与世界文化的对话、交流，又是改造中国传统哲学、促进传统哲学走向现代化、国际化的渠道之一，但是反向格义却很容易导致对中国哲学思想、术语、概念的误解，导致机械地、错误地套用西方哲学概念的可能性。古代佛教的格义曾造成对佛经的曲解甚至伪造，而通过反向格义曲解中国哲学典籍和概念的可能性或许更大，不容视而不见。"接着，他又说道："这种反向格义既没有受到过严重的批评或挑战，也没有进行过学术方面的严格论证和检验，似乎有盲目鼓励和发展的趋势。……中国哲学界对反向格义的必要性和正当性（legitimacy）一直缺少认真的论证，对于反向格义可能产生的弊病一直缺少必要的警惕。""反向格义可能深刻地揭示古人思想中潜在的意义，或者发现中国古代哲学与西方哲学可能相通的思想观点或概念，但是，在很多情况下，西方的思想概念无法有效地、准确地对应中国古代的哲学语言或概念。"[1] 有鉴于刘教授的这种深刻反思，我们在运用共同体理论来研究先秦儒家学派，并试图于此有所创获的时候，就不得不格外注意西方社会学家学术作品中的"共同体"与先秦儒家学派之间本有的差异与不同，同时又要小心翼翼地去考察两者之间在某个层面或某种程度上存在的可通性，以使我们的研究方法与诠释立场能够经由这种阐述过程的检验而获得较为牢固的基石。故而，我们的研究方法呈现出了一定的交叉性和综合性，内容涉及哲学、思想史、伦理学、政治学等方面，甚至可能还带有些许的心理学意味。当然，研究方法和所涉领域的交叉性，可能会对研究对象的考察比较

---

① 刘笑敢：《"反向格义"与中国哲学研究的困境——以老子之道的诠释为例》，《南京大学学报》（哲学·人文科学·社会科学）2006 年第 2 期。

有效，但也许会带来学术意味不够纯粹的弊病。对于文中可能存在的这种弊病，我们是予以承认的。同时，为了防止出现诠释过度的不良倾向，我们的研究又时时注意以传世文献和出土材料为阐释依据，并紧扣本书的主题。

对于先秦儒家（包括儒者、典籍作品及其生活的场域与相应的政治性行为）的研究，其成果虽然已是多得难以胜数，然而似乎还有很多的话语未能说尽。可以说，本书的研究亦属此类情况。我们这个字数不算太多的研究成果，并不能算作皇皇巨著，只能视为个人研究的新起点。

诚如前文所言，对于先秦儒家的研究，尤其是关于儒者形象的研究就一定不能脱离其所处的生活场域和共同体环境，因而，本书以德国社会学家斐迪南·滕尼斯的共同体理论和先秦儒家早年的生活经历为考察的入手处，并主要以知识社会学的方法和路径①来展开我们的相关研究。

继而，我们再就学界对儒学的基本研究情况作出必要的反思，尽管我

---

① 知识社会学是一门研究知识与社会之间关系的科学，它研究的是现实的思维方式，关注的不是思想与思想的关系，而是思想与社会的关系。就学科内容而言，它既是社会学当中的一支，又属于认识论的一部分。从认识论的角度来说，它又含有一定的方法论内容。"知识社会学"一语，在知识社会学的先驱德国社会学家马克思·舍勒（Max Scheler）的《知识社会学问题》（1924 年）一书中被首先使用，其后他又在《知识的形式与社会》（1926 年）等著作中多次阐明了他的知识社会学主张。卡尔·曼海姆（Karl Mannheim）则是继舍勒之后对知识社会学的研究贡献巨大的学者，他的代表作主要有《意识形态与乌托邦——知识社会学导论》（1929 年）、《重建时代的人与社会》（1940 年）、《知识社会学论文集》（1952 年）等。后来，在 20 世纪三四十年代，经张东荪等人的努力，将知识社会学的内容引入中国。近年来，国内已开始有学者试图运用知识社会学的理论、方法来研究中国古代的思想、政治与哲学。可以预见，随着知识社会学在中国社会当中地位的不断提升，研究知识与社会的关系很有可能会成为中国未来学术研究当中的一个重点和热点。关于这方面的研究，见张耀南：《论中国现代哲学史上的"知识社会学"》，《哲学研究》2004 年第 7 期。

们的反思未必全面和完全准确，但对于儒学研究来说，应该也是不无裨益的。就当今学界对于儒学的研究现状而言，主要集中在两个方面：一是注重对于儒家文献典籍的考释及其相应义理的阐发，此虽非常基础亦很有必要，然对于社会现实实践层面的思考与回应却难以做到充分与从容；二是注重结合当今社会所面临的诸种困境而对传统文化资源价值进行积极的开掘与发挥，然这种向度亦多存在脱离历史情境与话语语境而随意发挥的"臆想"弊病，我们对于这种研究方法能否打通古今文化资源亦深存疑虑。本书选取传道与出仕为研究儒家文化传统的视角与向度，其意即在于以此为考察先秦儒家思想与行动的基点与核心，具体考量与反思先秦儒家在应对其时社会困境与难题时所彰显出来的价值理想与实践取向之内外两种向度，实际上，这正体现了先秦儒家在应对社会危机时在道、学、政三个层面上的焦虑与徘徊，说到底，这正是在恪守价值理想与回应现实政治之间所迸发出来的张力。

整体而言，以往的儒学研究，多存在过分观念化、逻辑化的思维倾向，如此则导致了儒家（包括儒者、典籍作品、制度设计、实践行为诸方面）价值、身份、定位、情怀等多面向的弱化、模糊甚或丧失，研究者所呈现出来的往往是单向度的身份与形象，此不免失之于平面化。本书的研究，其根本意图即在于，从历史情境与元典精神入手，试图发掘或者说恢复先秦儒家在其时的社会生活中所本有的丰富多彩而又鲜活生动之形象。

在面临市场经济冲击与儒家精神文化重构的当下，我们回到历史传统，试图进入当时的历史情境来全面考察先秦儒家在面对诸种社会困境时所表现出来的焦虑情感之复杂性，以及他们在恪守道德原则的同时是如何努力化解社会困境和自身的这种焦虑的。对此，我们主张回到元典所彰显的历史情境与精神价值，全面关注与考量先秦儒家在应对社会危机时于价值理想与现实政治之间所作出的种种努力，以及这种种努力所带来的得失对我们今天所产生的影响。① 可以说，唯有站在巨人的肩膀上，我们才能更为清楚地审视当今所面临的种种困境，才能作出更为合理与有价值的反思。另外，我们认为将元典精神生硬地剥离开来，而仅仅将个别的、零散的经典语句直接嵌入现代社会生活图景中，并试图找出化解问题之道，这种行为无疑是过于乐观与盲目的，在这种思维方法指导下所得出的结论亦是难以让人充分信服的。实际上，这中间正缺少了历史情境与当今社会的合理对接之中间环节，而本书所要做的就是，努力考量、清理这个中间环节，以使经过了重新诠释与合理改造了的儒家文化资源能够更好地回应当今社会所面临的种种难题，尽管我们不一定能够成功，但这种探索与努力却是非常值得的。

三、对先秦儒家研究走向的展望

从社会历史发展的角度来看，中国社会目前已基本进入工业社会发展的历史阶段，尽管农业生产在整个社会国民经济发展构成中所占的比重依然不小。不仅如此，随着社会经济的发展和对外经济、文化交流的日趋扩大与频繁，全球化趋势愈加明朗化。在这种情况下，东西方之间的文化、思想、理念也逐步走向了交汇与认同之势。但是，不可否认的是，东西方文化之间各有其发展、演变的传统，也各有自身的独特性。我们不能否认

---

① 关于我们这一学术立场，可以说与德国思想家威廉·狄尔泰以下所述观点相一致。狄尔泰认为，我们应该设身处地把自己直接置于文本当时的环境之中，重新体验和感受文本的意境、情境和作者的意图，以求最终领悟、重现和复制文本的意义。所谓"设身处地"，或者"同情的理解"，就是"悬搁"自己的实际处境、环境和时代，也就是自己的先见和偏见，把自己设定在文本作者及其所处的环境和时代之中，去体验和感受文本的意旨和情趣。见[英] H.P. 里克曼：《解释学和生命哲学的创始人——威廉·狄尔泰》，《哲学译丛》1985 年第 4 期。

也不能无视东西方文化之间交流的日益扩大与深入之格局，当然也要看到两者之间本有的差异性，而这种差异性恰恰又构成了两者之间能够得以交流、沟通的重要前提。关于东西方文化之间的这种差异与认同，我们认为应该采取取长补短、相互学习对方优长的立场与态度①，同时还要反思与警醒双方文化各自所存在的弱点与缺陷。当然，我们万不能摒弃自身文化发展的传统与独特性，否则这种文化便失去了自身所本有的立足之基、长足发展之深厚土壤。可能对中华优秀传统文化的认知与此有关，中国本土学者在研究传统文化的时候，既非常注重拥有国际学术视野，积极运用国际前沿而又多元的理论模型与研究方法来思考、挖掘以及转化中华优秀传统文化的现代价值与国际影响力，同时又不放弃自己的思想学术立场，努力构建传统文化的本土话语表达系统，以自己特有的表述方式传达出我们的理论创造与学术声音。而在这当中，由于儒学在传统社会与当今时代的影响力，本土学者对于儒学的研究也是当前不容忽视的一大热点。近几年来，总会有学者热衷于通过各种学术平台（比如微信公众号等）来总结一年当中所出现的学术热点，而这当中与儒学研究相关的热点总会有几条并

---

① 关于向西方文化学习与借鉴的价值与意义，景海峰从文明对话的角度给予了相应分析："当代儒学应该以积极的姿态寻求文明对话，促进文明之间的相互理解和宽容。对话，既是应对全球化浪潮、打破系统封闭与自我格限、走向世界的最佳方式与途径，也是深刻自我反省、重新进行'身份建构'、坚固茧栗之本的大好机缘。"（景海峰：《儒学在全球多元文化格局中的定位》，载《儒学的现代转化：景海峰学术论集》，孔学堂书局 2016 年版，第 76 页。）对此，汤一介也说："21 世纪的新'轴心时代'将是一个多元对话的世纪，是一个学科之间互相渗透的世纪，这大大不同于公元前 500 年前后的那个'轴心时代'了。"（汤一介：《论新轴心时代的中国儒家思想定位》，载《汤一介哲学精华编》，北京联合出版公司 2016 年版，第 35 页。）另外，杜维明也从文明对话的角度，对于东西方文明之间的交流多有措意，他这方面的论述主要集中于《儒家传统与文明对话》一书。见［美］杜维明：《儒家传统与文明对话》，彭国翔编译，人民出版社 2010 年版。

多数会在热点排名中占据比较靠前的位置。这说明，当前人文科学方面的学术研究，在关注国际学术前沿动态与重要理论成果的同时，也非常注重依靠传统的儒家思想资源来反思和应对当前中国社会在现代化发展历程中所遇到的种种现实问题。①

只要大致检索一下近些年来学界在人文科学方面发表与出版的理论成果，我们就不难发现，与儒学、儒家文化相关的学术成果占据了相当大的比重。因而，在这一部分，我们将主要从宏观的层面对先秦儒家研究的走向做一比较简单的展望，以期能够为学界对中华优秀传统文化中的先秦儒家文化的研究起到一定的推进作用。当然，愿望虽好，至于自己的展望是否如自己所期望的那样——合理准确，富有敏锐性和洞察力——亦非笔者所能完全预料。在这里，我们只能希望所言非虚，自己的展望能够起到些许的作用，这便已足够。

接下来，我们将从宏观层面对学界在先秦儒学方面的理论成果与研究状况做一简单的梳理与展望。于此，祈请方家批评、指正。

从宏观的层面看，最近几年学界对于先秦儒家的研究主要表现为以下三个方面。当然，这主要是就整体而言的，应该还有未尽之处，但这三个方面可以视为比较突出的特点。

（一）社会学的研究路径日益受重视

作为一门独立的现代学科，社会学兴起于 19 世纪三四十年代，而传

---

① 关于儒家学者理论研究的现实关怀问题，王中江曾对其原因有过自己的分析。对此，他说："中国的儒学研究者，总体上可能更具'价值意识'和'理想意识'倾向，这或者是来自他们对中国现实境况的考虑；或者来源于他们对人类共同困境的不安；或者来源于中国传统的影响。"言之有理。见王中江：《20 世纪末"中国"的"儒学观"——类型、范式和方法》，载《儒家的精神之道和社会角色》，中华书局 2015 年版，第 420 页。

入我国则到了 20 世纪以后，中间相差了大约一百年的时间。在这里，我们需要提到为学界所熟知的费孝通先生，他往往被学界公认为中国社会学和人类学的奠基人之一，对我国社会学学科的建立与发展作出了突出贡献。他最早写出的与社会学和人类学相关的作品《江村经济》(《社会变迁》出版于 1935 年，时间上比《江村经济》略早一些，但不是他本人所著，而是其译作)也要到了 20 世纪 30 年代，并在此后不久其于云南大学成立社会研究室。可以说，自此以后社会学作为一门学科便在中国开始得以起步。在此前后，侯外庐与王慎明合译的《资本论》(第一卷上册)也已于 1932 年出版。此后，侯外庐在吸收马克思主义唯物史观的基础上，逐渐形成了自己比较独特的研究方法：将社会史研究与思想史研究相结合，明确从社会史入手解决思想史的问题，从而扩大了思想史的研究范围，也发掘出了很多不为学界所注意和重视的思想家和"异端"。可以说，侯外庐与其他学者合著的五卷六册本《中国思想通史》，时间跨度长达十余年，便是对这一研究方法进行积极运用和具体实践的典范力作。由此，侯外庐在 20 世纪众多的史学家当中，研究方法独树一帜，在很多方面自成体系，并形成了为学术界所公认的侯外庐学派。[①] 由此也可以说，侯外庐是 20 世纪中国学人当中较早地自觉运用西方社会学的理论方法（从社会学定义及学科特点来看，马克思主义唯物史观也属于社会学理论当中的一种[②]）来研究中国思想史的学者之一。

[①] 关于侯外庐的思想史研究（包括研究方法、理论成果等）以及侯外庐学派等内容，见张岂之：《侯外庐先生中国思想史研究的特色与贡献》，《光明日报》2016 年 1 月 6 日；吴光：《侯外庐学派的治学特色》，《北京日报》2013 年 5 月 13 日。

[②] 曼海姆曾指出："知识社会学实际上伴随马克思而出现，他的深刻的富有启发性的洞察，深入到了事物的本质。"而知识社会学又是从社会学发展出来的一个分支，这样看来，马克思主义思想理论体系尤其是唯物史观的社会学属性是比较显著的。见 [德] 卡尔·曼海姆：《意识形态与乌托邦》，黎鸣、李书崇译，商务印书馆 2002 年版，第 315 页。

除了社会学，20 世纪 20 年代又兴起了以舍勒和曼海姆为代表的知识社会学。简要地说，知识社会学是一门研究知识与社会，或者思想与社会之间关系的科学。就学科内容而言，它既是社会学当中的一支，又属于认识论的一部分。从认识论的角度来说，它又含有一定的方法论内容。"知识社会学"一语，在知识社会学的先驱——德国社会学家马克思·舍勒（Max Scheler）的《知识社会学问题》（1924 年）一书中首先被使用，其后他又在《知识的形式与社会》（1926 年）等著作中多次阐明了他的知识社会学主张。卡尔·曼海姆（Karl Mannheim）则是继舍勒之后对知识社会学的研究贡献巨大的学者，他的代表作主要有《意识形态与乌托邦》（1929 年）、《重建时代的人与社会》（1940 年）、《知识社会学论文集》（1952 年）等。后来，在 20 世纪三四十年代，经张东荪等人的努力，知识社会学的内容得以被引入中国。不过，正如王中江所说："（20 世纪）九十年代的中国儒学研究者，整体上对舍勒和曼海姆的'知识社会学'比较迟钝。"[①]直到进入 21 世纪以后，国内才逐渐有学者开始试图运用知识社会学的理论、方法来研究中国古代的思想、政治与哲学。可以预见，随着知识在中国社会当中的地位的不断提升，研究知识与社会的关系很有可能会成为中国未来学术研究当中的一个重点和热点。[②]

以上，我们之所以花费一定笔墨来比较简要地回顾一下社会学与知识社会学在东西方的产生、发展情况，其目的即在于引出社会学的研究方法与路径对我们今天儒学研究的重要价值与意义。

以往，学界对传统文化（当然也包括儒学）的研究惯于从文献和文本出发，并以之为主要依据进行研究。这当然是必要的，也很基础，但是仅

---

① 王中江：《20 世纪末"中国"的"儒学观"——类型、范式和方法》，载《儒家的精神之道和社会角色》，中华书局 2015 年版，第 418 页。

② 参见张耀南：《论中国现代哲学史上的"知识社会学"》，《哲学研究》2004 年第 7 期。

满足于此，可能会对我们的学术视野、思维能力及理论创造等方面多多少少产生不好以量化的方式表达出来的消极性影响。可以说，在 21 世纪的今天，如果无视东西方之间在思想文化、价值理念诸方面所产生的交流与碰撞，无视社会学、知识社会学对于我们当今学术研究的影响，恐怕我们的学术研究在现阶段于研究方法和思维框架上有失却应有张力与广阔性的可能①，故而要想在整体上达到学界所预期的研究成就亦非易事，尤其是对于那部分以与社会历史条件关系较为密切的学派、人物及命题、思潮为研究专题与对象的学者而言更是如此。

如果回到我们的研究对象——先秦儒家上来说，作为一个影响深远具有鲜明共同体特征的学派，先秦儒家的产生、发展及演变都离不开其时久远的历史传统与丰厚的社会土壤。要研究它，要积极而充分地挖掘其学派立场、思想观念、制度设计、政治构想、价值理念及理想情怀等方面的内容，就必不能仅仅依赖于流传至今或者发掘出土的文本、文献。为何这样说？这是因为，由于具体语境的缺失，以及文本、文献本身内容所具有的思想性与知识性使其在形成的过程中与当时的社会历史条件多多少少有一定程度的疏离，再加上今人对其时特定社会历史条件的相对陌生化，这一切都会给今天的研究者与阅读者造成程度不一的阅读和理解障碍。这种障碍的形成，自然与时间过于久远、社会环境与历史条件发生重大变化以及今人相关素养的相对欠缺不无关系，也与在过去所形成的文本、文献所承载的思想知识有着含混化、不确定性和片段化、碎片化等特点有关。在这

---

① 关于知识社会学对于研究者学术研究的价值及意义，齐学红曾有过申论："从知识社会学的角度分析，知识的生产过程决定于两方面因素：前在的知识（理论预设与对研究方式的把握）和研究者的价值诉求。即研究什么，如何研究，既受到研究者个人因素的制约，同时也是社会建构的结果。特别是研究者所处的学术场域，以及一个时代对于学术规范的理解，都对研究者的研究行为产生影响。"齐学红：《研究者的立场问题—— 一个知识社会学的视角》，《上海教育科研》2003 年第 8 期。

种情况下，我们要从事学术研究当然要以对文本、文献的研读与把握为基础，同时又要在其时的社会历史条件中积极寻求一种有空间、有张力的解释性和参照性支持，借此对文本、文献所承载内容的局限性与不确定性加以可能性突破。

需要说明的是，在这一部分我们无意一一罗列学界以社会学（包括知识社会学）的路径与方法去研究先秦儒学的相关理论成果，也不打算这样做。因为只要有学者愿意动手去做这项工作的话，并没有多少困难。在此，我们尤其注重理论阐释，以期引起学界同行们对这一研究方法的进一步重视和积极运用。

（二）注重比较性的思维与方法

比较性思维与方法，也是当今人文科学研究所必不可缺少的。[①] 就对比较性思维的运用而言，这种比较，从宏观的层面来说，既包括古今的比较和中西的比较 [②]，也包括不同学科和不同方法的比较，等等。由于古今之间所经历的种种变化，再加上当今社会所遭遇的包括功利主义极端盛行

---

① 关于比较性思维与方法的价值与意义，卢秋萍说："比较思维方法是确定研究对象之间共同点和不同点的一种逻辑方法，它具有分析全面、适用面广泛、操作灵活等方法论特征。比较思维有助于对事物进行分类考察和深入分析，在科学发现中具有重要的方法论意义。""比较思维方法在科学发现中具有重要的方法论意义，可以这样说，现代科学的任何成就都是与合理地进行比较思维分不开的。"所言诚是。见卢秋萍：《试析比较思维的科学发现功能》，《中国科技奖励》2007 年第 5 期。

② 在全球化交流不断加强与深入的当下，从事人文科学研究的学者尤其需要关注中西思想文化的比较。对此，邓晓芒有过比较深入的研究："中西文化比较应坚持'双重标准论'，即西方人应以中国文化作为参照标准批判现代文明的弊病，中国人则应以西方文化为参照标准对自己传统的文化做深入的反思。……坚持'双重标准'的原理在于，任何一个民族的文化都必须吸收异质文化的因素才能有真正的进步和超越。"邓晓芒：《文化的传授、学习和反思——略评杜维明的中西文化比较方法》，《吉林大学社会科学学报》2003 年第 5 期。

在内的诸种困境，古今之间的这种比较就显得很有必要。除此之外，中西比较也不应忽视。

当然，"比较"的理想状态是具备更高的理论视野和更大的比较范围（可称为世界性或全球性的），若果真如此，那么我们的研究拥有相应的纵深性与广阔性自不待言。关于比较，谢阳举给予了高度评价，他说："比较是一种新型的学术观，也可以说是自为一体的世界观。这种意义上的'比较'，意思是在相互比较中探索，简单地说是'相比较而言'。其要害在于否定了'绝对'的说法，转而承认一切认识都是在比较中所见的、相对的结果。"至于"比较"的价值与意义，他以西方学术思想为对象接着评论指出："西方学术史特别看重学术流派之间的交争兴废，可是好的西方哲学史著作也都是在比较的、相对的尺度下完成的，绝对主义者的笔下是不可能产生好的哲学史的。所以说，'比较'的第一种意义就是树立反绝对化的态度、信念和方法。""按照比较的逻辑，笔者认为，尊重比较的态度，善于综合运用自上而下和自下而上、整体到部分与部分到整体、横向到纵向与纵向到横向的多重比较，有助于克服自我中心主义的文化观，有可能最大限度地抵消偏见、歧视。"①依此，诚如谢阳举所论，注重运用比较的思维与方法确实能够非常有效地克服与破除各种绝对主义与中心主义的思想认识。当然，要想比较充分、从容地运用比较的思维与方法进行学术研究与理论创造，委实不太容易，这就要求研究者具备较高的理论素养和较为全面的知识储备，而且这种理论素养和知识储备往往又是跨学科、跨领域的②，非此，"比较"则难以充分而又从容地展开。关于这一点，

---

① 谢阳举：《论比较原理与比较思想史》，《湖南大学学报》（社会科学版）2010 年第 6 期。

② 对于跨学科、跨领域的问题，汤一介曾评论说："跨文化和跨学科的文化研究将会成为 21 世纪文化发展的动力。由于世界连成一片，每种文化都不可能孤立地发展，因此跨文化和跨学科研究会大大地发展起来。"（汤一介：《论新轴心时代的中国儒家思想

谢阳举在同一篇文章中以比较思想史为视角作出了进一步说明："比较思想史如何开展？笔者认为，比较思想史的开展有两个前提，一是要精通多种语言，一个好的比较思想史学者不可能是一个只知道母国语言的学者。二是，比较思想史学者需要有跨学科的知识装备，这是由社会生活的全面性和知识的整体性性质决定的。达到了这些前提，就可以开展尝试了。"①谢阳举在文中所提到的这两点，从学界现有状况来看，要真正做到，确实不容易。但是不管怎么说，这应该是人文科学研究者所要努力的方向之一。

另外，就先秦儒家的研究来说，既包括六经与孔子的比较②、孔子与七十子（出土文献上主要以郭店儒简为代表）之间的比较，也包括先秦儒家与道家、黄老道家之间的比较，先秦儒家与法家、墨家等派别的比较，以及出土文献与传世文献③、先秦儒家与汉儒之间的比较，等等。在此，

定位》，载《汤一介哲学精华编》，北京联合出版公司 2016 年版，第 34 页。）事实上，近年来对于传统文化的研究已日益呈现为综合化、多元化的趋势，而这一趋势就包括跨学科、跨领域的重要特点。我们仅从对先秦儒学的研究来看，最近几年学界已有学者开始注重运用知识社会学、政治哲学、法哲学等具有交叉学科和跨学科性质的思维方法来研究先秦儒学，并涌现出了一批颇有新意与创新性的学术作品。我们相信，这种带有交叉学科、跨学科特点的思维理路与研究方法，在将来必定会引起更多学者的重视，并积极运用到自己的学术研究当中去。

① 谢阳举：《论比较原理与比较思想史》，《湖南大学学报》（社会科学版）2010 年第 6 期。

② 就六经与孔子的关系而言，王中江说："孔子作为通常所说的中国第一个创办私人教育的教育家，他以《诗》、《书》、《礼》、《乐》教所拥有的大量弟子……孔子所教授的典籍，就是在他之前已基本形成的六部典籍。但是，'六经'与孔子仍然具有密切的关系，单就他教授和保持典籍的传承这一意义上说，他就具有独一无二的重要性。"诚是。见王中江：《从儒家"六经"的形成看经典的条件》，载《儒家的精神之道和社会角色》，中华书局 2015 年版，第 229 页。

③ 在出土文献与传世文献的比较方面，近年来有些学术成果颇为注重对郭店简与传世文献进行比较性研究，比如李学勤的《郭店楚简与儒家经籍》（《中国哲学》第二十辑，辽宁教育出版社 1999 年版）、《郭店简与〈乐记〉》（《中国哲学的诠释与发展——

我们仅从比较的视角，以郭店楚简为主要依据，简要考察一下学界对于先秦儒学的研究情况。①

1. 儒学内部关系的比较性研究

以郭店简为文本基础，通过对儒简的相应考察来探讨孔子与七十子及其再传弟子的关系、孟子与荀子的关系、孔门弟子（主要通过郭店简阶段的思想）与孟子及荀子的关系，等等。

2. 考察儒学与老学之间的关系

在这方面，首先通过对郭店简《老子》（甲本）、《老子》（乙本）、《老子》（丙本）简文与今本《老子》（王弼注本）内容进行对照，考察其差异性，然后以清理过的老子思想与先秦儒家进行比较。经过相应的考察，学者们多倾向于认为，郭店简《老子》文本的内容与先秦儒家的思想冲突并没有原来想象得那样激烈与不可调和。

如：郭店简《老子》（甲本）简1云："绝智弃辩，民利百倍。"而今本《老子》此句作："绝圣弃智，民利百倍。"

（甲本）简31云："乏物滋彰，盗贼多有。"今本则作："法令滋彰，盗贼多有。"

《老子》（丙本）简1—3云："故大道废，安（焉）有仁义。六亲不和，安（焉）有孝慈。邦家昏乱，安（焉）有正臣。"今本《老子》此句则作："大道废，有仁义。智慧出，有大伪。六亲不和，有孝慈。国家昏乱，有

张岱年先生九十寿庆纪念论文集》，北京大学出版社1999年版）、陈来的《郭店楚简与儒学的人性论》（《儒林》第一辑，山东大学出版社2005年版）、郭沂的《〈性自命出〉对子思人性论的扬弃》（刘大钧主编：《简帛考论》，上海古籍出版社2007年版），等等。

① 关于学界对于郭店楚简的研究情况，王晓洁曾与笔者合写过一篇研究综述性质的文章（王晓洁、李友广：《郭店楚简与学术研究前沿综论》，《华夏文化》2014年第1期），可以参看。

忠臣。"

3.考察儒学与墨学的关系

这方面的成果并不多见。由于材料较少的关系，目前并无这方面的专著，只有少数几篇论文。对于儒学与墨学关系的考察，主要通过郭店简《唐虞之道》以及内容相近的上博简《容成氏》来考察。关于郭店简《唐虞之道》的学派性质，学界仍存争议，多数学者倾向于认为属儒家类文献，也有学者认为与墨家"尚贤"思想联系密切（这种观点实受 20 世纪 30 年代疑古派学者所提出的尧舜禅让起于墨家之说的影响①）。因而，对于《唐虞之道》简文内容、思想的研究，就很难避免对于儒学与墨学关系的探讨。

根据我们上文的简要回顾，可以说，当今学界对于先秦儒家的研究成果可谓是硕果累累，但对以上我们所列的先秦儒家内部关系的比较性研究，以及与其他各家各派进行的充分比较，即便是对于郭店楚简本身进行带有比较性质的研究，当今学界也是有所欠缺的，可研究与可发挥的空间还很大。

（三）借重出土文献进行研究

关于 20 世纪简帛材料的发现与研究情况，学界有两篇比较重要且非常翔实的研究综述可供参考：一篇是谢桂华、沈颂金和邬文玲撰写的《二十世纪简帛的发现与研究》②，另一篇是于振波撰写的《近三十年大陆及港台简帛发现、整理与研究综述》③，此处不赘述。

诚如上文所言，随着近年来考古发掘工作的持续进行，我国近 50 年来出土了一批批具有很高文献、学术价值的竹简和帛书，主要包括：1972

---

① 参见顾颉刚：《禅让传说起于墨家考》，《古史辨》七，上海古籍出版社 1982 年影印本。
② 谢桂华、沈颂金、邬文玲：《二十世纪简帛的发现与研究》，《历史研究》2003 年第 6 期。
③ 于振波：《近三十年大陆及港台简帛发现、整理与研究综述》，《南都学坛》2002 年第 1 期。

年山东临沂银雀山出土的竹简兵书；1973 年河北定县 40 号汉墓出土的《文子》和《论语》、《儒家者言》等竹简古籍；1973 年冬，湖南长沙马王堆第三号汉墓出土的帛书《老子》甲、乙本和《经法》、《十六经》、《五行篇》、《战国纵横家书》、《五星占》等重要古文献；1993 年冬，湖北荆门市郭店一号楚墓出土的竹简《老子》、《太一生水》和《缁衣》、《鲁穆公问子思》、《穷达以时》、《性自命出》、《成之闻之》、《尊德义》、《六德》、《唐虞之道》、《语丛》等十余篇道家和儒家古籍。① 针对这些十分珍贵的可信史料文献，学界不少学者包括李学勤、陈来等人都肯定了其文献价值与哲学史、思想史意义。

关于简帛文献，自李学勤先生在《新出简帛研究丛书》"总序"中较早地谈及了对于出土简帛的价值和历史定位问题以后（他说："我曾再三说过，由于简帛的出现，古代学术思想史必须重写，这是没有任何夸张的。"②），学界就陆续有学者对于出土材料尤其是郭店楚简的价值、地位及意义进行了初步的总结与定位。与李学勤、陈来③ 对于郭店简在先秦儒学研究中的价值与意义所持的比较乐观的态度不同，黄钊则比较谨慎地对其作出了自己的评价，他认为："简帛文献都有其自身存在的客观价值，对其价值，我们既不能人为地贬低，也不能人为地拔高。人为地贬低，将之视作敝履，那是民族虚无主义的表现；人为地拔高，将其价值无限夸大，也必将引导人们走向谬误。这两种倾向，在我们过去的研究中，似都不同程度地存在，两相比较，似乎拔高的情况尤为严重，需要特别引起重

---

① 具体出土情况，见黄钊：《关于研究出土简帛文献的方法论思考——回顾简、帛〈老子〉研究有感》，《中国哲学史》2001 年第 3 期。

② 李学勤：《新出简帛研究丛书》，湖北教育出版社 2003 年版，"总序"。

③ 参见陈来：《史料困境的突破与儒家系谱的重建——郭店楚简与先秦儒学研究》，《竹帛〈五行〉与简帛研究》，三联书店 2009 年版。

视。"① 与这一立场相似，曹峰亦认为："出土文献的确为改写中国思想史创造了条件，提供了可能性，但由于出土文献自身的局限性以及出土文献研究的复杂性，使其所能发挥的作用受到限制，不经过长期的、艰苦的文本整理和复原，不能轻易用出土文献来改写中国思想史。"② 这类观点在今天的学界颇具代表性。持有此类观点的学者多认为，郭店简的发掘在一定程度上的确能够推动对于哲学史、思想史的研究，但就现阶段而言还尚不足以达到重写哲学史、思想史的程度。

　　当然，不管学者对于出土简帛文献的立场、态度有着怎样的差异，学界对其的态度在整体上还是比较肯定的。就其价值与意义而言，针对出土文献与传世文献之间的关系进行比较研究，依据出土文献省思由传世文献所构筑的思想、价值系统，再凭借传世文献来考量出土文献的价值与意义，这是我们从比较的思维与方法的方向上所要进一步作出的努力。就郭店楚简而言，由于时间的关系，现有的研究仍有未及之处，这主要包括：在简文的义理阐发方面，虽对儒家人性论的研究比较重视，但尚缺乏与道、法诸家人性论进行深入对比的客观化研究，对于郭店简与传世文献的比较性研究亦需要进一步的推进；在思想史方面，我们的研究虽对郭店简在历史上的价值及影响有着一定的定位，但由于学术视野与理论深度仍不够客观而有待深入。③

　　以上，我们从对先秦儒家的省思，问题意识与研究方法，对先秦儒家研究走向的展望三个方面对与本书相关的诸多基本问题进行了简要说明，

① 黄钊：《关于研究出土简帛文献的方法论思考——回顾简、帛〈老子〉研究有感》，《中国哲学史》2001 年第 3 期。

② 曹峰：《出土文献可以改写思想史吗?》，《文史哲》2007 年第 5 期。另，还可参见他的另一篇文章：《价值与局限：思想史视野下的出土文献研究》，载《中国哲学与文化》（第六辑），广西师范大学出版社 2009 年版。

③ 参见王晓洁、李友广：《郭店楚简与学术研究前沿综论》，《华夏文化》2014 年第 1 期。

借以表达我们对于先秦儒家及其相关研究的基本立场、学术态度与人文情怀。需要说明的是，本书正文先于导论而成，故而读者朋友可以先行阅读正文再来阅读导论，这样的阅读顺序正与笔者的写作过程相一致，阅读效果或许会更好一些。

第一章　先秦儒家：家伦理影响下的道德共同体

　　先秦儒家，作为在历史长河中曾经存在过的知识分子群体，对于古典文化的留存与传承、人伦道德和社会秩序的导引与规整，以及对于王道理想的艰难守持与谨慎变通都给后人留下了难以磨灭的印象。对于生活于同一地域甚至常常聚居在一起的先秦儒家而言，他们具有强烈的历史意识，对于古代典籍和礼仪文化往往怀有浓厚的兴趣，并将三代（甚至更久远的年代）的政治模式和礼乐文明视为后世政治运作的样板与理想模式①，从而将其提升到了王道理想的高度来观照、指引现实政治和儒者的人生规划与目标，使其呈现出了有着共同的理想追求和实践取向的群体形象。整体而言，对于这一群体完全可以用传道（或理想主义）与出仕（或干政热忱）来定位之，前者统括了儒家的道德立场、道德修为和王道理想，后者实则

————————
① 当然，先秦儒家眼中的三代政治模式和礼乐文明并不一定就是历史史实，反而由于他们所持的仁义立场和王道理想而使其在一定程度上得到了美化，故而后人往往以"三代理想"称谓之。对此，诚如韩德民所言："本是历史性概念的'王道'，就被有意无意地转化成了价值性概念，成了理想政治的代名词。"美国学者格里德尔（J.B.Grieder）也说："孔子和他早期的门徒把他们熟悉的或能够回想起来的世界理想化了。"见韩德民：《荀子与儒家的社会理想》，齐鲁书社 2001 年版，第 113 页；[美] 格里德尔：《知识分子与现代中国》，单正平译，广西师范大学出版社 2010 年版，第 23 页。

是对儒家实践取向的鲜明彰显。如果以德国社会学家斐迪南·滕尼斯的共同体理论为视角来考察的话，先秦儒家群体则完全可以称为知识共同体（学术共同体）、政治共同体或道德共同体。尽管今人对先秦儒家这一共同体的特质定位可以有意彰显其中的某一向度，但上列的共同体称谓皆离不开"道德"的特质和向度，而且由先秦儒家所"构成的聚合群体也是以共同道德为基础的共同体"①，因而以"道德共同体"来称之或许更为合适。

由于以家庭和亲戚邻里朋友等关系为主导的基层社会生活对于先秦儒家群体的影响②，让他们深切感受到了源自家庭、家族血缘亲情的温馨与亲密感，而且作为生存共同体的基本单位——家、家族③所呈现出来的超

---

① 陈壁生：《经学、制度与生活——〈论语〉"父子相隐"章疏证》，华东师范大学出版社2010年版，第60页。此外，王中江也说："儒家根本上将人看成是一种道德性的存在和主体，并相信人对于道德是自主的。"所言不虚。见王中江：《简帛文明与古代思想世界》，北京大学出版社2011年版，第261页。

② 《周礼·大司徒》云："令五家为比，使之相保；五比为闾，使之相受；四闾为族，使之相葬；五族为党，使之相救；五党为州，使之相赒；五州为乡，使之相宾。"《汉书·食货志》的叙述则有所不同："五家为邻，五邻为里，四里为族，五族为党，五党为州，五州为乡。"尽管传世文献对于乡遂组织的描述其详细的区划已不可确知（对于乡遂制度的研究，可参见杨宽：《西周史》，上海人民出版社2003年版，第五章"西周春秋的乡遂制度和社会结构"），但已基本指出了家、族、党、乡实为其时的地方基层组织。（见顾德融、朱顺龙：《春秋史》，上海人民出版社2003年版，第223—225页。）另外，根据钱穆先生的研究，孔门弟子多出身贫寒（对此，钱穆先生说："孔子弟子，多起微贱。颜子居陋巷，死有棺无椁。曾子耘瓜，其母亲织。闵子骞着芦衣，为父推车。仲弓父贱人。子贡货殖，子路食藜藿，负米，冠雄鸡，佩豭豚。有子为卒。原思居穷阎，敝衣冠。樊迟请学稼圃。公冶长在缧绁。子张鲁之鄙家。虽不尽信，要之可见。"钱穆：《孔子弟子通考》，《先秦诸子系年》，中华书局1985年版），自是在其生命成长的过程当中难以脱离基层社会生活的深刻影响。

③ 对于作为生存共同体基本单位的家、家族，斐迪南·滕尼斯作出了自己的定位："家族是简单的共同体本身的躯体。"（[德]斐迪南·滕尼斯：《共同体与社会——纯粹社会学的基本概念》，林荣远译，北京大学出版社2010年版，第203页。）另外，根据儒

稳定性让他们自觉不自觉地以此来衡量和反观现有的外在人伦道德、社会秩序① 与政治格局。正是基于此，先秦儒家在反观周围乃至整个客观世界的时候，往往带有浓厚的情感性和伦理特质② ，而这种带有浓厚的情感性和伦理特质的观察视角和思维模式又使他们在思想立场和政治文化领域内的理论建构方面呈现出经验性的特征。在这里，我们将基于社会学的进路从乡里生活与礼俗传统两方面来考察先秦儒家共同体所处的伦理环境和生活场域，以更好地观照传统资源和社会生活对于这一共同体的形成所起的作用，及对其观察客观世界和理论创建方面所产生的影响；同时，我们又试图以德国社会学家斐迪南·滕尼斯的共同体理论来考量先秦儒家，以更为客观、合理地对其作出整体性定位，从而为我们后面的进一步研究作出必要的基础性阐述。

家的生活场域和贯有视角，杜维明将中国古人所处的生存共同体疏解为家庭、乡里、国家和世界。[美] 杜维明：《儒家思想新论——创造性转换的自我》，曹幼华、单丁译，周文彰等校，江苏人民出版社 1996 年版，第 117 页。

① 于此，"外在"是用来修饰、限定人伦道德和社会秩序的。之所以用"外在"一语，实是相对于每个相对独立的区域性的家族、村落共同体而言的。在礼俗传统和历史惯性的影响下，每一个相对独立的区域性的家族、村落共同体都是相对自足而又封闭的熟人社会；而受历史环境、时代条件和政治利益的影响，超越于相对独立性区域之上的邦、国、天下往往又是变动不居、变幻莫测的，故而，由邦、国、天下所呈现出来的政治格局自是将相应地域内的所有大小共同体涵盖在内，当然不能说是"外在"。

② 对此，蒙培元亦指出："儒家创始人孔子，就很重视人的情感活动，在他看来，人的最本真的存在就是'真情实感'。所谓'真情'，就是发自内心的，毫无掩饰和伪装的真实情感；所谓'实感'，就是实有所感、真实存在的，不是虚幻的或凭空想象的。"（蒙培元：《人是情感的存在——儒家哲学再阐释》，《社会科学战线》2003 年第 2 期。）以此知之，以孔子为代表的先秦儒家所重视的人的情感活动，多与人周围的生活场景和伦理交际相关，故而其所彰显的情感多具经验色彩，而不是抽象的，更非玄虚的。

第一节　乡里生活与礼俗传统

从历史经验和社会学的立场来看①，在小农社会里，人们能够聚居在一起从而构成了稳定的家庭、家族和宗族村落结构，首先是基于自然情感之上的宗法血缘伦理和相同模式下的子孙繁衍。当农人们拥有了自己的土地，并长期在固定的土地（他们的土地往往在自己村落的周围）上耕种劳作的时候，就逐渐由血缘共同体开始向地缘共同体过渡。② 在地缘共同体的生存模式里（这种生存模式当然脱离不了血缘共同体的底色和影响，而且前者的建立是以后者为基础的③），这种稳定的农耕生活，既保证了地

---

① 我们说，任何理论模式和考察视角都是为了更好地去切入并有效地展开研究主题，当然这并不意味着对此主题就只有一种研究向度或理论方法，也不意味着这是唯一合理的研究方式（对于先秦儒家的研究，以往的学者亦多从天人关系、阶层职业入手来考察）。只不过，鉴于当前的研究状况，以社会学的立场与方法来切入我国古代社会形态、礼俗传统和血缘亲情伦理，或许能够更为客观、有效地考察影响了先秦儒家的礼俗传统、思维模式及生活场域等。

② 关于血缘和地缘的先后关系，斐迪南·滕尼斯指出："血缘共同体作为行为的统一体发展为和分离为地缘共同体，地缘共同体直接表现为居住在一起。"费孝通先生也说："在稳定的社会中，地缘不过是血缘的投影，不分离的。"（[德] 斐迪南·滕尼斯：《共同体与社会——纯粹社会学的基本概念》，林荣远译，北京大学出版社 2010 年版，第 53 页；费孝通：《乡土中国》，北京出版社 2009 年版，第 105 页。）基于此，田海燕还对血缘和地缘的功能及作用做了进一步的阐释："在传统乡村社会，血缘和地缘是典型的人际联结方式。血缘关系决定着人际的亲疏，维持着社会的稳定；'生于斯，死于斯'的地缘关系则固定着人和土地的亲和。"这有助于我们更好地理解传统乡村社会。（田海燕：《刍议乡村公民共同体构建进路》，《中国矿业大学学报》（社会科学版）2010 年第 2 期。）

③ 当然，对于它们之间的关系，我们不应仅仅视为是前后相继的关系，而实际情况可能要更复杂一些，无疑斐迪南·滕尼斯也看到了这一点，他说："血缘共同体、地缘共同

缘亲情的长期有效性，与此同时又形成了安土重迁的心理特质和习俗传统。① 这与逐水草而四处迁徙的游牧民族不同，也与以海洋为桥头堡积极向海外拓展的西方海洋文明不同，甚至与以矿产资源和市场需求为依托而到处建厂房、购设备的工业文明也大不相同，传统社会的人们往往将搬迁、背井离乡视为不幸，甚至是灾难。因而，除了战争、天灾人祸外，人们往往会固守着自己的家园直至终老②，可谓是"生于斯，死于斯"③。不仅如此，国家层面的政权更替对于安土重迁的基层社会来说，其影响力可以说是非常有限的，而四季的转换和寒暑的变化对于这里的人们而言却是真切而实实在在的。正是基于这种传统，在基层社会形成了非常浓厚而生命力极强的乡土气息，在这种氛围里，人们的交往和对日常纠纷的处理主

体和宗教共同体等作为共同体的基本形式，它们不仅仅是它们的各个组成部分加起来的总和，而且是有机地浑然生长在一起的整体。"［德］斐迪南·滕尼斯：《共同体与社会——纯粹社会学的基本概念》，林荣远译，北京大学出版社 2010 年版，"译者前言"第 2 页。

① 对于农业、农耕对农人和基层社会的影响，我们不应忽视德国社会学家斐迪南·滕尼斯的阐述，因为它有助于加深我们在这方面的理解，他说："只有到了农耕时代，人们用自己的劳动，把未来植物的种子——过去的植物的果实——掩埋在耕地里，耕作的农田才捆住人的手脚，这时，开垦的农田才成为世代延续的家族财产。……随着农田的开垦，家就固定下来了：从一个像人、牲畜和东西一样流动的家，变为不流动的家，犹如土地不流动一样。人在两方面受到束缚：同时受耕作的农田和居住的房屋的束缚，也就是受到他自己的事业的束缚。"［德］斐迪南·滕尼斯：《共同体与社会——纯粹社会学的基本概念》，林荣远译，北京大学出版社 2010 年版，第 63 页。

② 《孟子·滕文公》所言的"死徙无出乡，乡里同井，出入相友，守望相助，疾病相扶持，则百姓亲睦"即是描述的这种情形。此外，《国语·齐语》所言"伍之人祭祀同福，死丧同恤，祸灾共之。人与人相畴，家与家相畴，世同居，少同游，……居同乐，行同和，死同哀。"《逸周书·大聚》所言"以乡为闾，祸灾相恤，资丧比服。……男女有婚，坟墓相连，民乃有亲"都有力地彰显了这一点。

③ 费孝通先生也说："我们可以相信，以农为生的人，世代定居是常态，迁移是变态。"此言甚是。费孝通：《乡土中国》，北京出版社 2009 年版，第 58 页。

要有赖于过往的习俗、经验及族人的威望，而很少上升到法律手段、诉讼程序的程度，除非纠纷过于严重甚至影响到了人身安危和外在的社会秩序 [正所谓"乡有俗，国有法。"（《管子·宙合》)]。① 正是看到了这一点，张德胜也说，"孔子思想反映封建制度下的小农社会的伦理，自然不会赞同以法律诉讼来解决问题，所以说：'听讼，吾犹人，必也使无讼乎！'（《论语·颜渊》)"②。可以说，张氏的说法是切中要害的。

现在让我们再来考察一下家族共同体中最基本的伦理关系——父子关系。可以说，在基层社会里由于深受礼俗传统（《慎子》即言："礼从俗，政从上，使从君"）的规制和共同血缘感受的影响，父子关系就显得格外特殊而重要。但是，礼俗对于未成年人的影响却与成人世界所持的恪守态度有所不同，于此，需要我们作出相应的分析与探究。对于生于、长于传统社会的小孩子，尽管其能隐隐约约地感受到礼于生活中的无处不在和礼对于成人世界的规整力量，但成人世界对于未成年人的言谈举止、行为表现并不做太严格的要求，反而允许其偶有不合礼的行为出现，与此同时，父辈们也尽可能地以未成年人能够理解和接受的、比较委婉的方式来教导

---

① 关于礼俗自治与政治权力之间的关系，干春松亦言："中国传统的政治权力，因为制度设计和统治成本的问题，很少真正落实到县以下的广大地区，即使是郡县制度建立之后，县以下的乡里仍是一个自治特色很强的有机体。"可以说，干春松的见解是抓住了我国古代政治治理格局的特质的。干春松：《儒学概论》，中国人民大学出版社 2009年版，第 264 页。

② 张德胜：《儒家伦理与社会秩序——社会学的诠释》，上海人民出版社 2008 年版，第56 页。对此，金耀基说："在'礼治'下的传统中国社会，'礼'对人之身份与角色有细致的规范作用，其作用之大，甚于法律。"韦政通先生也说："以家族为中心的伦理，特别重视的是'情'，情是维系伦理关系的核心，'家和万事兴'，和生于情。'清官难断家务事'，因在家庭范围之内纯用讲理的方式是不适宜的。"诚是。金耀基：《金耀基自选集》，上海教育出版社 2002 年版，第 122 页；韦政通：《传统与现代之间》，中华书局 2011 年版，第 214 页。

他们在正式的场合要守礼，对于长辈和逝去的祖先要表现出应有的尊重乃至敬畏，这正彰显了父慈子孝的伦理亲情和伦理秩序。① 对于一个人而言，成年便意味着正式守礼、践礼的起点，从那一刻起，他们不能再像过去那样在父母的膝下撒娇甚或有些放肆，他们除了对于祖辈、父辈每日请安、遇事多请示外，还要恪守礼的规则和成人的法则，《礼记·昏义》："夫礼，始于冠。"即是描述的这种情形。我们认为，礼不仅仅是一整套的规则、制度，由于年代的久远，它还是一种传统和不言自明的力量，这种传统和力量，让生活于其中的人们在大多数时候能够按照礼俗来交往和解决绝大部分的纠纷②，以致很少考虑"礼"存在的原因、价值及依据等背后的一系列问题，反而认为这些都是不证自明的，甚至达到了"日用而不知"的地步。③ 当然，在历史的积淀之下，礼还代表着某种智慧，这种智慧在

---

① 对此，德国汉学家汉斯－格奥尔格·梅勒则从"孝"的角度进行了申论："'孝'在儒家思想中起着非常重要的作用，因为所有的人类发展都以之为基础。……人类存在之整体社会性的和情感性的生命都'扎根'于他们儿时的经历和所受的教养。如果一个孩子在早年不学习如何去感受和'正确地'行为，那么他的生理心理的和社会的基础就不会稳固。"诚是。［德］汉斯－格奥尔格·梅勒：《〈道德经〉的哲学》，刘增光译，人民出版社 2010 年版，第 113 页。

② 这与后来我们所讲的法理社会很不相同，"法理社会的特征是更多的理智与工于心计，人们首先关心的是自己的私利和契约，个人主义至上"；而"'礼俗社会'的特征是亲密无间的、与世隔绝的排外的共同生活，其成员由共同的价值观和传统维系在一起，他们有共同的善恶观念、有共同的朋友和敌人，他们中间存在'我们'或'我们的'意识"。［德］斐迪南·滕尼斯：《共同体与社会》，林荣远译，商务印书馆 1999 年版，第 340—341 页。

③ 对于礼、礼俗的内涵和定位，德国社会学家斐迪南·滕尼斯也作出了基本相同的诠释："它们（指风俗和习俗——笔者注）以一种经常反复的、共同的活动为前提，不管其原始的意义是什么，通过实际的练习、流传、遗传而变成为轻而易举和自然而然的——变为不言而喻的，因此在既定的环境下，被认为是必须的。"可供研究者参考。［德］斐迪南·滕尼斯：《共同体与社会——纯粹社会学的基本概念》，林荣远译，北京大学出版社 2010 年版，第 235 页。

努力理顺人伦规范、社会秩序的同时亦不放弃对于血缘亲情的维护，在这种时候就显示了因岁月而给长者所带来的经验之威力。在传统基层社会，经验和阅历便意味着智慧、威严和受人尊敬（《论语·乡党》有言："乡人饮酒，杖者出，斯出矣。""杖者出，斯出矣"，亦即表征了乡里生活中人们对于老者和传统习俗的尊崇①）盖源于这种传统②，我们常常会看到，年长者在一个家庭、家族和宗族村落当中所受到的尊重，尽管其行动能力有限，但岁月给他所带来的生活经验和生存智慧对于一个家族、村落而言是弥足珍贵的，所以当人们遇到棘手的问题时便惯于到长者那里寻求帮助。当然，这种"'尊老'思想与中国之为农业的伦理社会有着最深的关系。在一农业的伦理社会中，老人常是青年的领航，他们是祖先所遗留的智能与经验的库藏，因此权威常在老人手中"③。正是基于这种传统，我们看到，在古代的礼制和具体生活场景中对于老年人就表现得极为敬重，《礼记》对于乡饮酒之礼的功用和意义多次作出了阐述和肯定，《礼记·昏义》说"夫礼，始于冠，本于昏，重于丧祭，尊于朝聘，和于射乡，此礼之大体也。"这里的"射乡"之"乡"即是乡饮酒，对此金景芳先生展开道："此

① 上博简《内礼》云："为少必听长之命"（简17），亦是对这一尊老传统的反映。李朝远：《内礼》，《上海博物馆藏战国楚竹书（四）》（马承源主编），上海古籍出版社2004年版。

② 《礼记·祭义》有言："昔者有虞氏贵德而尚齿，夏后氏贵爵而尚齿，殷人贵富而尚齿，周人贵亲而尚齿。虞、夏、殷、周，天下之盛王也，未有遗年者。年之贵乎天下久矣，次乎事亲也。"《孟子·公孙丑下》亦言谓："天下有达尊三：爵一，齿一，德一。朝廷莫如爵，乡党莫如齿，辅世长民莫如德。"由此看来，尊老尚齿当是一种年代久远的历史传统。

③ See F. M. Keesing, "The Science of Custom", *Cultural Anthropology*, N.Y: Holt, Rinthart and Winston, 1958, p.249. 不只在农业社会，即便是在部落社会情况也是基本如此。对此，英国学者戴维·米勒也说："在部落社会，权威掌握在村庄长者的手中，他们开会解决部落成员间发生的一切争端，或对部落的规范作出解释。"[英]戴维·米勒：《政治哲学与幸福根基》，李里峰译，译林出版社2013年版，第19页。

乡饮酒乃党正每岁十二月蜡祭以礼聚民，而饮酒于序以正齿位之礼。"① 以此知之，人们虽多从差异、秩序及规范来理解礼（《礼记·乐记》即反复曰："乐者，天地之和也。礼者，天地之序也。""乐统同，礼辨异。""大乐与天地同和，大礼与天地同节。"云云），多视为外在的仪轨和制度，但礼也有内在的一面，实际上礼对于人伦和社会的规整指向即彰显了一种和，可以说，秩序与和谐、协调并不是截然对立的。正是因为觉察到了这一点，《礼记·乐记》才接着又说："穷本知变，乐之情也。著诚去伪，礼之经也。礼乐偩天地之情，达神明之德，降兴上下之神。"关于乡饮酒之礼，《礼记·乡饮酒义》云："乡饮酒之礼，六十者坐，五十者立侍，以听政役，所以明尊长也。六十者三豆，七十者四豆，八十者五豆，九十者六豆，所以明养老也。民知尊长养老，而后乃能入孝弟；民入孝弟，出尊长养老，而后成教；成教而后国可安也。""少长以齿"（意即行饮酒礼的时候，要依据年龄的长幼，依序饮酒）。《礼记·经解》亦云："乡饮酒之礼，所以明长幼之序也。"《大戴礼记·礼察》亦有言："乡饮酒之礼废，则长幼之序失，而争斗之狱繁矣。"可见，乡饮酒之礼主要是"明长幼之序"的，所以即便是五十岁和六十岁都属老者的范围，但六十者毕竟还要长于五十者，因而"六十者坐，五十者立侍"，而且还明确规定"六十者三豆，七十者四豆，八十者五豆，九十者六豆"，体现了长者的价值和尊严。②当然，在一个较大的村落里，往往还会出现另外一种情形：那就是即便是一个孩子但如果其辈分较高，那么辈分低的不管其年龄有多长都要对这个

---

① 金景芳：《周易通解》，长春出版社 2007 年版，第 67 页。
② 对此，杜正胜也作出了简明扼要的阐述："聚落中民间的主导力量是父老阶层，他们的身份和权威系基于社会敬老的传统，而敬老在祭祀燕饮等社区活动表现出来。"这可以帮助我们来更好地理解长者的价值、尊严和社会的敬老传统。杜正胜：《编户齐民：传统政治社会结构之形成》，联经出版事业公司 1990 年版，第 227 页。

孩子表示应有的尊敬，尽管孩子可以不用严格遵守礼①，但成年人在懂礼的情况下是不可以逾礼、违背礼的。

可以说，在社会对礼都存有不证自明的合理性的时候，在礼成为人们一种心理积淀与文化传统的时候，就成了人们交往、沟通、婚丧、嫁娶，乃至征战、调解等各方面所共同预设的知识、文化、心理背景。② 在这种约定俗成的大背景下，礼便使父子、君臣、朋友诸人伦关系呈现为一种合理、有序、各安其位的大秩序，而少有人对此产生疑问，人们心安理得地生活在这样的秩序之下，随着心理积淀、历史传统的惯性而程式化，甚至有些刻板地生活着。但是，随着王权式微，诸侯坐大，原有礼乐文化的崩坏，使现存的秩序格局发生了剧烈的变化，这种变化，不仅周天子（天下诸侯朝贡难以按礼制如期进行）、各路诸侯（实力的崛起让他们对现有地位、权力、疆域诸资源的分配格局颇为不满，并时时表现为蠢蠢欲动之态势）感觉得到，即便是社会礼俗文化的承载者与传承者——下层民众也能深刻地体会得到，天灾人祸、烽火连绵让他们的生活、生命朝不保夕，由之，在权势的威压之下，他们便以疑天、怨天、骂天的方式来隐晦地表达

---

① 这从另外一个方面彰显了"父慈子孝"伦理对于父辈的角色伦理规定——"父慈"。另外，谈到礼、礼俗，我们不应忽视其所彰显的对等互利性原则，《孟子·离娄下》即曰："爱人者，人恒爱之；敬人者，人恒敬之。"《礼记·曲礼》亦曰："礼尚往来，往而不来非礼也，来而不往亦非礼也。"这实际上就强调了人们在交往过程当中所持的互利性原则和对等性的心理期待（与《老子·六十三章》强调"报怨以德"不同，《国语·周语中》的"以怨报德，不仁"和《论语·宪问》中的"以直报怨，以德报德"，都肯定了人际交往过程中的对等互利性原则）。就此而言，礼成了人际往来的表征，亦成了人与人交往关系的规范，代表了传统力量所要求的秩序与合理性。

② 关于礼的内容和功用，美国学者赫云·霍克斯曼说："在古代中国，'礼'的含义是相当广的，表示从礼貌到政治和社会制度中的得体行为的所有举止。'礼'规定了得体行为的界限，指导和限制人的行为。"诚是。[美] 赫云·霍克斯曼：《柏拉图和孔子的爱与国家》，载《经学、政治与现代中国》（思想史研究第三辑），姜志辉译，上海人民出版社 2007 年版，第 185 页。

着对于当权者的不满，对于社会失序的忧愁。事实上，对于这种变化表现得最为敏感与忧虑的还是当时的知识分子。这是一批既对传统文化有着深刻理解并心存敬意同时对于社会现实又存有深切人文关怀的社会文化精英。这批精英涵盖了道、儒、墨诸家，除法家后起主张法后王而难在此之列外 ①，基本上囊括了当时社会文化精英的大部分。并对于这种变化纷纷表达出了自己的立场、主张与对策，儒家也不例外。② 社会变动所带来的最直接变化便是原有秩序的混乱，原本明晰、合理的身份、角色及相应伦理功能的定位便变得混乱、模糊而界限不清了。这种社会秩序上的变化，对于政治野心家而言则是一次权力洗牌的大好时机，并蠢蠢欲动地企图借此上位。对于下层民众而言，更多的则是恐慌与忧愁，这种恐慌与忧愁是对父不父、子不子、君不君、臣不臣现状的不满，以及人伦秩序、人际交往背后那不证自明、毋庸置疑的共同价值预设缺失后的无所适从。对于文化精英而言，道家希冀回归小国寡民之国家原初阶段，以借此将人伦道德

---

① 对此，张德胜也说："在当时的四大流派当中，儒、道、墨三家有共同之处，大家都关心人民的苦况，都批评统治者，都致力于结束战争。只有法家例外，他们从君主的个人利益出发，视人民如工具，把国家当成镇压机器。"诚是。张德胜：《儒家伦理与社会秩序——社会学的诠释》，上海人民出版社 2008 年版，第 59 页。

② 对于这种局面，干春松作出了自己的评价，他说："在春秋战国这一'礼崩乐坏'的秩序重建时代，各家利用自己认为最有利于现实政治的思想资源，力图为当时处于制度变革之中的社会提供有效的价值支持和制度设计。"王中江说："垄断性的统一世界观、知识观和价值观一旦解体，智力和精神就会变得自由奔放，勇敢地去重新审视曾经被给定的'真理'，信心十足地去寻求世界的全新解释。"陈壁生也说："人们对整个世界的认识失去了统一的预设，那么，客观存在的世界在不同的思想视域之中，便会呈现出不同的意义化的样貌。……思想家们从自己特有的问题意识与思想立场出发，去重新建构自己的观念秩序。"所引文分见干春松：《制度化儒家及其解体》，中国人民大学出版社 2003 年版，第 5 页；王中江：《简帛文明与古代思想世界》，北京大学出版社 2011 年版，第 13 页；陈壁生：《经学、制度与生活——〈论语〉"父子相隐"章疏证》，华东师范大学出版社 2010 年版，第 118 页。

与社会秩序作简单化处理①，后经庄子的改造与发展成为道教思想资源之重要构成；墨家则主张人人相爱、罢兵尚贤，实际上由于是一种近乎信仰的理想情怀而缺少实际操作性，盖源于此，传承无几而退出历史舞台②；与这两家不同，儒家既仰慕先王礼制，并深怀从周之心，但又不力主回归周礼，而是在"正名"思想的指导下，纳仁于礼，将礼进行创造性转化，使之既不悖离历史传统，又能建立在血亲之爱的基础上，从而富含时代精神，尽管孔子的"君君臣臣父父子子"（《论语·颜渊》）的社会理想③由于时代的原因而未能实现，但毕竟开启了儒家探寻王道政治与大同理想的道路。

正是因为先秦儒家心怀道德立场和从周尚古的态度，才让他们对于家

---

① 对此，费孝通先生也认为："返璞归真的老子觉得只要把社区的范围缩小，在鸡犬相闻而不相往来的小国寡民的社会里，社会秩序无须外力来维持，单凭每个人的本能或良知，就能相安无事了。"（费孝通：《乡土中国》，北京出版社2009年版，第72页。）许抗生则从学理的角度提出："老子认为上古的初民时代就是一个符合'道'、'德'理念的社会，符合人的真性的社会。老子之所以提出他的'道'、'德'学说，其目的很明显就是为了克服他所处的春秋时代所出现的礼义文明的危机，希望能够回到这一危机出现之前的上古时代。"许抗生：《老子的逆反式思维与道论》，载《道家思想与现代文明》，中华书局2015年版，第13页。

② 司马谈在《论六家要旨》中肯定墨家"强本节用"之优点的同时，亦批评了其"尚俭太过"和忽略"时变"因素等不足与缺陷。可见，墨家对自身所持立场与主张的一成不变从而使其丧失了可行性而逐步退出了历史舞台。

③ 郭店简《六德》篇对于孔子所提出的"君君臣臣父父子子"（《论语·颜渊》）的社会理想反复进行了疏解："生民斯必有夫妇、父子、君臣，此六位也。有率人者，有从人者；有使人者，有事人者；有教者，有受者。此六职也。既有夫六位也，以任此六职业。"（简7—10）"故夫夫、妇妇、父父、子子、君君、臣臣，六者各行其职，而讪谤无由作也。"（简23—24）"仁，内也。义，外也。礼乐，共也。内位父子夫也，外位君臣妇也。"（简26—27）郭店简引文见刘钊：《六德》，《郭店楚简校释》，福建人民出版社2003年版。据此可知，郭店简《六德》篇实际上是沿着孔子所提出的"君君臣臣父父子子"的秩序理想，在"君臣父子"的基础上又增加了"夫妇"一伦，并对它们的角色伦理、身份定位及社会功用做了进一步的发挥与阐释。

族血缘亲情有着深刻的认同，并深深迷恋着基层社会的生活方式、风俗习惯和历史传统。因为这个原因，先秦儒家对于古代的礼（基于血缘亲情伦理之上的规范、制度、习俗力量）同样也很熟悉①，并积极继承和改造之。②

第二节　共同体理论视角下的先秦儒家群体

在上文，我们主要考察了传统基层社会中的家、家族和村落共同体，并对基于这些生存共同体结构之上的血缘亲情伦理和礼俗传统对于先秦儒家思维理路、行为方式及观察客观世界视角之形成的影响进行了相应的研究。接下来，我们将继续沿着这一理路运用斐迪南·滕尼斯的共同体理论

---

① 《论语·卫灵公》即载："颜渊问为邦。子曰：行夏之时，乘殷之辂，服周之冕，乐则韶舞。"这进一步说明了孔子本人对于三代的人文传统有着相当程度的了解，故如此，方能知晓"损益"，进而作出自己的抉择。

② 据此，干春松认为"儒家对于古代的礼仪的熟悉、继承和改造是使他们在中国的政治和社会生活中占据重要地位的根本性原因"。（干春松：《制度儒学》，上海人民出版社2006年版，第16页。）对于他的这一论断，我们持保留意见。我们认为，儒家在中国的政治和社会生活中占据重要地位的根本性原因并非是其对于古代礼仪的熟悉、继承和改造，虽然熟练掌握古典文化可能是儒家在其后的社会、政治、文化生活中占据重要地位的重要原因，但从根本上说，是由于儒者或者说始终有儒者在积极寻求入世的同时，时时不忘坚守内心世界的做人原则、道德底线和政治理想，正因为如此，所以才让儒家在风云变幻的时代洪流中长期占据着中国的政治和社会生活中的重要地位。如果儒家一味地"枉道从势"、"枉尺直寻"而不坚守道德底线的话，那么就极有可能成为当权者的附庸和政治工具，若果真如此，那么儒者就会丧失其对于政治权力本有的道德立场和观照功能，那么儒者就不能称其为儒者，而是"俗儒"、"陋儒"，或者其他什么身份和社会角色了，自是被历史长河所埋没而终不显。

从整体上来综合考量先秦儒家这一历史群体的角色定位、价值追求和实践取向，以便在后面的章节中更从容、充分地展开对于先秦儒家在政治文化领域的理论建构、王道理想感召下的干政行为及儒者形象等方面的研究。

在西方语汇中，"共同体"（又译作"社区"）一语最早是由德国社会思想家斐迪南·滕尼斯提出来的，在他 1887 年出版的成名作《共同体与社会——纯粹社会学的基本概念》①中集中而系统地阐述了这一概念。当他的这一概念传入我国以后，学者们结合我国古代基层社会的特点通常将其译为"礼俗社会"②，这可以说是用斐迪南·滕尼斯的共同体理论来诠释中国古代社会的成功尝试。③

---

① 中译本可参见 [德] 斐迪南·滕尼斯：《共同体与社会——纯粹社会学的基本概念》，林荣远译，北京大学出版社 2010 年版。

② 早在 20 世纪 40 年代，费孝通先生在《乡土中国》中指出："在社会学里，我们常分出两种不同性质的社会，一种并没有具体目的，只是因为在一起生长而发生的社会，一种是为了要完成一件任务而结合的社会。用滕尼斯的话说：前者是 Gemeinschaft，后者是 Gesellschaft，用迪尔·凯姆的话说：前者是'机械的团结'，后者是'有机的团结'。用我们自己的话说，前者是礼俗社会，后者是法理社会。"（费孝通：《乡土中国》，三联书店 1985 年版，第 3 页。）除了费先生从乡土社会的视角，提出了"礼治秩序"的概念以外，当时的柳诒徵先生在《中国礼俗史发凡》一文当中，则主张从历史学的角度来考察礼俗的源流与沿革，并认为古代中国"以礼为立国根本"，礼俗是中国文化的特色。（柳诒徵：《中国礼俗史发凡》，《学原》1947 年第 1 卷第 1 期。）可以说，无论是从社会学还是从历史学出发，不管是用"礼治秩序"还是"礼俗"来概括，都从不同的角度揭示了前现代中国社会所具有的礼俗社会的特征。

③ 相关介绍及阐释见马贵侠：《"共同体"的解构与重建——由滕尼斯的"共同体"与"社会"引发的思考》，《长春工业大学学报》（社会科学版）2006 年第 3 期。此外，根据李慧凤、蔡旭昶的研究，"随着研究的不断深入和经济社会的发展，学界对于'共同体'定义的数量也在不断增加，而且'共同体'的内容和特征也发生了不同程度的变化，'共同体'也已成了包含地理区域、地域性社会组织、共同情感和互动关系等特征的更为广泛的概念。"以此知之，学界对于共同体理论的不断诠释，及以之来解释我国不断发展的社会和人群，也在某种意义上说明了这种诠释的可能性、可行性与合理性。见李慧凤、蔡旭昶：《"共同体"概念的演变、应用与公民社会》，《学术月刊》2010 年第 6 期。

　　就含义而言，斐迪南·滕尼斯是从习惯习俗、人的意志和共同记忆来定义共同体这一概念的，他说："共同体是建立在有关人员的本能的中意或者习惯制约的适应或者与思想有关的共同的记忆之上的。"①他的这一定义尽管是侧重于西方社会思想背景下的人的心理积淀和人群共同的意识记忆，强调"共同体的理论出发点是人的意志完善的统一体，并把它作为一种原始的或者天然的状态"②，带有哲学和社会心理学的意味，但毕竟还是没有忽视习惯、习俗传统这一重要指向。而且，从斐迪南·滕尼斯对于共同体概念的诠释当中，我们可以很深切地感受到，他对于共同体理论的建构即是以家庭中的母子关系、夫妻关系和兄弟姐妹之间的关系为模型和出发点的，由此可见，血缘共同体是其共同体理论的基础和典型。

　　当"共同体"概念和理论被引入中国的时候，我们的学者对其进行了再诠释，在他们的这种再诠释下，我们对这一概念的理解就与我们本民族的礼俗传统、历史记忆和文化心理更为契合了。在我们的视域内，所谓共同体，实际上指的是"拥有共同的历史传统、文化背景或共同信仰、价值目标、规范体系，关系稳定而持久的社会群体"③。可以说，在中国古代的社会、文化背景下，判断某一社会团体、群体是否是共同体，需具备这样几个基本条件：其一，是否拥有共同的过去或记忆（强调的是历史传统）；其二，是否拥有共同或相近的心理预设、情感取向、价值判断与精神追求（强调的是历史积淀和地域传统的影响）；其三，是否拥有稳定而持久的熟人关系与环境（强调的是礼俗传统和区域的相对封闭性）。因而，如果我

① ［德］斐迪南·滕尼斯：《共同体与社会——纯粹社会学的基本概念》，林荣远译，北京大学出版社 2010 年版，"译者前言"第 2 页。

② ［德］斐迪南·滕尼斯：《共同体与社会——纯粹社会学的基本概念》，林荣远译，北京大学出版社 2010 年版，第 48 页。

③ 吴玉军：《共同体的式微与现代人的生存》，《浙江社会科学》2009 年第 11 期。

们从上面所归纳出来的三个条件来衡量传统基层社会的话，那么完全可以说，中国古代的基层社会即是由家、家族和宗族村落等基本共同体所构成的较大共同体或共同体群。①

正如我们在前文所提到的那样，土地在传统基层社会里是农人们最为重要的生产资料和财产，而在相对固定土地上的耕种劳作则是他们一生中所主要从事的事业，而由农人和土地、房舍所构成的牢固关系就为生活于其中的人们构筑了一幅温馨、宁谧的生活场景，在这样的生活场景下，处于生存共同体中的人们便深深地感受到了由这种伦理生活所带来的血缘亲情之亲密感和熟人社会之自在感。这样的生活场景和伦理体验久而久之就会在人们的内心积淀下来，让人们在观察身边的人和周围世界的时候无法脱离，甚至自觉不自觉地向生活场景所赋予的经验性和伦理体验所贯注人内心的情感性靠拢了。毫无疑问，基层社会的生活场景和伦理体验不仅会影响到日出而作，日落而息的农人们，也会深深地影响到先秦儒家共同体。② 具体而言，作为共同体的先秦儒家在观察客观世界和从事人际交往的过程中无形间便会在自己的思维方式、审视视角和实践取向上带有浓重的经验性和情感性。所以，对于先秦儒家而言，由这种共同体的相对封闭性和相对稳定性所带来的体验是普遍性的，"在这些共同体当中，由于人

---

① 对于"共同体"这一视角，日本学者谷川道雄则以"村落共同体"来称谓古代中国的基层社会。他认为："使中国社会有组织化，这正是'村落共同体'。这种'村落共同体'，才是形成历史主体的规范。因此，应该从这种'共同体'的自我发展的过程中来寻求对中国史的理解。"此种立场与观点，值得重视。见［日］谷川道雄：《中国中世社会和共同体》，国书刊行会1976年版，第一部第二章"中国的中世"第77页。

② 尽管"在秦以后的中国历史中，家族越来越退出了上层政治的领域而多活跃于社会基层，并不如我们在春秋历史上所见到的重要人物那样，他们的身后往往都会有一个家族作为政治资本与行为支撑，但家族的影响依然是长久而深远的"。何怀宏：《世袭社会——西周至春秋社会形态研究》，北京大学出版社2011年版，第95页。

数少，人们可能通过语言、动作、手势、表情直接交往，人和人之间进行的是亲密的、面对面的交流。每个成员在这种长期的、全面的互动中充分展示自身，将自己的思想、感情、性格、品德、兴趣、爱好等人格因素全部投入到互动中，成员之间彼此十分了解，具有浓厚的感情。"①可见，这种由熟人社会所产生的交往模式也会潜移默化地影响到先秦儒家共同体的每一位成员。而这种交往模式的建立和产生持续性的影响是有赖于生存共同体的相对稳定的，只有很好地保持生存共同体的稳定性，才能让彼此之间变得非常熟识、交往起来也非常舒适自在，而且对于礼俗传统的深刻认同又让他们每个个体能够清晰地认识到自己在共同体当中所处的位置，对于自己的身份、行为方式和价值观念有着明确的认知。在这样的共同体内，个体被牢固地固定在自己的身份、角色和职责上，这种让每个个体各负其责、各安其位的生存模式和生存样态使人们在安全感、归属感和精神依托上获得了很大的满足，当然也有可能出现"个体的独立意识得不到提升，个体的独立人格得不到展现"②的问题。③

　　不可否认，这种让每个个体各负其责、各安其位的生存模式和生存样态，也深深地影响了先秦儒家，让他们在家的时候每日早晚向父母问安，践行"子"之孝道，同时还要敬爱自己的兄长，外出的时候则要将这种

---

① 吴玉军：《共同体的式微与现代人的生存》，《浙江社会科学》2009 年第 11 期。

② 吴玉军：《共同体的式微与现代人的生存》，《浙江社会科学》2009 年第 11 期。

③ 当然，关于个体独立意识和独立人格，这是一个现代性的问题（正如齐格蒙特·鲍曼所言："确定性和自由是两个同样珍贵和渴望的价值，它们可以或好或坏地得到平衡，但不可能永远和谐一致，没有矛盾和冲突。"［英］齐格蒙特·鲍曼：《共同体：在一个不确定的世界中寻找安全》，欧阳景根译，江苏人民出版社 2003 年版，序曲，或是捉摸不透的共同体，第 7 页），对生活于古代基层社会的人们而言，这个问题并不存在（在当今的乡土社会，这个问题也难以成为大问题），他们认为，这样的生存模式和生存样态并没有什么不妥，反而让他们觉得舒坦自在。

对兄长的爱推衍到同辈人或年龄略长的人的身上①，这就是《论语·学而》所描述的情形："入则孝，出则弟，谨而信，泛爱众，而亲仁，行有余力，则以学文。"于此，"入"指涉的是私领域的伦理规范和要求，"出"则反映了从家、家族、村落等基本生存共同体到邦、国、天下公领域层面对于个体的伦理规范和行为要求。如此看来，孝、悌既是对个人行为的要求（这就要求这些行为要发自内心、从自己的内心出发才是最有价值与最合理的），同时也是对家庭伦理关系的合理规范，出自家伦理的这种孝、悌，又通过"推己及人"的方式推广到了社会伦理，尤其是君臣伦

_____

① 这种源自血缘亲情的孝伦理熏陶了身处宗族社会的每一个人。作为儿子的个体即便是为了求学问道而不得不外出的时候，也还要努力做到"父母在，不远游，游必有方"（《论语·里仁》）。范氏对其注释说，"子能以父母之心为心则孝矣。"（朱熹：《四书章句集注·论语章句》，中华书局 1983 年版，第 73 页。）显见，"不远游"是为了能够每日向父母问安、行孝道；"游必有方"则是要告诉父母自己的去向和归期，以免父母记挂，这同样是对子孝的反映。对"不远游"和"游必有方"的强调，实则"过分强调了'安身'与'安心'，这也排除了个人冒险患难的意向。"（参见孙隆基：《中国文化的深层结构》，广西师范大学出版社 2004 年版，第 59 页。）在"门内"是子，"门外"是弟，所以《论语·颜渊》说："四海之内，皆兄弟也。"即是将处理血缘关系的伦理规范推广到了公共领域和社会层面。当个体怀着求学问道的目标而聚居到一起的时候，便过着"以文会友，以友辅仁"（《论语·颜渊》）的知识性生活，从而形成了新的共同体——知识共同体或学术共同体（《礼记·学记》曰："独学而无友，则孤陋而寡闻"，则从相反的角度强调了朋友、学术共同体对于个人成长的重要性）。但是早年的家庭、家族生活记忆犹新，让他们很难不思乡，这种乡愁在很多时候并不利于自己知识的增长和品性的磨砺，也不利于所结成的新共同体的稳固，所以人们往往将思乡的个体称之为小人［"小人怀土"（《论语·里仁》）］，而把那些志于求学问道的人赞赏为君子［"君子以文会友，以友辅仁。"（《论语·颜渊》）］。事实上，再有志于求学问道的君子也难以摆脱思乡的情绪，在很多时候，这种乡愁反而是激励个体在外求学问道以学有所成的根源性动力（关于文人、游子的这种乡愁，在我国文学史上反映此类题材的作品很多，李白的《静夜思》、余光中的《乡愁》即是其中的代表），没有基层社会生活经验的人则很难体会到这一点。

理。可以说，家伦理是每个个体观察周围世界、应对人际往来和从事学术创造的起点①，在这个起点的感召下，先秦儒家的生命世界首先被稳固在相对封闭的生活群落和身份、角色范围内。故而，以求学问道为目标的个体便会很自然地聚居在一起，于是走出了血缘共同体的人们在这一目标的指引下又进入了地缘共同体②，他们在追求知识、智慧增长的同时也不放弃对于道德品性的砥砺，这就使得先秦儒家共同体彰显出了多重指向——对于古代典籍、礼仪文化的热衷，让他们呈现出知识、学术和知性的标识；对于三代政治模式和礼乐文化的崇尚，让他们所从事的活动体现了浓厚的精神性③；对于道德立场的守持和王道理想的弘扬，让他们的行为方式充满了道德性和理想性。基于此，对于先秦儒家，我们应该可以用知识共同体（学术共同体）、政治共同体、精神共同体和道德共同体来定位这一历史群体所彰显出来的多重特质。当然，尽管可以用多种共同体类型来定位先秦儒家，但无论是知识共同体（学术共同体）、政治共同体、精神共同体还是道德共同体，它们都脱离不了先秦儒家立场、价值、思想和行为方式中的道德性和理想性，可以说，先秦儒家在学术知识、道德立场和政治行为方面的坚守与追求都是以个体的修

---

① 不仅如此，需要在尽孝与出仕之间作出抉择时，先秦儒者往往不会轻易选择后者。《孔子家语·七十二弟子解》曾记载，齐国欲聘曾参为卿，他坚辞不就，并说道："吾父母老，食人之禄，则忧人之事，故吾不忍远亲而为人役。"由此可见，血缘亲情伦理对于先秦儒者的影响是多么深刻。

② 实际上，唐代诗人孟郊《游子吟》中的诗句——"慈母手中线，游子身上衣。临行密密缝，意恐迟迟归。"即很有可能反映了这种情形。而《论语·学而》所言的"有朋自远方来，不亦乐乎？"则表达了儒者对于志同道合者到来的精神性喜悦和对于儒家共同体有可能得到扩充的心理期待（《荀子·劝学》曰："君子居必择乡，游必就士。"《礼记·学记》亦曰："独学而无友，则孤陋而寡闻"）。

③ 这种精神性，让先秦儒家共同体在相同的方向和意义上一起努力，从而使其呈现出了较强的凝聚力和稳定性。

正和王道的实践为旨归的，所以，对于先秦儒家我们可以用道德共同体来称之。①

　　现在，让我们以孔子及围绕在其身边的弟子们为例来简要考察一下作为道德共同体的先秦儒家的内部结构与构成。受孔子本人的感召（这种感召力很有可能是多重的，孔子对于古代典籍的精通、对于礼仪文化的熟识，以及对于仁义道德的守持让他本身具备了多重身份、多种魅力，这些特点让气质、性格和志趣不同的弟子们所受到的感召也是不尽相同的），许多或怀揣着干政梦想或以求学问道为目标的士子们纷纷从四面八方聚集到他的身边。无论孔门弟子带着什么样的目的来到孔子身边，学习古代典籍、努力掌握礼仪文化都是在孔子门下的弟子们所一起从事的主要科目与内容（《论语·述而》所言的"学而不厌"即是对这一学习场景和探求精神的刻画），因而"这样精神性的共同体便建立在了共同的事业或者职业之上，也是建立在了共同的信仰之上的"②。从事着稳固而持久事业的弟子们，由于长期聚居在一起进行交流和切磋，因而彼此之间对对方的思想、性格、情感、兴趣等十分了解，这让他们之间的感情非常浓厚，关系也非常密切，如同血缘共同体那样的密切、温馨，实际上，先秦儒家共同体即是血缘共同体的延伸和投影。因而，这样的共同体就如同一个温馨、密切的大家庭，在这样的大家庭里，孔子是知识的权威、人格的楷模和整个团队的领航者["诲人不倦"、"吾未尝无诲焉"

---

①　对于先秦儒家的这一定位，美国学者格里德尔（J.B.Grieder）亦有着清醒的认识，他说："儒家统治的优势是道德的，而不是社会的：他不是由社会提拔来保护社会的共同利益，而是凭他美好的道德品质，道德品质才是忠诚的核心、权力的来源。"所言非虚。见［美］格里德尔：《知识分子与现代中国》，单正平译，广西师范大学出版社2010年版，第7页。

②　［德］斐迪南·滕尼斯：《共同体与社会——纯粹社会学的基本概念》，林荣远译，北京大学出版社2010年版，第217页。

（《论语·述而》）①，即是孔子本人对于自己角色的基本定位和明确认知]，自然地便带有家长式的威严和魅力；门下弟子们则在孔子的引领下一起求学问道，过着情同手足而又志同道合的生活②，显然这是将家庭、家族中

---

① 在《论语·子罕》中，高足颜回对于其师孔子的绝妙赞美即典型地彰显了孔子的这种学养、魅力和领袖气质，且看颜回是如何赞美的——"仰之弥高，钻之弥坚。瞻之在前，忽焉在后。夫子循循然善诱人，博我以文，约我以礼，欲罢不能。既竭吾才，如有所立卓尔。虽欲从之，未由也已。"从实际情况来看，颜回的这种赞美很有可能是由衷的，但从历史发展的观点看，颜回的举动实则在客观上开启了圣化孔子，并将其捧上神坛的漫长之旅。

② 尽管依据文献记载和历史经验，有人可能会对我们的这个判断有所疑问，而我们也不否认由于气质、性格、情感及爱好方面的差异，弟子们之间可能会存在着诸如观点、理念上的不同（这首先表现在，对于众弟子所提出的同一问题孔子的回答往往不同，如孟懿子、孟武伯、子游、子夏等人的问孝，以及其他弟子的问仁、问政，等等；其次，更多的是，弟子们向其师孔子所提的问题包括方方面面，甚至大不相同；另外，孔子对于众弟子在性格、品行、能力、行为诸方面的品评也各不相同），甚至还会出现见解相左、相互辩论的情况［如子张、子夏对于交友之道看法的不同即是一例（事见《论语·子张》)]，但正所谓"道不辩不明"，若从"道"的层面而言，他们是一致而无间的，只不过当将"道"由理想、理论层面落实到实践、现实层面的时候，便因途径、志趣和见识的不同而使弟子们有了不同的干政过程和命运轨迹。由此所引申出的问题便是，作为共同体的先秦儒家群体并非自始至终毫无矛盾、分歧，甚至纷争的。那么，作为儒家开山鼻祖的孔子是如何在门人弟子个性发展与保持共同体稳定之间实现一种充满活力的良性平衡的呢？如果通读传世文献《论语》和出土文献中的上博简《诗论》篇，我们就不难发现，实际上孔子或多或少地意识到了这一问题。在进行私人办学教育的过程中，孔子既要以因材施教、有教无类及当下成就的教育方式来适当保护门人弟子的个性特点，同时又对违背共同体立场与原则的出格言论、行为［比如宰我的昼寝（见《论语·公冶长》)，再求为季氏的聚敛行为（事见《论语·先进》）等等］加以严厉批判，以保证一个健康共同体所应有的活力、凝聚力和稳定性。对于何为健康的共同体，威尔·金里卡说："健康的共同体要在个人选择和保护集体生活方式之间保持一种平衡，并且还要限制前者对后者的侵蚀程度。"如果以此论断来衡量孔子在教育、引导弟子言行举止上的诸种言论的话，我们就可以发现他或多或少地已经意识到了这一点。所引文见［加］威尔·金里卡：《当代政治哲学》，刘莘译，上海文艺出版社 2015 年版，第 426 页。

的"孝"伦理和"悌"伦理推衍到社会领域的结果。① 先秦儒家共同体所呈现出来的这种结构、格局，诚如斐迪南·滕尼斯所阐述的："父权家长制性质（由生育来阐明的一切威严都必须集中在这里）和结义的性质（情同手足）相互混杂着，统治的性质和志同道合的性质相互混杂着。"② 虽然滕尼斯的言论主要针对的是血缘共同体，但他的这一判断还是非常适合对于先秦儒家共同体的定位的。

下面，让我们再来考察一下和先秦儒家相关的几个重要的外围问题，即其与家、家族基本生存共同体，及与道、法诸家的关系问题。就儒家的视角而言，个人乃是家庭、家族当中的个人，其身份、角色和地位首先是在这些小的共同体当中被限定和界定的③（《孟子·离娄上》即云："不得乎亲，不可以为人；不顺乎亲，不可以为子"）。这正如孙隆基所说："只有在'二人'的对应关系中，才能对任何一方下定义。在传统中国，这类'二人'的对应关系包括：君臣、父子、夫妇、兄弟、朋

---

① 当然，由于血缘伦理决定了人际关系的远近、亲疏，所以当将源自家庭、家族的"孝"伦理和"悌"伦理推衍到社会层面和公共领域的时候便有了一些不同，故而传世文献屡言"门内之治恩掩义，门外之治义断恩"（《礼记·丧服四制》、《大戴礼记·本命》）、"门内之治恩掩义，门外之治义掩恩"（《孔子家语·本命解》），不仅如此，上博简《性情论》有云"门内之治欲其逸也。门外之治，欲其折也"（简26—27），郭店简《六德》亦有云"门内之治恩掩义，门外之治义斩恩"（简30—31），于此，所彰显的正是血缘伦理对于人际关系所起的决定性作用。出土文献引文分见濮茅左：《性情论》，载马承源主编：《上海博物馆藏战国楚竹书（一）》，上海古籍出版社2001年版，第258—259页；刘钊：《六德》，载《郭店楚简校释》，福建人民出版社2003年版，第109页。

② 参见〔德〕斐迪南·滕尼斯：《共同体与社会——纯粹社会学的基本概念》，林荣远译，北京大学出版社2010年版，第69页。

③ 对于家族、家庭在共同体生活方式中的地位，斐迪南·滕尼斯作出了合理的定位，他说："家族是简单的共同体本身的躯体。""家庭生活是共同体的生活方式的普遍基础。"见〔德〕斐迪南·滕尼斯：《共同体与社会——纯粹社会学的基本概念》，林荣远译，北京大学出版社2010年版，第203、263页。

友。"①在传统伦理所言的五伦当中有三伦直接与家族、家庭相关，而另两伦（即君臣、朋友）则完全可以视为家伦理的扩展和推衍。由此可见，家伦理对于一个人的定位所起的作用是重大而不可替代的。②这种"润物细无声"的血缘亲情和家庭伦理让每一位生于斯、长于斯的人感受很深，可以说，人自出生那天起就被置于了难以逃离的社会关系网络之中（当然，人们往往将其视为合理的和正确的，具有不言自明的正当性），家是社会的缩影，社会则是家的扩展和推衍，人的一生即是在家和社会之间不停地穿梭和驻留。如前所言，个人的身份、角色和地位首先是在家的范围内被限定和界定的，个人的事功和成就如果得不到族人与乡党的肯定和认可，那么即便是再荣耀、再伟大的功业其价值都要大打折扣，其对于个人内心的满足感也是一种不小的打击。③所以，儒家的立场也可以说是一种

---

① 见孙隆基：《中国文化的深层结构》，广西师范大学出版社 2004 年版，第 13 页。相应地，杜维明对此亦作出了更为充分的阐释，他说："只有将自我定位于双重的关系之中，我们才可能理解自我如何在普遍人类存在中扮演一个个具体的活生生的角色。常识告诉我们，个人身份的形成来自其与父母、兄弟、亲戚、朋友之间的具体交往。抽象的普遍性不可能体现人际关系的丰富性。我们是在'生动的具体'中直接亲历我们周围的世界。我们在他人的存在中看到自己。我们在构成社会空间的人际关系网络中找到我们自己的位置。"杜维明：《儒家人文思想中的社会性、个体性及天人一体观》，《国学学刊》2009 年第 2 期。

② 关于家伦理对于个体的定位及影响，冯友兰先生曾有过阐述："在以家为本位的社会制度中，所有一切社会组织，均以家为中心，所有一切人与人的关系，都须套在家的关系中，在旧日所说五伦中君臣、父子、夫妇、兄弟、朋友，关于家的伦理已占其三。其余二伦，虽不是关于家者，而其内容亦以关于家庭的伦类推之。"可以作为相应的参考。见冯友兰：《新事论》，商务印书馆 1967 年版，第 58、65 页。

③ 《论语·子路》有言"宗族称孝，乡党称弟"，亦即强调了对于儒者而言，宗族、乡党的认可是其干政、从政之本，虽或才不足，亦可谓之士。另外，高祖刘邦于公元前196 年平定淮南王英布的叛乱在得胜还军的途中，顺路回了一次自己的故乡沛县，并将昔日的尊长、朋友和晚辈都邀集起来，共同欢饮十数日，闻名后世的《大风歌》就是在这一背景和场合下即兴创作的（事见《汉书·高帝纪》）。实际上，刘邦回乡邀集

伦理立场，个人的生命意义和价值也只有在家庭、家族和社会的参照下才能得到充分的彰显，而且个人存在的意义也首先即在于对于家庭、家族和社会的价值与贡献，得到了家庭、家族和社会认可与祝福的个体，其存在的价值和内心的幸福感才能被最大化地体现和实现。① 至于个人是否具有独自存在的价值和意义，由于立场的问题，在儒家那里并没有被充分地展开。② 与儒家不同，持反智论（Anti-intellectualism）立场的道家对于个人存在的相关问题则做了比较深入的探讨③，在个人与社会之间，如果难以

故人饮酒的举动即彰显了他渴望自己所建立的功业能够得到族人与乡党的肯定和认可的心理期待。

① 孔子曾评价其弟子说："雍也可使南面。"（《论语·雍也》）对此，顾立雅评论说："在孔子看来，重要的不是世袭特权，而是一个人自身的品质。……而且，孔子还认为冉雍是弟子当中唯一的一位适合于登上君主之位的人。对于一个没有什么显赫祖先的人来说，这一观点是具有革命性的，它完全取消了祖先在早期宗教中所处的中心地位。"由此看来，顾氏的评论更多的是看到了孔子"雍也可使南面"评价背后其对于个人血统、出身的否定，而忽视了中国古代伦理传统对于个人身份、角色的定位与限定［"不在其位，不谋其政。""君子思不出其位。"（《论语·宪问》）"儒者法先王，隆礼义，谨乎臣子而致贵其上者也。"（《荀子·儒效》）］，也就是说，对于弟子品德的赞赏是孔子的真实目的，而强调其可使南面只不过是为了更强烈地彰显这一点罢了。事实上，雍也是不可能做君主的，孔子也不会认为他会成为君主，家庭伦理的特质就早已决定了这一点。相关引文见 ［美］顾立雅：《孔子与中国之道》，高专诚译，大象出版社 2000 年版，第 144 页。

② 当然，没有被充分地展开，并不就意味着在先秦儒家那里就没有这方面的思想资源。《礼记·儒行》说："儒有居处齐难，其坐起恭敬；言必先信，行必中正；道涂不争险易之利，冬夏不争阴阳之和；爱其死以有待也，养其身以有为也。"这同样是对于保养身体和爱惜生命的强调，只不过它和道家的旨归有着很大的不同。具体来说，先秦儒家不仅注重修身自律、由仁义行，而且还强调对于生命肉身的爱惜，当然保养身体、爱惜生命只是手段，目的是有所等待和有所作为，"爱其死以有待也，养其身以有为也"，这里的"有待"、"有为"直接指向了改良现实政治，追求王道政治的理想和目标，有着很强的现实指向性。就这一点而言，儒家所强调的保养身体、爱惜生命更多地彰显了其立场和旨归的伦理性和社会性，而道家的主张则更与当今我们所了解的个人主义相接近。

③ 关于对道家反智论的内容及影响的相关分析，可参见余英时：《反智论与中国政治传统——论儒、道、法三家政治思想的分野与汇流》，载何俊编：《余英时学术思想文

两全兼顾的话，他们往往主张要离弃社会对于个人心灵世界和生命个体两个层面的压制与损伤，努力与"道"的自然无为之特质保持一致。在此基础上，孙隆基进一步认为："在缺乏个人主义的中国文化中，道家可以为少数个体提供局限的个人主义表达方式，那就是一种超脱尘俗的飘逸的生活形态。"①

　　相比于儒、墨的尚古、厚古，对于传统文化资源的珍视与自觉继承②，法家的时变特质和务实立场，让他们对于传统文化和旧礼习俗表现出了相当程度的轻视③，并将其视为了一种积习和历史包袱，从而认为"治世不一道，变国不必法古"④（《商君书·更法》）。这种坚持不以历史经

选》，上海古籍出版社 2010 年版，第 540—545 页。另外，林存光则以反文化来定位道家的这种立场，他说："道家体现了一种鲜明的反文化的精神方向。"可以与余英时的观点做比较性的理解。林存光：《儒教中国的形成——早期儒学与中国政治文化的演进》，齐鲁书社 2003 年版，第 113 页。

①　参见孙隆基：《中国文化的深层结构》，广西师范大学出版社 2004 年版，第 19 页。

②　《礼记·礼运》所提出的大同理想，尤其是所倡导的"人不独亲其亲，人不独子其子"与先秦儒家的传统主张大不相同，先秦儒家一贯重视家庭血缘亲情伦理，而在《礼记·礼运》中却提出了弱化家庭的理想社会建构，尽管先秦儒家的政治理念中有着"仁民"、"尊贤"的思想，但是仔细比较一下还是可以看出，这种弱化家庭的理想社会建构的思想理路即便不是墨家的立场，也是受到了墨家"兼爱"主张的影响，这很有可能是与儒、墨两家皆崇古、尚贤的立场有关。

③　正是基于这种现实主义的立场，让法家人物在理论创建方面对文化传统和伦理道德近乎偏执地持激烈的反对态度，故而韩非子所言"孝子爱亲，百数之一也"（《韩非子·难二》）就不难理解了。（王中江所说的"韩非不信任儒家的'道德'信念，这使他的政治哲学带有强烈的实用主义特征"，亦表述了这样一层意思。参见王中江：《简帛文明与古代思想世界》，北京大学出版社 2011 年版，第 464 页。）实际上，基于家庭伦理在宗族社会的久远影响，即便是在法家思想和法家模式主导的秦朝孝道在基层村落的影响依然没有减弱多少，由此看来，韩氏对于孝道的看法是过于悲观了，而这种悲观色彩的出现正是其以法家所特有的视角来观察周围客观世界的结果。

④　对于法家"变国不法古"的治世态度和立场，干春松则认为"法家'不法常古'的指导思想显然是过于激进的，因为在'古'即传统中保存的是一个民族的习俗和习焉而不察的思维方式。"所言甚是！（见干春松：《制度化儒家及其解体》，中国人民大学出版社 2003 年版，第 13 页。）与"治世不一道，变国不必法古"相似的是，《韩非

验为依据而以时势变化和实际情况为基点的变革指向，彰显了其激情、张扬和自信，乃至决绝、冷酷的一面，看到了历史在时间河流当中的变动不居性，并过于强调了历史的厚重性和积习对于一个国家的改革、发展所带来的弊病，而没有在努力摆脱历史对于他们变革所带来的压力和阻力一面的同时，将宗族社会和基层民众稳妥地安置于历史传统所形成的固有生活模式和礼俗传统当中 ①，反而积极将国家权力和政治领域覆盖到了整个社

子·五蠹》亦云："明主之国，无书简之文，以法为教；无先王之语，以吏为师。"显见，与儒家尚古、崇古的经验主义立场不同，法家并不愿向古代的文化资源和政治传统寻求解决现实社会问题的智慧，而是以变动不居的眼光来应对现实问题，将历史和传统完全视为了现实改革的包袱和牵绊，所以将"书简之文"、"先王之语"当作垃圾草率地扔掉，将刑法及实施刑法的官吏上升到了国家、社会及下层民众思想、行为的唯一标准和最高指引力量，是谓"以法为教"、"以吏为师"。这样做的后果，便是"一笔勾销了教育的相对独立的性质，使教育完全变成政治的从属品，同时也取消了教育的认识价值"（刘泽华、葛荃主编：《中国古代政治思想史》（修订本），南开大学出版社 2001 年版，第 109 页）。另外，需要指出的是，尽管法家与儒家所持的立场有着很大的不同，但由于受历史传统及诸家思想、主张碰撞、融汇的影响，法、儒两家的思想、主张也绝非如今人所想的那样的泾渭分明，反而皆存在着受历史传统和彼此影响的痕迹。如曹峰通过对传世文献和睡虎地秦简（包括《为吏之道》及《日书》等）中所见的"孝"的研究认为，尽管由于立场的不同，法家与儒家在思想、主张方面呈较大的反差，但无论是法家类作品还是在对秦国（包括秦朝）统治加以记载的内容中，"孝"都不是一个被完全否定的对象。只不过，较之儒家对孝的重视，睡虎地秦简所见的"孝"则只落实在"能养"、"弗辱"这类低层次上，而且必须通过强制的方式才能得到保障，从而使"孝"成了维持社会秩序的外在手段。由是，孝成了秦国（及其秦朝）统治过程中维护家长权利同时维护国家利益的一种手段，孝也由儒家眼中的德行、伦理规范变成了法家手中功利性的、法治的工具和手段。详见曹峰：《睡虎地秦简所见对"孝"的重视》，《国学学刊》2009 年第 3 期。

① 基于对中国传统社会和历史背景的考察，马克斯·韦伯对于古代中国的城市和乡村作出了区分，进而认为，在中华帝国，"一座'城市'是官吏的椅子而没有自治；一个'乡村'是个自治的居落而没有官吏。"尽管这种区分可能过于主观，但还是指明了两者之间最大的区别。见 Weber, Max. "The Religion of China". Tr. By Hans H. Gerth. New York: Free Press，1968, p.91。

会。如此做法，有可能使国家机器在短时间内（尤其是在人伦失序、社会动荡、战争不断的时局下）保持步调一致、高效良好的运转，但是过于忽视历史传统，政治实体的运作就会失去文化、传统的支撑，其有效性和持续性就会令人怀疑（《史记·秦始皇本纪》说："事不师古，而能长久者，非所闻也"）。可以说，当权者关心政治权力、国家制度在整个社会的运作状况本身并没有什么错，但是如果过于强调这一方面，片面依赖权力机器，而忽视甚至刻意贬低、压制习俗传统、礼乐文化等其他因素对于国家的整合和社会的和谐所起的积极作用就有些偏颇和激进了，也让身处和习惯了长时期所积淀而成的文化心理、礼俗环境和熟人社会的人们无所适从①，当政治的触角试图替代和消灭它们的时候，权力机器和国家制度便开始和社会传统相疏离，君王们所希望建立的永世霸业和万年帝业的目标就会变得遥不可及，并渐渐被历史所埋没而化为乌有。从今人的眼光来看，在考虑权力机器和国家制度在整个国家和社会如何更好地运作的时候，如果不忽视文化积淀和习俗传统的力量，或者说以基于文化积淀、习俗传统和伦理情感的进路、立场来考虑政治权力的运作的话，实际效果可能会更好一些。

最后，我们再简单考察一下处于现代文明包围之中的乡土社会和现代城市生活的相应状况。从现有的社会布局与实际情况来看，尽管在当代中国神州大地无处不受改革开放和经济全球化浪潮的影响，西方文明也在不断冲击着我们传统的价值取向、理想信念、思维模式和生活方式，但我们

---

①　对于传统习俗、习惯对民众的重要意义，法国思想家孟德斯鸠评论说："一般来说，各族人民对于自己原有的习惯总是恋恋不舍的。用暴力取消这些习惯，对他们是悲惨的。因此，不要去改变这些习惯，而要引导他们自己去改变。"在某种意义上，也是对类似法家立场与做法的间接性批判。[法]孟德斯鸠：《论法的精神》（上册），张雁深译，商务印书馆1987年版，第311页。

不得不说，现代文明对于中国乡土社会的冲击依然十分有限，那里的人们虽然也会关心外面世界发生的事情，但他们仍然生活在传统的影子之下，而且并没有觉得这有什么不妥。在这里，我想举一个自己身边的例子以加深人们对于正处于现代文明包围之中的乡土社会的理解。我的老父亲，已年过六十，虽学会了使用电话和我通话，也在前几年学会了骑电动车，但他的内心和思想却还是非常传统的，在这方面并没有受到多少现代文明的洗礼。和许多老一辈人一样，他自幼生在农村、长在农村，所看到的、所接触到的都是非常有限的人群：家人、邻里、亲戚，以及偶尔到来的对他而言的陌生人——货郎①。对他而言，生活在他周围的都是熟人，所遵循（在很多时候甚至感觉不到是在遵循）的都是千年遗留下来的风俗习惯与交往模式，虽偶有纷争，但这样的生存环境无疑令他非常舒坦自在。② 在这样的共同体里，"人与人之间的亲密交往、兄弟手足情谊、稳固的世俗礼仪，使得个人能够从中获得一种稳定的归属感和安全感。"③ 而且，即便他已年过六旬，对土地的热爱却仍丝毫未减，如同他壮年时对于土地的感情一样鲜活。④ 可以说，对于当下的乡土社会而言，这里的人们虽然已经

① 对于乡村、村落这样的共同体而言，作为陌生人的货郎尽管会带来外面的信息但很难对早已形成的礼俗、习惯和行为方式造成大的冲击，这正如英国社会学家齐格蒙特·鲍曼所言："陌生人的相遇是一件没有过去（a past）的事情，而且多半也是没有将来（a future）的事情。"[英] 齐格蒙特·鲍曼：《流动的现代性》，上海三联书店2002 年版，第 148 页。

② 至于令他舒坦自在的原因，我想应当可以用齐格蒙特·鲍曼对于共同体的理解来解读："在共同体中，我们可以相互很了解，我们可以相信我们所能听到的事情，在大多数时间里我们是安全的，并且几乎从来不会感到困惑、迷茫或震惊。对对方而言，我们相互之间从来都不是陌生人。"[英] 齐格蒙特·鲍曼：《共同体：在一个不确定的世界中寻找安全》，江苏人民出版社 2003 年版，第 2—3 页。

③ 吴玉军：《共同体的式微与现代人的生存》，《浙江社会科学》2009 年第 11 期。

④ 对于出现这种现象的原因，斐迪南·滕尼斯解释说："土地业经开垦，它本身包含着前人付出了的生命的力量，就像包括着先人的血和汗一样，它本身要求享受者们对逝者

感受到了来自现代文明的成果和冲击，但这股现代文明之风却尚不足以吹灭历史传统和礼俗文化对于乡土社会的深远影响，这也说明了乡土社会于历史传统当中所形成的生存模式——伦理共同体的稳固性和持久性。另外，虽然会有他们的子女当中的部分人通过读书、经商等各种途径走出家园而过上城市生活的情况，但这部分人已经脱离了乡土社会的圈子，尽管极大地认同和接受了现代文明社会给他们所带来的价值判断和物质成果，然而他们已经蜕化成了城市人，乡土社会的生活已与他们无关，从而早已成为了他们遥远的记忆。①

另外，与传统的家、家族、村落等基本的生存共同体相比，城市则是一个节奏很快、交通发达而不断向外扩张的地域。在这样的地域里，为着更多的发展机遇、更好的经济利益和更高的社会地位等目的的外来人口日益增多，于是，人与人之间就很少能拥有共同的过去或记忆，也不见得会拥有共同或相近的心理预设、情感取向、价值判断与精神追求，更不用说能拥有稳定而持久的熟人关系与环境了。在现代性的城市里，由于人们来

怀着虔诚的感激。"由于这一论断充分彰显了乡土社会中所存在的祖先崇拜和尊老传统，无疑是合理的。见［德］斐迪南·滕尼斯：《共同体与社会——纯粹社会学的基本概念》，林荣远译，北京大学出版社 2010 年版，第 236 页。

① 即便如此，早年乡土社会的生活经历会在这部分人的气质、性格及交往方式诸方面留下难以磨灭的印记；而且，作为早期生命所经历过的亲切场所，家乡、故土则成了游子心中难以忘却和割舍的记忆与挂念，从而乡愁也成了众多游子心中永恒的主题。对于乡土社会与由此走出的这部分人之间的关系以及前者对后者的影响，曼海姆用一个"都市化了的农民的儿子"的例子作出说明：一个习惯了都市生活的农民的儿子，回到乡下就会认识到他所见到的是"农村的"。一旦这样的认识达成，他便不再是其家乡社会生活中同治的参与者，而是有了一种将所见的一切与乡村的社会结构"关联"起来的能力。而这一过程中，"乡村的"认识和"都市的"认识在他身上同时存在，使得他认识到这两种不同认识视角的"不同兴趣和洞察力是受制于它们从中产生并与之相关联的社会状况的"。参见［德］卡尔·曼海姆：《意识形态与乌托邦》，黎鸣、李书崇译，三联书店 2011 年版，第 281—284 页。

自不同的地方，他们在生长的环境、所受的教育及地域性文化诸方面的影响也会有所差异，对于这样充满着差异性、个性化的人群，我们无法基于礼俗传统、文化积淀，更难以依赖血缘关系、伦理亲情将他们组织起来，在这样的情况下，我们只能更多地运用社会管理、控制机制和规划性的现代制度来管理处于各种经济实体和行政机构中的人们。在这种情况下，"竞争和正式的控制机制代替了传统共同体赖以存在的坚实纽带"，因而"血缘纽带、邻里关系、世代生活受同一习俗传统等形成的情感荡然无存，或变得非常淡薄"。① 这就是为什么身处都市生活中的人们虽然物质丰厚却深感人际淡漠的重要原因，也是游子思乡，怀念故土、家园的根本原因。

---

① 对于现代都市生活中人们的生存、交往状况，吴玉军曾有过专门的研究，他说："在都市这个非'熟人'的社会中，人们相互不知底细，为了打消他人的猜疑，获得他人的信任，就需要相互订立契约，创设交易规则。在契约主导下，城市人之间的接触尽管是面对面的直接的接触，但这种接触归根到底是非个人的、表面的、短暂的，因而也是部分性的接触。……现代都市生活中的个体是孤独的个体。人们之间的关系是一种原子化的关系，而非共享式的关系。"这可以有助于我们更好地来理解都市生活。引文参见吴玉军：《共同体的式微与现代人的生存》，《浙江社会科学》2009 年第 11 期。

第二章　先秦儒家对"家"的
执守、突破及依归

　　家的稳定性及由此所带来的安全感，让早年"生于斯，长于斯"的儒家人物中的大多数对于这种生活情境与行为模式颇为依赖与迷恋。以至于当他们走出血缘共同体围绕在孔子、孟子等人身边形成地缘共同体（亦可谓之知识共同体、学术共同体）的时候，乃至于试图出仕、干政的时候，在各种具体的情境下，他们均或强或弱、或隐或显地呈现出了对"家"的执守。

　　然而，这种执守，固然让儒家在处理各种复杂问题尤其是伦理困境时，尽可能地做到了心安①，但是由于血缘亲情伦理情感生发所需条件的情境性、具体化，而使其应对问题的有效性是有一定限度的，并不具有普遍有效性。鉴于此，先秦儒家在由私领域进入公领域之时，当遇到非常棘手的伦理问题与伦理困境时，他们在处理的过程中，往往呈现出对"家"

——————

① 在处理与伦理性关系比较密切的问题的时候，儒家特别强调的一个重要原则是"心安"，典型性的例子莫过于《论语·阳货》中的记载：宰我问："三年之丧，期已久矣。君子三年不为礼，礼必坏；三年不为乐，乐必崩。旧谷既没，新谷既升，钻燧改火，期可已矣。"子曰："食夫稻，衣夫锦，于女安乎？"曰："安！""女安则为之！夫君子之居丧，食旨不甘，闻乐不乐，居处不安，故不为也。今女安，则为之！"对此前人多有措意，此处不予展开。

精神与文化的倾向性依归,同时又彰显出了对"家"精神与文化执守与突破的矛盾性与复杂化。在本章,我们将以先秦儒家为例对"家"精神与文化对其在处理伦理性问题时所呈现出的立场、解决方案及价值与影响进行阐述。

第一节　共同体理论与先秦儒家对"家"的执守 ①

从历史传统和社会学的进路来看,在小农社会里,人们能够聚居在一起从而构成稳定的家庭、家族和宗族村落结构首先是基于自然情感之上的血缘亲情和相同模式下的子孙繁衍。当农人们拥有了自己的土地,并长期在固定的土地(他们的土地往往在自己村落的周围)上耕种劳作的时候,就逐渐由血缘共同体开始向地缘共同体过渡②。在地缘共同体的生存模式里(这种生存模式当然脱离不了血缘共同体的底色和影响,而且前者的建立是以后者为基础的③),这种稳定的农耕生活,既保证了地缘亲情的长期有效性,与此同时又形成了安土重迁的心理特质和习俗传统。因而,除了战争、天灾人祸外,人们往往会固守着自己的家园直至终老,可谓是"生于斯,死于斯"。在这种氛围里,人们的交往和对日常纠纷的处理主要有赖于过往的习俗、经验及族人的威望而很少上升到

---

① 在论文发表时,为了论文框架的完整性与自洽性,我们对于第一章的部分内容在此章略有吸收,故偶有重合之感,特此说明。

② [德]斐迪南·滕尼斯:《共同体与社会——纯粹社会学的基本概念》,林荣远译,北京大学出版社 2010 年版,第 53 页。

③ [德]斐迪南·滕尼斯:《共同体与社会——纯粹社会学的基本概念》,林荣远译,北京大学出版社 2010 年版,第 2 页。

法律手段、诉讼程序的程度，除非纠纷过于严重甚至影响到了人身安危和社会秩序。

依据历史文献我们得知，先秦儒家秉持道德立场和从周尚古的历史文化态度，加之儒家群体中的多数出身底层，早年多经历底层社会生活，这让他们对于家族血缘亲情有着深刻认同，并深深依恋着基层社会的生活方式、风俗习惯和历史传统。对于他们而言，由这种生活方式的相对封闭性和稳定性所带来的体验具有一定的普遍性。盖因这个原因，先秦儒家对于古代的礼（基于血缘亲情伦理之上的规范、制度、习俗力量）同样也很熟悉，并积极继承和改造之。基于此，接下来我们将运用共同体理论从整体上来考量先秦儒家群体。

在西方语汇中，"共同体"（又译作社区）一语最早是由德国社会学家斐迪南·滕尼斯提出来的，他在 1887 年出版的成名作《共同体与社会——纯粹社会学的基本概念》中集中阐述了这一概念。当"共同体"概念和理论被引入中国的时候，学者对其进行了再诠释，在他们的这种再诠释下，对这一概念的理解就与我们本民族的礼俗传统、历史记忆和文化心理更为契合了。在我们的视域内，所谓共同体，实际上指的是"拥有共同的历史传统、文化背景或共同信仰、价值目标、规范体系，关系稳定而持久的社会群体"[1]。可以说，在中国古代的社会、文化背景下，判断某一社会团体、群体是否是共同体，需要具备这样几个基本条件：一是否拥有共同的过去或记忆（强调的是历史传统）；二是否拥有共同或相近的心理预设、情感取向、价值判断与精神追求（强调的是历史积淀和地域传统的影响）；三是否拥有稳定而持久的熟人关系与环境（强调的是礼俗传统和区域的相对封闭性）。因而，如果从上面所归纳出来的三个条件来衡量先秦社会的

---

[1]　吴玉军：《共同体的式微与现代人的生存》，《浙江社会科学》2009 年第 11 期。

话，那么可以说，先秦社会即是由家、家族和宗族村落等基本共同体所构成的较大共同体或共同体群。

在此，我们便可以以共同体理论为视角、以孔子及围绕在其身边的弟子们为对象简要考察一下作为知识共同体或道德共同体的先秦儒家的内部结构与构成了。受孔子本人的感召①，许多或怀揣着干政梦想或以求学问道为目标的弟子们纷纷从四面八方聚集到他的身边。无论弟子带着什么样的目的来到孔子身边，学习古代典籍、努力掌握礼仪文化都是在孔子门下的弟子们所一起从事的主要科目与内容（《论语·述而》所言的"学而不厌"即是对这一学习场景和探求精神的刻画），因而"这样精神性的共同体便建立在了共同的事业或者职业之上，也是建立在了共同的信仰之上的"②。从事着稳固而持久事业的弟子们，由于长期聚居在一起进行交流和切磋，因而彼此之间对对方的思想、性格、情感、兴趣等方面都十分了解，这让他们之间的感情非常深厚，关系也非常密切，如同血缘共同体那样的密切、温馨。③ 实际上，先秦儒家共同体即是血缘共同体的延伸和投影。因而，这样的共同体就如同一个温馨、密切的大家庭，在这样的大家庭里，孔子是知识的权威、人格的楷模和整个团队的领航者（《论语·述而》中的"诲人不倦"、"吾未尝无诲焉"，即是孔子本人对于自己角色的基本定

---

① 当然，这种感召力很有可能是多重的。孔子对于古代典籍的精通、对于礼仪文化的熟识，以及对于仁义道德的守持让他本身具备了多重身份、多种魅力。这些特点，让气质、性格和志趣不同的弟子们所受到的感召也是不尽相同的。

② ［德］斐迪南·滕尼斯：《共同体与社会——纯粹社会学的基本概念》，林荣远译，北京大学出版社 2010 年版，第 217 页。

③ 诚如齐格蒙特·鲍曼所言："在共同体中，我们相互都很了解，我们可以相信我们所听到的事情，在大多数时间里我们是安全的，并且几乎从来不会感到困惑、迷茫或是震惊。对对方而言，我们相互之间从来都不是陌生人。"见 ［英］齐格蒙特·鲍曼：《共同体：在一个不确定的世界中寻找安全》，欧阳景根译，江苏人民出版社 2003 年版，"序曲"，或是"欢迎捉摸不透的共同体"，第 3 页。

位和明确认知），自然地便带有家长式的威严和魅力；门下弟子们则在孔子的引领下一起求学问道，过着情同手足而又志同道合的生活，显然这是将源于家庭、家族的"孝"伦理和"悌"伦理推衍到社会领域的结果。故而，以求学问道为目标的个体便会很自然地聚集在一起，于是走出了血缘共同体的人们在这一目标的指引下又进入了地缘共同体。他们在追求知识、智慧增长的同时也不放弃对于道德品性的砥砺，这就使先秦儒家共同体彰显出了多重指向——对于古代典籍、礼义文化的热衷，让他们呈现出了知识性和学术性的标识；对于三代政治模式和礼乐文化的崇尚，让他们所从事的活动体现了浓厚的精神性；对于道德立场的守持和王道理想的弘扬，让他们的行为方式充满了道德性和理想性。基于此，对于先秦儒家，应该可以用知识共同体（学术共同体）、政治共同体、精神共同体和道德共同体来定位这一历史群体所彰显出来的多重特质。

可以说，先秦儒家共同体所呈现出来的这种结构、格局，诚如斐迪南·滕尼斯所阐述的："父权家长制性质（由生育来阐明的一切威严都必须集中在这里）和结义的性质（情同手足）相互混杂着，统治的性质和志同道合的性质相互混杂着。"① 虽然滕尼斯的言论主要针对的是血缘共同体，但他的这一判断还是非常适合对于先秦儒家共同体的定位的。当然，至于先秦儒家共同体形成的原因，除了有一干弟子对德性与知识的共同追求及对孔子在政治立场与德性威权的服膺以外，非常重要的原因，恐怕还与社会机制及政治权力对个体生命各种有形和无形的伤害不无关系。对此，齐格蒙特·鲍曼亦有云："如果说'社会'没有满足人们对安全之家的渴望，这与其说是因为它的'抽象性'，还不如说是因为它近来的人们

---

① ［德］斐迪南·滕尼斯：《共同体与社会——纯粹社会学的基本概念》，林荣远译，北京大学出版社 2010 年版，第 69 页。

还记忆犹新的背叛行为。"① 可见，就此而言，共同体的形成，既有利于在一定程度上对个体生命的保护，也有助于让处于共同体内部的人们有思考与找寻解决社会困境与政治问题的空间与余地。

不仅如此，知识共同体（从另一个角度可谓之"道德共同体"）还是儒家由血缘共同体这类的私领域准备进入公领域出仕干政的中间地带与过渡桥梁。② 盖因于此，先秦儒家在游说诸侯、出仕干政的过程中，往往陷入伦理困境、时时彰显出对"家"精神与文化的执守而不自知，或者自知却未觉察出由此给公领域事务所带来的不足与消极影响。

第二节 "家"的有效性及先秦儒家的突破

正如上文所言，先秦儒家在由四面八方的个体成员汇集到一起逐步形成共同体的过程中，由家、家族、村落等基本生存共同体所积淀而成

---

① [英] 齐格蒙特·鲍曼：《共同体：在一个不确定的世界中寻找安全》，欧阳景根译，江苏人民出版社 2003 年版，第 137 页。

② 在公共政治领域需要有从事政治事务的基本品德（我们姑且称为"政治品德"）之存在，而这些政治品德的养成与获得，由于私领域的宗法伦理性质，仅仅依靠家、家庭是难以胜任的。所以，在这种历史条件下，官府教育、私人办学教育的重要性就被凸显了出来。对先秦儒家而言，私人办学的教育方式不仅使其逐步形成了比较稳固的知识共同体，而且还让他们在其中学到了自我克制、反省、合作与责任等适应于公共政治领域的观念。这让先秦儒家群体在真正进入政治领域以前，便在技术、观念及品德等方面有了起码的准备，从而使先秦儒家在形成共同体的过程中便具有了显著的政治色彩与政治意义。当然，不只先秦儒家，日本学者仁井田陞认为，君臣亦是从"家（父子）"私领域进至公领域之中的，可谓是"公的关系和私的关系都是未分化的，它们被组合在一个体系中，不能分开。这……应该说是前近代社会结构的特征"。引文见 [日] 仁井田陞：《中国社会的法和伦理》，弘文堂 1954 年版，第 79 页。

的"家"精神与文化无疑起了不容忽视的惯性力量。① 这种惯性力量，在其时盛行的复仇现象当中表现得尤为显著。② 关于复仇现象，尤其是血亲复仇，对于复仇者而言，具有不可推卸的责任，甚至不受时间和空间的限制，这在文献典籍中多有反映：

> 吾今而后知杀人亲之重：杀人之父，人亦杀其父；杀人之兄，人亦杀其兄。然则非自杀之也，一间也。（《孟子·尽心下》）

> 父之仇，弗与共戴天。兄弟之仇不反兵。交游之仇不同国。（《礼记·曲礼上》）

> 子夏问于孔子曰："居父母之仇，如之何？"夫子曰："寝苫枕干，不仕，弗与共戴天下也；遇诸市朝，不反兵而斗。"（子夏）曰："请问居昆弟之仇，如之何？"（孔子）曰："仕弗与共国，衔君命而使，虽遇之不斗。"（子夏）曰："请问居从父兄弟之仇，如之何？"（孔子）曰："不为魁，主人能则执兵而陪其后。"（《礼记·檀弓上》）

> "父母之仇，不与同生；兄弟之仇，不与聚国；朋友之仇，不

---

① 《孟子·离娄上》有云："道在迩而求诸远，事在易而求诸难。人人亲其亲、长其长，而天下平。""事亲为大"，"事亲，事之本也。"《孟子·万章上》亦云："惟顺于父母，可以解忧。"等等。于此，孟子强调儒家之道的情感性与伦理体验性，儒家之道非高高在上，而是体现于孝亲敬长这一类的伦理性情境式的生活场景当中，将此扩充至天下便可达致太平境地。《孟子·公孙丑上》所云："凡有四端于我者，知皆扩而充之矣，若火之始然，泉之始达。苟能充之，足以保四海；苟不充之，不足以事父母。"以人之内在心性将天下治理和家庭伦理做了德性式的钩联，在人之心性的观照下，公、私领域均被赋予了浓厚的伦理色彩。故而《孟子·告子下》所言之"尧舜之道，孝弟而已矣"，便是对这一思维理路的积极推演。

② 秦双星认为，"在传统社会，复仇现象主要包括尽忠型——臣属仇杀、孝悌型——血亲报仇、善友型——情谊复仇、侠义型——为公寻仇四种类型。"见秦双星：《情理法视阈下中国古代复仇现象研究》，黑龙江大学，硕士学位论文，2009年，第17页。

与聚乡；族人之仇，不与聚邻。"(《大戴礼记·曾子制言》)

从体现儒家精神的《左传》、《礼记》及《大戴礼记》等文献典籍当中我们可以发现，里面的确存在着不少关于复仇的思想与内容，而且对待杀父、杀友之仇的态度也有着明显的差异①，这集中彰显了儒家对于血缘伦理的刻意维护与对"家"的执守。尽管"从汉代开始，不断有法令禁止私人复仇，但是，在法律儒家化的背景之下，法律对于报仇事件的处理因与儒家经典结论冲突，而多陷入困境。同时，民间的舆论一直美化复仇行为，比如东汉的赵娥，在兄弟早逝的情形下，以一个弱女子之身，为报父仇抛家离子，最终达成雪恨的目的，而成为东汉的'烈女'"②。以此来看，自先秦以来儒家对于血缘伦理的刻意维护与对"家"的执守，无疑会强化和固化这种思维模式与行为方式，从而深切影响到了汉代法令在处理复仇事件时的客观理性精神，甚至汉帝王推崇以孝治天下的治国理念也与此不无关系。

当生命个体以文献研读、政治智慧增长及德性砥砺为生活目标与价值定位的时候，他们势必要在一定意义上去摆脱血缘共同体对其所带来的种种束缚与障碍。尽管血缘共同体在他们生命的成长期提供了必要的保护与保障，甚至还能在伦理规范与道德操守方面给予他们符合成长时期心理特点的引导与规劝，但是，当需要进一步提升自己的知识视野、德性修养与政治才干的时候，血缘共同体的相对稳定性、封闭性恰恰成了一种有形或

---

① 对此，瞿同祖先生申论说："中国人对社会关系的看法是讲究亲疏之等的，所以报仇的责任有轻重的不同。五伦之中君父最亲最尊，所以责任最重。以父仇来说，是不共戴天的，寝苫枕块，刻苦自誓，处心积虑，一意报仇，其他的事情都抛在一边，这时是不肯做官的。兄弟之仇，从兄之仇，以至于朋友之仇，关系渐疏，报仇的轻重缓急也就不同，是有层次的。"言之有理，其见解可供参考。见瞿同祖：《中国法律与中国社会》，商务印书馆 2010 年版，第 82 页。

② 干春松：《复仇、暴政与暴民》，《文化纵横》2010 年第 5 期。

无形的障碍。故而,儒家不仅强调"学而时习之",还顺此而重视"有朋自远方来"(《论语·学而》);不仅告诫弟子"独学而无友",而且还言及"孤陋而寡闻"(《礼记·学记》),凡此种种,无不与对血缘共同体的突破或曰超越密切相关。

由于先秦儒家对血缘共同体因相对封闭性和稳定性所产生的舒适性与安全感无比信赖与依恋,所以他们在应对公领域的事务时①,往往将政治问题与伦理情感纠缠在一起,而且"伦理与政治在人的社会生活中本身难以截然分离"②,常常在政治文化建构上呈现出政治的伦理化与伦理的政治化之精神特质。对于这一文化现象,我们既应看到其所形成的社会历史条件,同时还应看到血缘共同体的有效性之范围与限度,并非在所有领域都是非常有效的。所以,在儒家文献中当出现伦理情感与社会责任之间两难抉择的时候,儒家往往首先想到的是如何保全家庭伦理情感以让自己心安,同时如能兼顾社会责任最为理想,如果实在难以两全,只好巧妙地寻求对社会责任的规避与对伦理情感的妥善安放了,这在《孟子·尽心上》中有着鲜明地表达:

> 桃应问曰:"舜为天子,皋陶为士,瞽叟杀人,则如之何?"
> 孟子曰:"执之而已矣。""然则舜不禁与?"曰:"夫舜恶得而禁之?
> 夫有所受之也。""然则舜如之何?""舜视弃天下犹弃敝蹝也。窃
> 负而逃,遵海滨而处,终身䜣然,乐而忘天下。"

---

① 实际上由于先秦儒家所守持的王道立场与德性主张,再加上春秋晚期、战国时期的社会历史条件与功利主义导向,致使他们中的多数并未有出仕于政、充分实现政治抱负的机遇,故而在儒家文献中,言及政治多是以设问、探讨政治难题与伦理困境的方式进行的。后详,此处不予展开。

② 见杨国荣:《政治哲学论纲》,《学术月刊》2015年第1期。确实如杨国荣所言,个体源自家庭生活的伦理属性在社会公共生活中自是与这后一种生活所附带的政治属性难以完全切割、区分开来的。

在这里，舜已非三代文明之前的那个舜，而是孟子视野与立场之下所重构的舜①，充满了儒家色彩。孟子的弟子桃应在与其师的对话中，有意设置了三个身负不同角色的人物，并将他们置于极端的伦理情境当中：杀人的瞽叟，作为孝子和天子的舜，以及作为法官的皋陶②。在桃应的情境设置下，瞽叟杀了人，该怎么办呢？在孟子的眼中，如瞽叟杀人，作为执法者的皋陶直接将其捕拿即可，并无任何问题，亦不会陷入伦理困境之中；对于舜而言，则复杂多了。在这段对话中，瞽叟首先是舜的父亲，而且还是屡次对舜不善的父亲，又是身背命案的杀人犯；舜是儿子，而且是至孝之人③，又是肩负治理天下重任的天子。那么当多重身份的瞽叟遇上同样也是多重身份的舜，会是什么结果呢？对于这个问题，想必桃应也困惑不已，而孟子的回答却是让舜"视弃天下犹弃敝蹝也。窃负而逃"。何以如此？

实际上，从这则材料可以看出，在孟子生活的战国中前期，他已经看到了家庭伦理与社会公义之间难以避免与调和的矛盾。孟子及其弟子往往以假设伦理困境的方式来凸显之，最后其立场与解决方案虽最终导向了血缘伦理，但此类困境依然存在，并未得到妥善解决。当孟子主张舜该"窃

---

① 朱熹亦谓："其意以为舜虽爱父，而不可以私害公；皋陶虽执法，而不可以刑天子之父。故设此问，以观圣贤用心之所极，非以为真有此事也。"（宋）朱熹：《四书章句集注》，中华书局1983年版，第359页。

② 关于皋陶，在《尚书·皋陶谟》和《史记·五帝本纪》均有记载，相传为舜时的大臣，主要掌管刑法狱讼。

③ 《孟子》一书记载了很多关于舜之事，其中包括了多处对舜与父亲、继母和弟弟的家庭血亲关系的描述。如"舜尽事亲之道而瞽叟厎豫，瞽叟厎豫而天下化，瞽叟厎豫而天下之为父子者定，此之谓大孝。"（《孟子·离娄上》）"人少，则慕父母；知好色，则慕少艾；有妻子，则慕妻子；仕则慕君，不得于君则热中。大孝终身慕父母。五十而慕者，予于大舜见之矣。"（《孟子·万章上》）"舜其至孝矣，五十而慕。"（《孟子·告子下》）"尧舜之仁不遍爱人，急亲贤也。"（《孟子·尽心上》）等等。

负而逃"的时候，尽管其逻辑前提是"视天下为敝屣"，但作为儒家心目中的"先贤"，舜置天下于何地？孟子强调"天下溺，援之以道"（《孟子·离娄上》），而且作为儒家心目中王道理想化身的舜，自然有资格来治理天下，何故为着保全自己的父亲和成就自己的至孝名声而置天下于不顾呢？当然，辩护者会说，政治不离人情，违背伦理情感的政治何以确保其正德和直德？① 这样讲，当然不会有错，但是为成就小我之伦常而不顾天下万民之大义，这样的伦常又何故能得到孟子的颂扬？② 更何况，就当时的语境而言，天下乃天子之天下（《诗经·小雅·北山》即有云："普天之下，莫非王土；率土之滨，莫非王臣"），即便是为着父子之伦理情感而舍弃天子之位，天子之位不可能永久悬空，那么逃到海滨之地能否即在天子管辖

---

① 对此，郝长墀亦做了同情性的理解："对于儒家来说，政治生活不是体现在与私人生活分开来的公众领域里；政治生活乃是个人道德生活的延续和展开。对于国家统治者而言，治之道与他们的个人生活是分不开的。"他基于儒家固有立场所做的这一判断，本身并无问题。但是，在我们看来，国家统治者有其相应的责任与使命，并不能将其仅仅视为普通人，自然不能以一般伦理标准来要求他们。政治生活的复杂性与广阔性势必要求统治者对个人生活有所超越，而不能近乎本能地拘泥于血缘亲情与私领域的种种束缚和局限之中。当然，对于舜的这种行为，郝长墀也给予了批判，并列出了四条理由："首先，他偷偷把父亲背走，这是触犯国家法律的，是对自己（天子）的背叛。其次，舜抛弃天下，这是对天意的违背。天命令舜来协助他平治天下，而他却抛弃天下百姓，这是对天的不敬。这是最大的重罪。然后，所谓'终身䜣然，乐而忘天下'，这与儒家把政治生活看作道德伦理生活的最高实现是矛盾的。最后，舜想到了自己丧父之痛，却对别人丧失父亲或者儿子的痛苦冷漠无视，这是一种自私的表现。"观点可供参考。引文分见郝长墀：《政治与人：先秦政治哲学的三个维度》，中国政法大学出版社 2012 年版，第 99、223—224 页。

② 关于这个问题，梁涛认为，"它是文学的、想象的"，"它具有审美的价值，但不具有实际的可操作性，故只可以'虚看'，而不可以'实看'"。"现实中不可能要求'其父杀人'的天子'窃负而逃'，若果真如此，那又置生民于何地？这样的天子是否太过轻率和浪漫？"进而认为"生活中也不可能有这样的事例"。其观点可供参考。见梁涛：《"亲亲相隐"与"隐而任之"》，《哲学研究》2012 年第 10 期。

范围之外而不受社会公义与责任的拷问？

无疑，孟子的回答并不能令人完全信服，恐怕在桃应那里也是难以彻底释疑的。在孟子那里，伦理情感与"直"相关，更与人所本有的恻隐之心直接关联，故而当孟子在推阐其性善论的时候，往往从心谈起，而在其"四端说"当中"恻隐之心"被置于了首位，与"仁"密切相关。依此，较之羞恶之心、辞让之心、是非之心，恻隐之心恐怕更为基础，或者更为源初一些。何以如此？《论语·学而》有言："君子务本，本立而道生。孝弟也者，其为人之本与？"由此来看，仁道的培固与长养确实不离孝悌之家庭伦理情感与行为的涵养，依此，恻隐之心的生发与家精神及文化息息相关。从儒家的立场来看，没有比血缘伦理情感更容易激发人的恻隐之心了，顺此我们就不难理解孟子所言的"君子三乐"了。在《孟子·尽心上》中，孟子曾有云："君子有三乐，而王天下不与存焉。父母俱存，兄弟无故，一乐也；仰不愧于天，俯不怍于人，二乐也；得天下英才而教育之，三乐也。君子有三乐，而王天下不与存焉。"于此，孟子所讲的"君子三乐"并没有包括称王天下，反而将父母、兄弟这类血缘伦理情感联系最为密切的亲人置于第一位，恐怕此是其有意为之而非随意排列的。不仅如此，孟子在讲完"君子三乐"之后，接着又重复强调君子的三种快乐并不包括称王天下在内。故而，当遇到舜此类的伦理困境时，对于一般人①而言都应该直接想到的是如何保全父子之间的伦理情感，以起码让自己心安。当然，在事情的发端，这样处理是很自然的，毕竟血缘伦理情感对于

---

① 此处所言的"一般"，一方面是指心智与心理正常或健全，并无心智或心理方面的残缺；另一方面是指并不持有特定的立场，如主张"任法去私"、"信赏必罚"，"夫妻交友不能相为弃恶、盖非"（《商君书·禁使》）的法家便很难划归此列。就本书而言，此处的"一般"犹言"正常"，主要是指经历过家庭、家族及村落生活的人们，这在先秦时期应是较为普遍的经历与现象。

每个人的影响都是深远而重大的。但问题在于，由此伦理困境激发起人的恻隐之心以后呢？是否还是只强调"顺是"而不加突破与超越？① 更何况，在孟子那里还强调"舍生取义"，"义以为上"，"是非之心"，等等。当然，我们无意苛责处于战国动荡时局与礼乐崩坏情势下的孟子，毕竟他的"乐以天下，忧以天下"（《孟子·梁惠王下》）、"民贵君轻"（原文见《孟子·尽心下》）的思想与精神已是难能可贵。但是，作为今人，我们应对先秦儒家的相关思想进行一定的反思与探讨，惟其如此，才能更好地推进对其的研究与发展。不可否认，以孟子为代表的儒家是不容易接受或者不愿意承认血缘伦理的有效性是有边界的这一立场与观点②，但从当时的社会历史条件以及今人的视角而言，情况确实如此。可以说，血缘亲情伦理在边界内其有效性显著，而在越过这一边界后，其有效性虽未完全消失，但已大

---

① 《吕氏春秋·贵公》有云："昔先圣王之治天下也，必先公。公则天下平矣，平得于公。"据此，张茂泽认为"公是一切社会政治活动的本质特征"，"在人性修养的基础上，借助人的社会性，人们可以使自己逐步超越个体的人，成为公义的人"。见张茂泽：《道论》，人民出版社 2016 年版，第 362 页。

② 汉人强调"移孝作忠"（《礼记·大学》有云："孝者，所以事君也；弟者，所以事长也；慈者，所以使众也。"《孝经·广扬名章》则云："君子之事亲孝，故忠可移于君；事兄悌，故顺可移于长；居家理，故治可移于官。是以行成于内，而名立于后世矣。"《孝经·士章》亦云："资于事父以事母，而爱同；资于事父以事君，而敬同。故母取其爱，而君取其敬，兼之者父也。故以孝事君则忠，以敬事长则顺。忠顺不失，以事其上，然后能保其禄位，而守其祭祀。盖士之孝也"），便是这一思维模式的产物，这一思维模式我们也可以称为"伦理的政治化"，"可以说，先秦儒家对伦理的政治化所做的理论探索，既受'民之父母'历史传统的影响，同时又在面临政治、政权和自身外王事功理想的双重压力，彰显了他们对家伦理的有效性与普适性所做的信仰性理解，以及对家庭、家族伦理关系所做的政治化、实践性处理。这实际上是先秦儒家道德先于政治、政治不离伦理立场在私领域的集中反映。"参见李友广：《政治的伦理化：先秦儒家在政治文化领域理论建构的一种向度》，《管子学刊》2012 年第 1 期；李友广、王晓洁：《伦理的政治化：先秦儒家政治文化的理论建构向度》，《江西社会科学》2012 年第 11 期。

为淡化与弱化，甚至很难有效应于比家庭、家族、村落等基本生存共同体还要广阔的区域、复杂的人群以及多元的社会结构。故而有学者对于"窃负而逃"提出了不同的意见，如彭永海便认为："从理论上虽然有儒家自身的推崇和模仿，并认为这正是突出舜的高明圆融之处，但是并不因此而就可以把此个案划归为具有良好美德的壮举，因为先秦其他各家对此并没有如此认为，甚至儒家内部极个别成员对此个案的合理性进行了反思。"①不同的意见，可能会更有助于加深对这一问题的思考与解答。于此，如果我们用今天的语汇来描述和界定这个边界的话，那么其所指涉的内容应该就是公、私领域之分。②

盖因上述难题与困境，从春秋晚期到战国时期，儒家多强调"权"、"术"、"势"、"时"与"俟时"。自孔孟强调"权"开始（语见《论语·子罕》、《论语·微子》和《孟子·离娄上》等③），郭店儒简

---

① 彭永海：《试论〈孟子〉中舜"窃负而逃"》，《湘南学院学报》2013 年第 3 期。

② 当然，如果从"公"、"私"的原意来看，与周族统治相关的可视为"公"，与统治无直接关系的个人、独自的事物和行为即被视为"私"，那么，"'私'的存在不是一开始就作为一种'不好的道德'而受到否定和排斥，而是在政治秩序中与'公'并列，占有一定的位置。"（见［日］尾形勇：《中国古代的"家"与国家》，张鹤泉译，中华书局 2010 年版，第 149 页。）关于公私与家的关系，李祥俊则从内外的角度作出了说明："家庭是讨论儒家思想中的内与外的基本出发点，同时也是儒家思想中的内与外的根本的依据。""'家'就是根本的内，而外就是'家'之外，家庭观念中的内与外，是传统中国人最真切的生命感受，同时又直接地影响着其他领域的内与外。作为中国传统学术思想的主导，儒家思想中的内与外这一对概念的提出，是从传统中国社会生活的最源初的境遇——家庭这个维度引申出来的，这是儒家思想的根本出发点。"见李祥俊：《儒家思想中的内与外》，载《国际儒学论坛·2016：儒家视域中的家国天下》，中国人民大学，2016 年 12 月，第 374 页。

③ 需要指出的是，清华简中有《保训》篇，尽管人们对此篇出现的时代问题尚有争议，但如若清华简来源可靠的话，《保训》篇所包含的"中"、"中道"思想亦应为这一历史阶段前后政治文化的反映，当今学界李学勤、姜广辉、廖名春、李零、梁涛等学者对此多有讨论，不赘述。

强调"时"、"势"①（见于《穷达以时》、《唐虞之道》、《性自命出》等），荀子强调"术"②（见于《荀子·非相》、《荀子·仲尼》、《荀子·不苟》等）。何以如此？其原因主要包括，"进入战国中期以后，随着社会动荡的加剧和统一战争的愈加激烈，基于经济和军事基础之上的综合实力日益被重视，成为衡量与支配各国实力格局的最重要因素，而宗法血缘伦理及与此关系密切的礼义文化在国际关系和国家内部权力结构中所起的作用愈加被削弱，故而儒家高标仁义德政的治国理论得到权贵阶层赏识的机会愈加困难与渺茫。这让他们在继续坚守王道理想的同时，不得不加以思考王道理想落实到政治层面的途径及其现实可能性。"③ 除此之外，还与在这一历史时期，儒家可能已经意识到自身基于家庭血缘伦理情感的思想、主张如无经过适时的变通与革新，则难见用于世有关，实际上也昭示了儒家以"家"伦理与道德化的进路来处理政治治理问题的不足与困境。④

---

① 上博简《三德》亦多次提到"时"，如"卉木须时而后奋"（简1），"骤夺民时，天饥必来"（简15），等等。

② 在《荀子·仲尼》当中，即有"君虽不知，无怨疾之心；功虽甚大，无伐德之色；省求多功，爱敬不倦；如是则常无不顺矣。以事君则必通，以为仁则必圣，夫是之谓天下之行术"。诸语。省，杨倞注曰："省，少也。"（杨柳桥：《荀子诂译》，齐鲁书社1985年版，第147页。）字里行间到处充斥着臣对君的揣摩之意，而且还将其与圣、术联系了起来，实在是有将儒学作实用化处理的用意。由此看来，荀子在儒学由"道"向"术"转变过程中所起的作用以及对于后来叔孙通辈的影响都是无法忽略的。

③ 见李友广：《从"道"观念看先秦子学思想的转向》，《社会科学》2016年第10期。

④ 儒家屡次有云："门内之治恩掩义，门外之治义断恩"（参见《礼记·丧服四制》、《大戴礼记·本命篇》、《孔子家语·本命解》及郭店竹简《六德》），实际上亦有可能已经意识到了自己在应对和处理公领域事务上的诸多不足与困境。

第三节 伦理困境与先秦儒家对"家"的依归

在上文，基于家庭血缘伦理，我们分析了"家"文化与精神对于处理私领域事务的有效性，以及其在应对公领域事务时所出现的种种不足与困境。鉴于家庭血缘伦理对于儒家人物早年生活的深切影响，他们在处理公领域事务的时候，其思维习惯与行为方式往往带有浓厚的情感性和伦理体验性。故而，在处理公领域事务的时候，一旦这些事务与血缘伦理情感相纠缠，儒家在处理的过程中就很难避免地陷入伦理困境当中，从而最终呈现出对"家"精神与文化的依归。

为了更好地呈现儒家的这种伦理困境以及在立场上倾向于对"家"精神与文化的依归之特质，在这一部分我们主要以"亲亲相隐"这一在当今学界仍然争讼不已的案例为对象进行必要的阐述。

关于"亲亲相隐"与"直躬证父"的故事，在文献中屡次出现，诸如《论语·子路》、《庄子·盗跖》、《韩非子·五蠹》、《吕氏春秋·当务》、《淮南子·泛论》，等等。这说明，这一问题自先秦始便具有一定的普遍性，由此亦彰显了血缘亲情维护与社会公义伸张之间存在的张力与复杂性。实际上，我们也可以说，鉴于先秦时期政治与伦理之间的纠缠，致使这两者之间在价值、功能及边界等方面呈现出含混不清、相互杂糅的历史特点，由此也"充分说明了孔孟儒家正视这一基本事实——人间社会不存在绝对的'情'或绝对的'理'，而是存在大量普遍道德原则与具体行为相'冲突'的情况。"[①]

---

① 张志强：《线性思维、化约主义与高台"说教"——评梁涛等学者对"亲亲相隐"及相关文本的误读》，《学术月刊》2014 年第 2 期。

或许我们还可以谨慎地得出这样的结论：儒家在传统社会尤其是先秦时期，存在着血缘亲情与社会公义相"冲突"的现象是必然的。

如果我们上述结论能够成立的话，那么在当时的社会历史和思维认知条件下，尤其是在公、私领域于价值、功能及边界等方面仍处于含混不清、相互杂糅的历史状态下，要想彻底超脱血缘亲情伦理而完全公平、正义地去处理关涉公领域的事务，无疑是以今人之思维与眼光来要求古人。① 当今学界的争论，代表性的意见主要可以化约为两种情况：一是有些学者在学术立场上倾向于"现代化"，往往不顾其时的社会历史条件，主观地将"亲亲相隐"事件从中抽离出来，而以今责古，这种诠解方式自然因过于"现代"而失之平实可信；二是有些学者对于儒家的认知与定位或多或少地持有完美主义的立场，往往有将儒家思想理论视为绝对真理的情形，似乎不能有些许的不足与缺陷，这并不符合思想文化发展、演变的历史态势与特点，同样不可取。② 可以说，学界对于"亲亲相隐"的论争，多多少少带有立场之争的色彩，故而梁涛等学者提倡"超越立场，回归学

① 对此，王中江也评论说："中国公私之辨的最大问题，就是不能把握和确立公共领域和私人领域的分立和分位。由此，就出现了公与私的二律背反和恶性循环。""要超越中国哲学中公私之辨的问题性及其价值困境，最好的安排，是严格区分公私的界限，既要克服任何形式的假公济私、损公肥私，同时也要防止任何形式的以公代私、灭私存公。只有如此，才能使公共领域和私人领域都得到健康的成长。"诚是。见王中江：《公私之辨》，载《儒家的精神之道和社会角色》，中华书局 2015 年版，第 358、359 页。

② 关于对"亲亲相隐"事件的学术论争，除了散见于各种学术刊物以外，在当时影响较大的便是以论文集形式出版的争鸣集。对于这本争鸣集，郭齐勇本人亦非常自信并言谓："本书的出版，也标志着这场争鸣的结束。因为论战各方及其主要参与者要说的话基本上都已说完，再说亦只是重复自己。本集可以作为一个标本。再过 10 年、30 年、50 年、100 年，后人不会再讨论这些问题，即使要讨论，亦必须通过而不能绕过我们。"见郭齐勇主编：《儒家伦理争鸣集——以"亲亲互隐"为中心》，湖北教育出版社 2004 年版，"序"第 11 页。

理"①，是有价值与意义的。

　　具体到"亲亲相隐"事件，学者们对其的辨析大到学问立场、血缘伦理亲情与社会公义之间的关系，小到关键语词的训诂，等等。大的方面，上文已有阐述，囿于本书的问题意识与写作方向，本章不予展开讨论，我们只考察一下学界对关键语词的考辨。在事关《论语·子路》"亲亲相隐"的语句当中，学者们的探讨主要集中在"直"和"隐"上。关于"隐"，除了字形本身以外②，学界主要辨析的是其字义。也就是说，"隐"字到底是主动祖护和隐瞒，还是强调具有一定消极意义的"语言上的自我'不作为'（沉默）"③；而关于"直"，学者们的争论主要还不在于字形、字义的考辨上，而在于对"直"思想在层面上的理解问题。关于"直"，是解释为"中心之情"④、"情感的真诚性"⑤，还是解释为公正、正直层面的"直

---

① 详见梁涛、顾家宁：《超越立场，回归学理——再谈"亲亲相隐"及相关问题》，《学术月刊》2013 年第 8 期。

② 关于"隐"的字形，廖名春认为："'隐'是'𣙗'的假借字，引申为矫治纠正的意思。"（见廖名春：《〈论语〉"父子互隐"章新证》，《湖南大学学报》（社会科学版）2013 年第 2 期）对于这一观点，在 2016 年 12 月于中国人民大学召开的"儒家视域中的家国天下"国际儒学论坛会议上，作为分会场主持人的曹峰老师向笔者提出，廖教授的这一观点用于对"亲亲相隐"的解释是否恰当。对此，笔者认为，以"矫治纠正"释"隐"，过于理性冷静，忽略了父子之间恻隐、自然的伦理情感（《孟子·离娄上》即云："父子之间不责善"，"责善则离，离则不祥莫大焉"），与儒家固有的立场、理路难言一致。

③ 林桂榛说："《子路》篇'隐'表示的是语言上的自我'不作为'（沉默）。此'隐'是针对叶公的'证'字而言（'证'本作'證'，《说文》曰'證'，'告'也），是借'吾党之直者'委婉表达与叶公相异的意见，此意见系'不证'，即沉默不言，是为'隐'也。"见林桂榛：《关于"亲亲相隐"问题的若干辨正》，《哲学动态》2008 年第 4 期。对此，刘伟也评论说："孔子推崇的'隐'则是消极的不举证而已。"见刘伟：《论政治生活的有限性——以孟子"窃负而逃"为核心的考察》，《现代哲学》2014 年第 5 期。

④ 详见冯友兰：《中国哲学史》，华东师范大学出版社 2000 年版，第 58—59 页。

⑤ 李泽厚：《论语今读》，安徽文艺出版社 1998 年版，第 315 页。

道",哪一种更为恰当合宜的问题①。于此,我们可以看出,学者们对于儒家在对"亲亲相隐"事件中所展现的态度看法不一,评价有别。从今天的角度来看,实际上这已关涉到了学者对家庭血缘伦理在传统社会中有效性的边界问题,换句话说,生成与适应于私领域的血缘亲情伦理在公领域是否依然是有效的,其有效性是否是普遍性的问题;进而言之,这种有效性如非普遍,那么又在何种范围与层面上是有效的?在这些问题上,如果我们不探讨清楚又难以达成一定共识的话,学者们之间的对话将很难真正、充分地展开,那么学界对于"亲亲相隐"问题争论不休的局面,可能还会持续下去。

关于"亲亲相隐"、"窃负而逃"以及"封象有庳"诸如此类的案例,从儒家的立场来看,最为直接的反应首先就该是如何保全父子之间的自然情感,以让父子伦理情感在具体、特定的伦理困境中尽可能地得以安放,以让自己心安。②但是正如上文所言,问题在于,由此伦理困境激发起人

---

① 关于对"直"的详细疏解,可见梁涛、顾家宁:《超越立场,回归学理——再谈"亲亲相隐"及相关问题》,《学术月刊》2013年第8期。

② 对此,梁涛也说:"面对亲人的过错,子女或父母本能、自然的反应往往是为其隐匿,而不是控告、揭发,这一率直、真实的感情就体现在父母与子女的相互隐匿中。故从人情出发,自然应亲亲相隐。"诚是。(见梁涛:《"亲亲相隐"与"隐而任之"》,《哲学研究》2012年第10期。)2016年12月,在中国人民大学召开的"儒家视域中的家国天下"国际儒学论坛会议上,罗安宪针对该文提出:"'亲亲相隐'中的'隐',可以理解为'恻隐'。"笔者认为,如果从维护自然情感、求得心安的角度来看,罗老师的观点是可以成立的。另外,郭店简《六德》有云:"为父绝君,不为君绝父。"对此,学界主要有两种观点:一种观点认为"绝"当作"绝服"解,"为父绝君"意谓"父丧重于君丧",是讲古代的丧服礼制(彭林:《再论郭店简〈六德〉"为父绝君"及相关问题》,《中国哲学史》2001年第2期);另一种观点认为是讲父子关系高于君臣关系,反对将君臣关系绝对化(李存山:《读楚简忠信之道及其他》,《中国哲学》第二十辑,辽宁教育出版社1999年版,第269页)。当然,不管怎么诠解,实际上此处都彰显了儒家的立场是"家(族)重于国(天下)的小共同体本位政治观"(详见秦晖:《"杨近墨远"与"为父绝君":古儒的国—家观及其演变》,《人文杂志》2006年第5期)。依此,可以更好地辅助我们来理解儒家在父子关系上的这种情感与立场。

的恻隐之心之后呢？作为其时的儒家，尤其是作为今天的我们，不应该仅仅止步于"顺是"，而应该有所突破与超越才是。

对于这个问题，我们初步提出这样一个观点：发乎情，止乎义。（《毛诗序》即云："发乎情，止乎礼义。"）在先秦文献当中，"情"往往有"实"、"真"之义［这在郭店简中尤为显著，如《性自命出》云："信，青〔情〕之方也。青〔情〕出于眚〔性〕"（简40），"苟以其青〔情〕，虽过不恶；不以其青〔情〕，虽难不贵。"（简50），等等］；而"义"，以今之视角来看，我们可以解释为公义 ①（《荀子·修身》："君子之能以公义胜私欲"，《荀子·君道》："公义明而私事息"）。故而，为了应对文中所屡次提到的伦理困境，我们可以把这一观点解释为：发乎真、实之情，止乎公义［郭店简《性自命出》亦云："始者近青〔情〕，终者近义。"（简3）］。关于私恩与公义之间的关系，先秦文献亦不乏讨论："无私恩，非孝子也。无公义，非忠臣也。君子不以私害公，不以家事辞王事。"②"门内之治恩掩义，门外之治义斩恩。"（郭店简《六德》简30—31，《礼记·丧服四制》亦有类似

---

① 田超认为："在儒学系统中，最能够和社会正义概念对应的概念不是义，而是公义。所谓公义，是一个群体所承担的道义责任。不同层次的公共范围，其主体承担不同的义的责任。对一个家庭来说，维系家庭和睦是义。对一个国家来说，其责任主体是统治阶层，对他们的道义责任即儒学所谓统治阶层应该承担的天下为公的王道责任，核心问题是政治正当性问题。一个国家所实现了的义，即社会正义。在儒家系统中，推行公义是儒家伦理的必然指向。"颇有道理。（见田超：《公义语境下的儒家社会正义原则——与黄玉顺教授商榷》，《学术界》2012年第11期）当然，儒家立场上的这个"公"，还有着"以同等的方式对待天下之人"的要求，故而《论语·尧曰》有云："宽则得众，信则民任焉，敏则有功，公则说"，这"意味着要以超越个体的普遍视域为处理社会关系（包括政治关系）的原则"（见杨国荣：《政治哲学论纲》，《学术月刊》2015年第1期），彰显了儒家为天下治理问题所赋予的政治原则与价值理想。如果从政治原则与价值理想的角度而言，杨柳桥将"公义"释为"公理"，亦有一定道理。杨注见杨柳桥：《荀子诂译》，齐鲁书社2009年版，第30页。

② 程树德：《论语集释》，中华书局1990年版，第31页。

表述）"有能则举之，无能则下之。举公义，辟私怨"（《墨子·尚贤上》），
"居官无私，人臣之公义也"（《韩非子·饰邪》），等等。由此，我们可以
看出，先秦文献即已关注到公、私及处理方法之不同。于此，我们提出
"发乎真、实之情，止乎公义"的观点，可以说是在顺承这一思想理路的
基础上，对伦理情感与社会公义做尽可能的平衡与维护。

至于如何"止"，如何平衡与维护伦理情感与社会公义之间的关系，
我们认为，在方向性的原则、标准基本确立以后，接下来应该考虑更多的
是技术和操作层面的问题了。这就需要社会学、伦理学、经济学以及法学
等更多学科背景和专业领域的学者和社会人士来共同商讨、规划了，而这
些内容则已经超出了本章的框架范围与笔者的专业领域，故只能暂时搁置
起来。

第四节　对"家"的反思

在以《论语》为代表的先秦儒家文献中，"家"在绝大多数时候并非
是我们今日所理解之"家"，而是诸侯、卿大夫之具备一定规模的"家"。①
故而，在本章的写作语境中，"家"并非有具体所指或专指，而指涉的是
与"家"有关的伦理、精神与文化。因而，在本章的最后部分，对于"家"
的反思我们也正措意于此。

当儒家视域中的公领域事务与私领域相遇时，此类事务便往往难以规

---

① 对此，日本学者尾形勇也说："在周代'封建制'下的'家'，与称诸侯为'国'相对应，
只有卿大夫阶层才可称为'家'，来代表其等级。"诚是。见〔日〕尾形勇：《中国古代
的"家"与国家》，张鹤泉译，中华书局2010年版，第65页。

避种种伦理困境。在应对伦理困境时，尽管儒家不忘公心与正义，但总是自觉不自觉地倾向于向"家"精神与文化依归。至于导致儒家这一思维习惯与行为倾向的原因，俞荣根认为是"家庭文化、家庭伦理孕育了古代中国以亲属权、家庭权作为主要私权的权利结构体系和存在方式。'亲亲相隐'，实为家庭文化、家庭伦理的理性法律选择"①。江学也说："亲亲相隐首先是以道德的身份降临人间，然后才被法律化，伦理、道德是它的灵魂；而在某种意义上，伦理、道德可以说就是人性。"② 所言非虚。这两位学者都从当时的社会历史条件入手，觉察到了私领域伦理情感与行为对于公领域的深刻影响，以至于"亲情与道义绝不是'非此即彼'的对立关系"③，故而在当时的社会历史条件下，道义、正义问题往往与亲情问题纠缠、杂糅在一起。从今天的立场来看，我们既要看到家庭血缘伦理情感在私领域生活的合理性与有效性，同时又要看到其在公领域的有效性之局限性与不足。在今天，我们既不能无限夸大家庭伦理情感的有效性，这样的话在思想与学理上我们与古人相比自无多少进展，也不能以社会正义和法律规定的名义无视甚至抹杀家庭伦理情感存在的历史传统与当下继续存在的必要性 ④，因为"法律只要求也只应要求人们为其可为之事，而不能期

---

① 俞荣根：《私权抗御公权——"亲亲相隐"新论》，《孔子研究》2015 年第 1 期。

② 江学：《亲亲相隐及其现代化》，《法学评论》2002 年第 5 期。

③ 张志强：《线性思维、化约主义与高台"说教"——评梁涛等学者对"亲亲相隐"及相关文本的误读》，《学术月刊》2014 年第 2 期。

④ 尽管我们也承认儒家所提倡的"亲亲相隐"确有不足与不合理之处（如据范忠信研究，认为："中国容隐制度强调尊卑远近亲属间的不平等"，对此我们认为是可信的。引文见范忠信：《中西法律传统中的"亲亲相隐"》，《中国社会科学》1997 年第 3 期），但我们并不认可刘清平"隐瞒父亲罪行的孝子之心是坑害他人的不正当血亲之爱"的观点（见刘清平：《父子相隐、君臣相讳与即行报官——儒家"亲亲相隐"观念刍议》，《人文杂志》2009 年第 5 期）。如果完全无视社会历史条件，无视文献语境，那么其观点的客观公允性是颇值得怀疑的。

待人们去完成'不可能的任务',即'法律不强人所难'。借用刑法学上的术语,也就是无'期待可能性'。如果法律无视有无期待可能性问题,强制人们为不可为之事,必然导致法律规定的虚置现象"①。由此来看,这一问题产生的影响以及给人们所带来的反思是深远的,绝非仅仅止步于传统社会,在今天同样值得深思与回应。

毋庸讳言,对于上述问题,短时期内实在难以言尽。因为这既是一个历史性问题,也是一个带有开放性的问题,即便是在今天仍具有一定的普遍意义。这就需要具有更多学科背景的学者参与进来,同时还要切实结合当下的具体问题来反思之,才有进一步探讨与推进的可能与空间。在此,我们姑且顺着先秦儒家文献的理路提出几个问题,以供学人参考:

(1)孔子肯定"亲亲相隐",孟子肯定舜"窃负而逃",给后世身为天子之人的父子一伦从情感上预留了余地,以至于父子间有严重过失,甚至到处死的地步,也可以采取不主动揭发,甚或隐瞒的方式来维护父子伦理情感。② 那隐瞒过后呢?是希望"父"因此有悔过之心而投案自首,还是将解决问题的权利与责任让渡给了司法部门?

(2)舜"窃负而逃",关键有可逃之处。孟子认为,舜之时,东海之滨实在天子管辖范围之外(或谓"海边是政令所不及的地方",亦为"古代众多隐士的归隐之地"。另有言谓"海滨乃是政治的边界"③),故舜为

---

① 江学:《亲亲相隐及其现代化》,《法学评论》2002 年第 5 期。

② 对于此类问题,德国汉学家罗哲海评论说:"典型的儒家学说乃是从维护家庭的角度出发,而对政治有所保留。"如果认真考察一下《孟子》文本中所描述的"君子三乐",以及"窃负而逃"情境中所彰显的儒家立场,我们可以很清晰地看出,罗哲海的评价并非毫无道理。引文见〔德〕罗哲海:《轴心时期的儒家伦理》,陈咏明、瞿德瑜译,大象出版社 2009 年版,第 115 页。

③ 见刘亚峰:《乐而忘天下,所乐何事?——也谈〈孟子〉"窃负而逃"》,《黑河学刊》2013 年第 8 期。

天子有可逃之处而使父子之伦得以保全。但是问题在于，三代之后呢？尤其是自周始至秦汉四海一统，身为天子还有可逃之处吗？窃负尚难，何况而逃呢？天下虽大，已无可逃之处。由此来看，作为天子之舜遇到的问题是普遍的①，但解决问题的方法却不具有普遍性（即便是孟子认为具有示范效应），恐怕只对舜这个时期的天子有效。

（3）因为逃至政令所不及之海滨，舜就不再纠结于两难的伦理困境之中，故而便有了"终身䜣然，乐而忘天下"的孝子之乐。只是由于孟子没有言明，瞽瞍是否也能做到"终身䜣然"呢？瞽瞍如若"终身忧然"，舜则做何感想，如何应对呢？这实在是令人不得不深思的问题！

最后，需要指出的是，在"被私人化、个体化和全球化的世界"②里面，在安全性渐失的时代，实际上我们仍未完全找到给人提供足够安全性与舒适感的公共性栖息、生活区域或组织，"共同体"的安全与美好，与残酷的时代正相对应。故而，我们尤有必要回视先秦儒家这一共同体，并引用齐格蒙特·鲍曼的一段话作为本章的开放性结尾：

> 我们恰好生活在残酷无情的时代里，而这是一个竞争的、胜
> 人一筹（one-upmanship）的时代，在这个时代，我们周围的人
> 看来都守口如瓶，很少有人会急着要帮助我们；人们在回应我们

---

① 舜"窃负而逃"的案例具有鲜明的儒家立场，儒家对待父子伦理关系的这一立场甚至也影响到了明代的王阳明。据《王阳明全集》记载，王阳明平定宁王叛乱有功，却遭到宵小的谗言陷害，恐有性命之忧甚至累及宗亲之安危。此时的他虽能忘却自身的荣辱安危，却忘不了对父亲的伦理责任与深厚情感，故而感叹曰："以一身蒙谤，死即死耳，如老亲何？"并谓门人曰："此时若有一孔可以窃父而逃，吾亦终身长往不悔矣。"见《王阳明全集·卷三十四·年谱二》，上海古籍出版社2011年版，第1402页。（注：此条关于王阳明的材料由西北大学中国思想文化研究所吴益生博士提供，于此表示感谢。）

② ［英］齐格蒙特·鲍曼：《共同体：在一个不确定的世界中寻找安全》，欧阳景根译，江苏人民出版社2003年版，第13页。

求援的呼声时，我们听到的却是让我们自力更生的劝告；只有迫不及待地要抵押我们的财产的银行，在向我们献媚并想要说"同意"，而且即使是它们，也仅仅是在商业宣传中而不是在它们的办事处才是如此。①

---

① 见〔英〕齐格蒙特·鲍曼：《共同体：在一个不确定的世界中寻找安全》，欧阳景根译，江苏人民出版社 2003 年版，"序曲"，或是"欢迎捉摸不透的共同体"，第 4 页。

第三章　政治的伦理化与伦理的政治化

——先秦儒家在政治文化领域的建构努力

由于宗族社会生活对于先秦儒家群体的影响，可以说他们从一出生便被置于礼俗传统和血缘伦理之中，而随着年龄的增长，幼儿那鲜活的知觉便会慢慢地体验到这种由礼俗传统所带来的秩序感和共有价值观，以及由血缘伦理所带来的亲密性、稳定性和安全感。于是，基于家、家族和宗族村落这些基本生存共同体结构之上的血缘亲情伦理和礼俗传统便会深深地影响到处于成长过程当中的先秦儒家生命个体，这让他们在思考问题、观察周围世界的时候往往以宗族社会生活所呈现的伦理性和秩序性为基点，秉承着从内到外、从家到邦、国、天下差序性的致思理路和行为模式，从而经验性地为现实世界涂上了浓重的温情色彩。①

如果不是处于礼崩乐坏、共有价值预设和意义世界缺失的特殊历史时

---

① 马克思说："人们自己创造自己的历史，但是他们并不是随心所欲地创造，并不是在他们自己选定的条件下创造，而是在直接碰到的、既定的、从过去承继下来的条件下创造。"（《马克思恩格斯选集》第 1 卷，人民出版社 2012 年版，第 669 页。）此言甚是。我们说先秦儒家群体身上后来所彰显出的价值取向、理想信念、思维方式、道德品格、行为模式等特征都不是偶然出现的，而是有着深厚的思想渊源和历史传统的。

期，先秦儒家或许会过着研习古代典籍、坐而论道的知识性共同体生活；但是，时势让他们难以安于此，失序、混乱的时局更加凸显了儒家价值系统和知识结构当中的秩序观念与政治意识①。一方面，他们借助三代政治模式和礼乐文化资源来审视当下的政治现实和社会状况；另一方面，他们在思想家的理论创造必能积极地影响、指引着公众的思想行为和现实政治这一预设前提下，在政治文化领域努力从事着思想研究和理论创建，进而以此游说君王，并希望自己的理论、主张被当权者所纳用，以实现改良现实政治和社会秩序之目的。

　　整体而言，先秦儒家既是理论的巨人也是现实政治改良的积极参与者。深受宗族社会生存模式的影响，他们在心理和情感上倾向性地认为具有悠久历史的宗族社会运作模式所产生的管理智慧和伦理体验是普遍的，而且它对于现实世界而言应当具有相应的普适性。这种近乎信仰式的心理意识和思维模式②，让先秦儒家在理论创建和实际行动中便试图将维系家庭、家族等基本生存共同体的价值观念、伦理情感和行为方式推广至社会这一公共领域，从而希望邦、国、天下也能实现（在先秦儒家的眼里，也必能实现）如基层社会所展现的那样——温馨、安详、稳定的生活图景。

---

① 仁在先秦儒家那里首先是个体人格意志的自我彰显，但由于是时礼崩乐坏、社会失序，再加上儒家的圣人情结（《大戴礼记·诰志》云："古之治天下必圣人"）与对社会民众的关怀让仁的指向又有了新的向度，即对于规整秩序、安顿天下的自我担当与神圣使命感。

② 爱德华·希尔斯说："行动或信仰模式的悠久历史可能成为一种崇敬的对象。不是它的既定性，也不是其方便性，而纯粹是其悠久的历史便可使人作出某种行动，接受某种信仰。"诚然，悠久的历史可以使人作出某种行动，接受某种信仰。先秦儒家观察世界、从事政治文化理论创建并不是随心所欲、毫无目的的，而是由于受了长期存在的宗族社会生存模式的深远影响，他们的种种思维观念、价值取向和行为表现均能从这一生存模式中获得合理的解释和深层次的理解。引文见 [美] 爱德华·希尔斯：《论传统》，傅铿、吕乐译，上海人民出版社 1991 年版，第 275 页。

于是，当他们试图这样做的时候，他们往往将家视为了国家的缩影，① 而国家则被视为了家的放大。于是，先秦儒家在对家族血缘亲情深刻认同的基础上，在坚守道德理想的前提下，试图将政治伦理化，② 在将家族伦理扩展到了政治文化领域从而为政治注入了浓厚的道德化色彩的同时，也让这一历史群体逐渐形成了以成己成物、内圣外王为鲜明特征的文化共同体。当然，先秦儒家若要成功践行成己成物、内圣外王的价值理想，就务须找到一条从成己到成物、从内圣到外王的切实路径，而这也是一直困扰着他们的难题。③ 对于先秦儒家来说，基于王道理想和宗族社会生存模式的影响，他们往往采取从内到外、推己及人的路径，希望以道德教化的方

① 《论语·为政》云："或谓孔子曰：'子奚不为政？'子曰：'《书》云：孝乎惟孝，友于兄弟，施于有政。是亦为政，奚其为为政？'"按照孔子的理解，家、国实非截然两分而是同构的（《尚书·立政》亦云："其惟吉士，用劢相我国家"），个人如若在家行孝道、恪守伦理和团结众兄弟，那么他的行为即是为政，因为家是国的缩影，而国则是家的放大，正是在这个意义上，《礼记·大学》亦有云："一家仁，一国兴仁；一家让，一国兴让；一人贪戾，一国作乱。"

② 正是基于此，梁漱溟先生亦指出，儒家的社会理论之特色是：它既不是"社会本位"，也不是"个人本位"，而是"伦理本位"、"关系本位"。见梁漱溟：《中国文化要义》，集成图书公司1963年版，第94页。

③ 自《庄子·天下篇》提出"内圣外王"以来，我们就常常以此来定位儒家的特质，并视之为其价值、意义之彰显。不仅如此，儒家还常常认为"内圣"和"外王"是能互相成就的，而且内外是毫无阻隔的（《孟子·尽心下》即曰："君子之守，修其身而天下平"）。这就忽视了内圣和外王之间的差别，诚如余英时所言："以现代的情形看，则'修身、齐家'属于'私'之领域，'治国、平天下'则属于'公'的领域，其中有一道鸿沟更是越不过去的。"（余英时：《群己之间——中国现代思想史上的两个循环》，《明报月刊》1993年8月号，第108页。）可以说，儒家所甚为认可的"内圣外王"更多的是一种主观情感上或者说是近于信仰的做法，从"内圣"到"外王"理路的实现确实缺少相应的操作程序和过渡环节。因而，正是因为从"内圣"到"外王"的实现并不具有必然性，"所以，除了言传身教的实践感发，儒家还时常求助于政治，甚至将政治上的'得位'与否看作其理想能否实现的关键环节。"引文见丁为祥：《个体与群体：道德理性的定位问题》，《陕西师大学报》（哲学社会科学版）1995年第4期。

式将成己与成物、内圣与外王贯通起来，以成功实现对于个人价值与社会秩序的双重维护。但是，当先秦儒家依据这一思路而在理论创建方面部分地实现了政治伦理化的时候，却在试图将政治文化领域中的这一部分以政治理论与制度设计的样式落实到政治制度和现实层面的时候遇到了难题，这也正是先秦儒家屡受后人诟病的地方：理论建树颇丰，政治行动和社会事功却收效甚微。① 当然，站在今天的角度来看，将先秦儒家的身份和角色定位于思想家或心怀天下的知识分子或许更为恰当。也就是说，我们应当要清醒地界定思想家的职责，尽管思想家可以心怀改良现实政治和社会状况的实践指向，但我们不应将其直接等同于政治家或政客的政治行为，也不应该让先秦儒家为糟糕的现实政治负责，毕竟应然不是实然，更何况，他们的道德立场、理想信念和价值取向所彰显出来的超越性对于公众生活和政治行为确实具有一定的批判性和导引性。

可以说，先秦儒家将政治做伦理化处理的行为在当时的社会历史条件下虽合价值性却缺乏必要的工具性，难以与激变动荡、利益纷争的历史时期相契合，故而不见用于当权者。② 所以，当儒者因为自己的自我定位

---

① 正如任剑涛所言："将政治操作与政治构想作出分别，不要求政治哲学家对专制政治史负责，也不要求政治家为伦理政治的失落负责。"（任剑涛：《伦理政治研究：从早期儒学视角的理论透视》，吉林出版集团 2007 年版，第 39 页。）不仅如此，清乾隆时期的诗人黄景仁（1749—1783 年）更是发出了"百无一用是书生"的感慨（语出《杂感》，全诗为"仙佛茫茫两未成，只知独夜不平鸣。风蓬飘尽悲歌气，泥絮沾来薄幸名。十有九人堪白眼，百无一用是书生。莫因诗卷愁成谶，春鸟秋虫自作声。"（清）黄景仁：《两当轩集》，李国章校点，上海古籍出版社 1983 年版）。

② 先秦儒家在政治行为和游说活动中一再陷入困境，可以说是与其所持的立场、主张息息相关的。不管历史和现实之间有多大的距离和如何的不同，基于对传统文化资源的无比信赖和对宗族社会生存模式的深厚情感，先秦儒家在理论立场上倾向性地认为传统资源和历史经验具有超越于时空限制的普适性，因而可以直接拿来解决社会时弊和现实困境。对此，赵汀阳则针对儒家普遍原则的有效性问题提出了自己的看法，他说："孔子的普遍原则并不能在具体实践的任何语境中被普遍坚持，或者说，理论上的

和历史使命而并不以理论建树为最终目的的时候，他们便将自我价值的实现定位于外王事功，进而希望通过王道理想的落实来使其得到充分的体现①，这就使得游弋于传道与出仕、理想主义与现实政治之间的先秦儒者不免流于屡遭挫败的生存状态，虽常常以合价值性的理论去游说君王，却给后人留下了焦虑、徘徊的角色形象。

在本章，我们将致力于对先秦儒家及汉儒在政治文化领域的理论构建进行研究，并对他们是如何通过政治的伦理化和伦理的政治化的途径一步步地将政治理论和政治主张落实于现实层面的实践取向进行相应的探讨。

第一节　政治的伦理化 ②

根据前文的研究，我们知道基于三代以来所形成的基层社会的礼俗传统，让处于乡村地域的家、家族呈现出了非常稳定的结构和态势。③ 出生

普遍性并不能实现为实践上的普遍性。"可谓一语中的（赵汀阳：《身与身外：儒家的一个未决问题》，《中国人民大学学报》2007 年第 1 期）。实际上，儒家的这种看法已经超越了一般意义上的理论创造和观点阐明，已经成了他们意义世界的当然准则和指导现实世界的绝对真理。

① 由于受时势的影响，先秦儒者急于时务，热衷于以政治主张游说君主，因而在理论建树方面，多是鲜明地表明自己的立场、原则与主张，缺乏系统的理论思考与创造，对于三代文化亦多以继承为要，而少有阐释与论证。

② 季乃礼将先秦儒家泛血缘化的这一做法称为拟宗法化，所言实同。见季乃礼：《三纲六纪与社会整合——由〈白虎通〉看汉代社会人伦关系》，中国人民大学出版社 2004 年版，第 26 页。另注：本节大部分内容曾以"政治的伦理化：早期儒家在政治文化领域理论建构的一种向度"为题公开发表，见李友广：《政治的伦理化：早期儒家在政治文化领域理论建构的一种向度》，《管子学刊》2012 年第 1 期。

③ 根据相关的研究，阎步克认为，"周代的社会细胞——村社聚落的形态，是与氏族纽

并成长于基层社会的那部分先秦儒者们想必也深深地体会到了这种情形，所以往往会自觉不自觉地将私领域的内容投向公领域，"将整个社会家庭化，视社会为扩大了的家庭"①。基于此，"人们便很难将政治理解为独立于个人伦理之外的控制机制"②，而是在情感上希望国家或政治共同体能够如其乐融融的家庭、家族伦理那样运作③，如果真能做到这一点的话，那么就成功实现了将家庭、家族伦理扩展至公共领域的理想性目的。但事实上，作为公共层面的国家或政治共同体与作为私领域的家庭、家族是有着很大的不同的，所以儒家的这种做法实际上很难达到预期的成效④，反而成了法家攻击儒家的口实⑤。《商君书·画策》即云："仁者能仁于人，而不能使人仁；义者能爱于人，而不能使人爱，是以知仁义之不足以治天下也。"在法家的眼里，儒家的仁义立场固然能让民众受惠，但不足以使其

带的长期存留直接相关的。这种村社聚落或称为'里'，或称为'井'；或说所谓'单'也是这种共同体性质的组织"。这有助于我们更好地了解乡村区域的家、家族之所以呈现出稳定结构和态势的原因。见阎步克：《士大夫政治演生史稿》，北京大学出版社1996年版，第92页；俞伟超：《中国古代公社组织的考察——论先秦两汉的单—僤—弹》，文物出版社1988年版。

① 张德胜：《儒家伦理与社会秩序——社会学的诠释》，上海人民出版社2008年版，第52页。

② ［美］杜维明：《道、学、政：论儒家知识分子》，钱文忠、盛勤译，上海人民出版社2000年版，第6页。

③ 在这一点上，任剑涛亦指出："先秦儒家的伦理政治理论建构，将伦理作为了政治的起始点与归宿。"这有助于我们更好地来理解伦理在先秦儒家政治文化构想当中的价值与地位。见任剑涛：《伦理政治研究：从早期儒学视角的理论透视》，吉林出版集团有限责任公司2007年版，第222页。

④ 对此，余英时也说："个人道德不能直接转化为合理的政治，因为其中有如何建立制度的问题，我们不可能从'家'一步跳到'国'的层次。"所言诚是。见余英时：《现代儒学的回顾与展望》，三联书店2004年版，第74页。

⑤ 因而"在法家看来，儒家的主要问题之一就是公私不分，把人际关系中的私情和仁义道德，都浸透到政治之中，使国家难以治理。"见王中江：《视域变化中的中国人文与思想世界》，中州古籍出版社2005年版，第285—286页。

变成道德高尚的人①，用儒家的道德标准来要求民众无疑是困难的，因而仁义是无法落实为治理天下的工具与手段的，所以要"上法而不上贤"（《韩非子·忠孝》），作为明主就要"明赏设利以劝之，使民以功赏，而不以仁义赐"（《韩非子·奸劫弑臣》）。当然，儒、法在这方面立场的不同实即基于其对政治的不同理解。法家基于政治优于道德的立场，冷静、理性甚至冷酷地将国家、社会、臣民都当作了实现君王利益的工具，因而，在他们看来，"明主之道，臣不得以行义成荣，不得以家利为功。功名所生，必出于官法。法之所外，虽有难行，不以显焉，故民无以私名。设法度以齐民，信赏罚以尽民能，明诽誉以劝沮。名号、赏罚、法令三隅。故大臣有行则尊君，百姓有功则利上，此之谓有道之国也。"（《韩非子·八经》）在他们的视域里，政治就是君王，君王就是政治，所有的资源都是为维护君王权力、利益和意志服务的（《韩非子·五蠹》云："背公之谓私，公私之相背也"），因而法家便一直试图将体现社会等级秩序的尊尊原则推广到家、家族这一私领域，从而实现以政治和国家权力取代礼俗传统和人伦道德在基层社会的地位之目的。不同的是，本于道德先于政治的立场，先秦儒家不仅视好刑为不祥②，而且还往往将"政"诠解为"正"（《论语·颜渊》："政者，正也。"《论语·子路》："其身正，不令而行；其身不正，虽令不从。"《礼记·哀公问》："政者，正也。君为正，则百姓从政矣。君之所为，百姓之所从也。君所不为，百姓何从。"《孔子家语·大婚解》："夫政者，

---

① 鉴于此，法家反对以仁义治国，也不相信道德调整会对人类社会起积极作用，并认为完全没有必要以仁义道德的标准来要求民众，只要人人不敢为恶，法律的目的便已达到，至于人心是善是恶并不重要，是为"求过不求善"（《商君书·开塞》）、"刑不善而不赏善"（《商君书·画策》）。

② 上博简《季庚子问于孔子》篇云："好刑则不祥，好杀则作乱。"（简10）濮茅左：《季庚子问于孔子》，载马承源主编：《上海博物馆藏战国楚竹书（五）》，上海古籍出版社2005年版，第216页。

正也。君为正，则百姓从而正矣")①，多强调君王的正身修己、以身作则和表率作用（郭店简《缁衣》云："下之事上也，不从其所以命，而从其所行。上好此物也，下必有甚焉者矣。故上之好恶，不可不慎也，民之表也"②），同时还将修身视为治理天下的起点——"知所以修身，则知所以治人；知所以治人，则知所以治天下国家矣"（《礼记·中庸》），"苟正其身，于从政乎何有？不能正其身，如正人何？"（《论语·子路》），并将修身列为治理天下国家的九条纲要之一（《礼记·中庸》）。③

---

① 上博简《中弓》篇即有"敢问为正何先？"（简5）"唯正者，正也。"（附简）诸语，直接以"正"来理解"政"。李朝远：《中弓》，载马承源主编：《上海博物馆藏战国楚竹书（三）》，上海古籍出版社2003年版，第266、283页。

② 郭店简《尊德义》亦云："下之事上也，不从其所命，而从其所行。上好是物也，下必有甚焉者。"（简36—37）又《成之闻之》曰："上苟身服之，民必有甚焉者。"（简7）"上不以其道，民之从之也难。"（简15）与此相似，《孟子·滕文公上》则有"上有好者，下必有甚焉者矣"之语。郭店简引文见刘钊：《郭店楚简校释》，福建人民出版社2003年版。另外，需要作出说明的是，为方便起见，本书写作过程当中所引用的郭店简的文字与分章，以《郭店楚墓竹简》（文物出版社1998年版）为主要文本，并以《郭店楚简校释》（刘钊，福建人民出版社2003年版）和《郭店楚简校读记》（李零，中国人民大学出版社2007年版）作为相关研究的辅助性文本，下同，不再注明。

③ 在这里，我们有必要对先秦儒家重视君王正身、为政的原因作一说明。我们知道，在传统的伦理规范和秩序观念里，人们往往将民视为与君相对应的主要一极，故而作为君存在的价值与合理性的主要表征便是其对民的态度和政治表现，以及由君对民的这种态度和政治表现所引发的民对君的相应反应和回馈，故而在先秦儒家的视域里，君与民之间产生伦理关系的主要方式和途径就是为政，所以《礼记·礼运》有云："故政者，君之所以藏身也。"以此知之，为政是君王在政治传统当中所形成的从事政治活动和社会事务的主要内容与职责，而在先秦儒家的价值取向和伦理观念里，"政"是对君的身份定位和角色规定。正因为在儒家的眼里为政是君的身份标志和价值之所在，所以为政对于君而言不可谓不重要，故而为政不可不庄重、严肃。在这样的伦理立场和致思理路指引下，民众的幸福就与君王为政的好坏直接联系在了一起，盖缘于此，"政"甚至被儒家置于神圣性的地位，所以《礼记·礼运》才会说"政必本于天，殽以降命。命降于社之谓殽地，降于祖庙之谓仁义，降于山川之谓兴作，降于五祀之谓制度"。在此基础上，儒家又进一步认为，如果君能将

从历史传统和社会学的立场来看，先秦儒家对于政治的理解和对于君王的要求是基于家、家族的伦理规范的，他们试图将维系和处理家庭、家族私领域事务的亲亲原则推至国家层面和社会公共领域（《礼记·大学》云："孝者，所以事君也；弟者，所以事长也；慈者，所以使众也"），因为在这一亲亲原则的规范、要求下，家庭、家族乃至村落等基本生存共同体都呈现出了安全、稳定而有序的结构与态势，据此，先秦儒家希望国家和社会也会如此，从而在政治文化领域初步地实现了政治伦理化的理论创建。

由此看来，基层社会的生存模式对于先秦儒家在政治文化领域的理论建构起了重大的经验性参照作用。至于这一生存模式为何会成为先秦儒家在政治文化领域建构的重要社会资源、经验依据和参照模本，那就需要深入到基层社会生活的内部来分析原因了。我们知道，对于生活在宗族村落的大多数人而言，爱敬自己的父母就要善待自己周围的人（《礼记·坊记》即曰："睦于父母之党，可谓孝矣"①），和他们交往的时候就要用心以免遭他人厌恶和怠慢，从而危及父母的名声和威望，这是任何孝子也不愿看到的，所以后来的《孝经·天子章》也说："爱亲者，不敢恶于人；敬亲者，不敢慢于人。"不仅如此，即便是父母已逝，作为孝子在日常生活、与人交往过程当中也要时刻顾及父母的名声，这正如《礼记·内则》中所说的："父母虽没，将为善，思贻父母令名，必果；将为不善，思贻父母羞

"政"行至极致的话（这种极致，可以用"博施济众"来界定和理解），那么他就可以超越君子，进至圣的位格，从而成为圣人，所以《礼记·礼运》接着又说"此圣人所以藏身之固也"。

① 《荀子·非十二子》亦云："遇乡则修长幼之义，遇长则修子弟之义。"乡，杨倞注曰："在乡党之中也。"（引自梁启雄：《荀子简释》，中华书局1983年版，第66页。）由此来看，作为个体，在乡党、邻里之中应当时时恪守尊长爱幼的礼仪，实际上这也是爱敬自己双亲的由衷反映与行为延伸。

辱，必不果。"①另外，从儒家对于天子的德性要求来说，作为天地之子的天子（《白虎通·爵》有云："王者父天母地，为天之子也"）理所应当也是个孝子，在事亲方面更应该比一般人做得要好，所以为了保全父母的名声和威望必然要善待天下的百姓，唯有善待天下方能称得上是天子之孝，亦唯有天子之孝方能保全其双亲的名声和威望，所以《孝经·天子章》接着又说："爱敬尽于事亲，而德教加于百姓，刑于四海。盖天子之孝也。"于是，沿着以身取譬的思维向度，天子将对自己父母的孝心、敬爱之情扩大到了天下所有人的父母，并以此来教化民众。以此知之，源于家庭、家族等基本生存共同体的孝伦理在先秦时期就比较重要，它不仅统括了私领域中的伦理关系，而且还将触角伸向了公领域中的政治关系［如上文所称引的："孝者，所以事君也；弟者，所以事长也；慈者，所以使众也。"（《礼记·大学》）］。

在中央集权制国家形成以后，由于汉当权者积极吸纳儒家的"道德仁义"立场来缓和秦朝时故有的社会矛盾，改善旧有的统治方略和手段；同时，儒家人物如叔孙通、公孙弘"枉道从势"、"枉尺直寻"，以部分牺牲王道价值理想为代价来换取与当权者的合作，从而使儒学逐渐取得了官学的地位。水涨船高，在获取政府权力的支持以后，儒学也取得了在思想界和政治文化领域的话语权。同时，在封邦建国的先秦，尽管社会秩序和政治时局在很长一段时间都处于混乱、动荡的状态，但与此同时在社会基层却维持了相对的平稳、有序的状态，其个中奥妙便在于礼俗传统和孝伦理

———————

① 盖与此家伦理和孝文化相关，士人发展到对于与己相关的名声和气节的格外珍惜与重视（"可杀而不可辱也。"《礼记·儒行》），一般人则发展到特别爱惜自己的面子。于此，我们可以联系到项羽之死。关于项羽为何不过江的原因，学者众说纷纭，但他的要面子［这包括事功的失败会累及父母的名声和威望；江东子弟八千人消亡殆尽已严重损害其所处的血缘共同体之利益（见《史记·项羽本纪》）］应该是重要原因之一。

让村落、家族和家庭并不因国家、国际层面的战乱和动荡而失序，尽管前者也时时会受到后者的冲击与影响，但强大的礼俗传统和孝伦理很快便能将村落、家族和家庭恢复到原来的秩序和状态。或许，这种孝伦理对于维系家族、家庭稳定所起的作用让后来的汉儒不无启发，也让他们深受鼓舞，并试图将孝伦理推至政治领域，以求使现实政治如家族、家庭那样的稳定、有序。在这种背景下，基于孝在家族、家庭伦理关系中的重要性，当汉儒们试图将由孝伦理所规范的、超稳定的家族、家庭架构推广到政治文化领域的时候，便顺理成章地提出了"移孝作忠"（《孝经·广扬名章》曰："君子之事亲孝，故忠可移于君；事兄悌，故顺可移于长；居家理，故治可移于官。是以行成于内，而名立于后世矣"）的思维理路，这种理路认为既然孝伦理能够让父子关系得以良好维系，那么以事父的态度来对待母亲、国君，那么同样也能够做得很好，因为爱敬之心是相同的，对此，《礼记·坊记》云："孝以事君，弟以事长，示民不贰也。"《孝经·士章》亦云："资于事父以事母，而爱同；资于事父以事君，而敬同。故母取其爱，而君取其敬，兼之者父也。故以孝事君则忠，以敬事长则顺。忠顺不失，以事其上，然后能保其禄位，而守其祭祀。盖士之孝也。《诗》云：'夙兴夜寐，无忝尔所生。'"于是他们进一步将先秦儒家诸如孔子、曾子所倡导的孝道向政治文化领域拓展，进而将孝提升到了治国之经的地位，《孝经·三才章》借孔子、曾子师徒的问答来重新彰显孝的重要价值和地位："曾子曰：'甚哉，孝之大也！'子曰：'夫孝，天之经也，地之义也，民之行也。天地之经，而民是则之。则天之明，因地之利，以顺天下。'"正是在汉儒的一再诠释和言说下，孝伦理从先秦儒家的诸多伦理范畴当中被更鲜明地凸显了出来，与此同时，《孝经》也成为汉儒眼中人们社会行为的主要依据。受此影响，汉家皇帝也多次强调和标榜以孝治国、以孝治天下，于是《孝经》对政治与社会的深刻影响，成了儒家在政治文化领域取得重大话语权的一个缩影。

说到汉家皇帝标榜以孝治国，我们就有必要遵循着儒生在面对政治权力和时代变更时所采取的立场、态度与对策来着重考察一下他们对于自己角色的变换和身份的再认识。基于历史传统和文献记载，我们知道，在先秦儒家那里所强调的角色伦理都是双向的①，如"父慈子孝"、"君仁臣忠"，等等，每一个个体都被稳妥地安置于在儒家眼里视为合理的身份定位上，只要人们的行为符合与他相应的角色伦理，那么这个人就是"合于礼"的，就是一个合格的人②，这与后来秦汉"大一统"局面形成之后的伦理规范大为不同。秦汉及其以后，对于角色伦理的规定，多强调"上"对"下"的绝对支配性地位，更多地关注"下"对"上"的责任、义务和服从。这种局面的出现、角色伦理的转向，自是与"大一统"国家政治体制的正式形成以及一皇独尊格局的最终确立有关。在这种一国一皇中央集权的政治运作模式下，臣、子、民的政治权力、角色期待被一再压缩，而帝王的权势和威望则在缺失了诸国林立的外在压力下变得愈发膨胀，甚至被一大批"枉道从势"、"枉尺直寻"的知识分子所神化、圣化，从而使帝王获取了最高政治权力不可置疑的合法代言人的身份。另外，角色伦理单向规定

---

① 关于先秦儒家眼中的角色伦理，《左传》昭公二十六年说："君令、臣恭、父慈、子孝、兄爱、弟敬、夫和、妻柔、姑慈、妇听，礼也。"《礼记·礼运》则云："父慈、子孝、兄良、弟弟、夫义、妇听、长惠、幼顺、君仁、臣忠，十者谓之人义。"韩德民也说："先秦儒学在肯定君臣关系所具有的拟血缘性的同时，往往更注意强调其相互间以义合的性质：'父亡恶，君犹父也，……所以异于父，君臣不相在也，则可已；不悦，可去也；不义而加诸己，弗受也。'"（郭店简《语丛三》简1—5）见韩德民：《荀子与儒家的社会理想》，齐鲁书社2001年版，第451页。

② 美国学者查尔斯·穆尔（Charles A Moore）也说："按照儒家哲学，个人从来都不是孤立的、独立的实体，人被界定为社会的或互动的存在。"可谓是所言不虚。见 Charles A Moore, "Introduction: The Humanistic Chinese Mind," in C.A.Moore, ed., The Chinese Mind, Honolulu: University of Hawaii Press, 1967.

的出现，还与儒家知识分子为了应对天下统一之大势，在角色伦理方面所采取的"移孝作忠"策略大有关系。可以说，"移孝作忠"策略，是儒家心目中的理想政治运作模式，他们将家庭、家族范围内的子对父的"孝"（同时泛化至后生晚辈对于年长者的尊敬，即"尊齿"、"尚齿"之礼俗在基层社会的盛行不止，《孟子·公孙丑》即言："天下有达尊三：爵一，齿一，德一。朝廷莫如爵，乡党莫如齿，辅世长民莫如德"①）移作了臣对君"忠"，从而为后世的君臣关系笼上了一层温情的面纱。可以说，将君臣关系视为父子关系的延伸，无疑是汉儒在面对中央集权时代皇权给予的巨大压力时所作出的消解性努力。在帝王权力日益扩大的历史事实面前，无处躲避，亦别无选择的儒家知识分子，在沿袭了先秦儒者干政热忱的同时，却被迫调整了原来的"从道不从君"、"合则留，不合则去"（与《孟子·公孙丑上》言谓："可以仕则仕，可以止则止，可以久则久，可以速则速。"意思近同）的干政原则和处世准则，"枉道以从势"②，而"移孝作忠"思想理念的提出与践行，便是这种调整所带来的结果之一。然而，"移孝作忠"思维理路的提出毕竟是汉儒一厢情愿的做法，尽管有其特定的社会历史背景和历史原因，但这种做法非但没有消解掉"大一统"国家及其君王给儒者所带来的巨大政治压力，反而将政治从国家、社会层面运作延伸到了家庭、家族这一私人领域，尽管在中央集权时代政治的触角必然会延伸到各个领域，但汉儒的这种做法无疑在客观上推

---

① 不仅如此，上博简《内礼》亦云："为少必听长之命"（简 17），而且《荀子·仲尼》将"少事长"列为天下通义的范围，《荀子·非相》甚至将"幼而不肯事长"视为"人之不祥"。所引上博简内容见李朝远：《内礼》，载马承源主编：《上海博物馆藏战国楚竹书（四）》，上海古籍出版社 2004 年版。

② 对此，徐复观先生评论道："西汉知识分子对由'大一统'的一人专制政治而来的压力感也特别强烈。"见徐复观：《西汉知识分子对专制政治的压力感》，《两汉思想史》第1 卷，华东师范大学出版社 2001 年版。

动了这一局面的形成。① 在先秦儒家那里，尽管很难实现自己的政治理想和整饬天下秩序的目标，但还可以通过"谏"、"去"、"四处游说"的不同途径来保全儒者尊严和心中至高无上的"道"。不仅如此，在先秦儒家的视域里还很有可能"把现实存在等同于了超越理想本身"②，从而人为地将理想和现实做了某种程度上的叠合。不同的是，汉政权时代的儒家知识分子经由秦时的刑法统治及焚书坑儒事件的残酷教训已清醒地认识到了理想与现实之间的差距，认识到了理想和现实是难以叠合的，并且深刻感受到了来自现实政治对于王道理想的巨大压力。在这种情形下，先秦儒家心目中高悬的王道理想在这时已是难以和行为手段统一起来了③，"枉道从势"、"枉尺直寻"的儒者以减损"道"的方式来换取政治上的作为和文化上的话语权④，从而

---

① 刘悦笛则将儒家的这一做法称为"私域的公域化"，并认为"儒家政治哲学的这种'私域的公域化'同时也是'公域的私域化'"。见刘悦笛：《儒家政治哲学当中的"情之本体"——从费孝通的"差序格局"谈起》，《中国文化研究》2010 年第 4 期。

② 详见郑家栋：《当代新儒学史论》，广西教育出版社 1997 年版，第 65 页。

③ 儒家的干政热忱、王道理想与现实政治之间的错位，实际上在荀子那里就已早露端倪："君子能为可贵，不能使人必贵己；能为可信，不能使人必信己；能为可用，不能使人必用己。故君子耻不修，不耻见污；耻不信，不耻不见信；耻不能，不耻不见用。是以不诱于誉，不恐于诽，率道而行，端然正己，不为物倾侧，夫是之谓诚君子。"（《荀子·非十二子》）以此知之，在荀子的视域里，真正的君子能够做到修身正己，却未必能被世人所认可，亦未必见用于当权者，在当时的社会环境下，修身与干政已是难以相合了。关于此种情形，《孟子题辞》亦云："孟子闵悼尧、舜、汤、文、周、孔之业将遂湮微，正涂壅底，仁义荒怠，佞伪驰骋，红紫乱朱。于是则慕仲尼周流忧世，遂以儒道游于诸侯，思济斯民；然由不肯枉尺直寻，时君咸谓之迂阔于事，终莫能听纳其说。"[见（清）焦循：《孟子正义》，中华书局 1987 年版，第 10 页。]可见，《孟子题辞》所言的情形实是与《荀子·非十二子》并无二致。

④ 在南北朝时期的经学家卢辩眼里，叔孙通、公孙弘之流的汉儒无疑是需要批判的，他在注解《大戴礼记·曾子制言中第五十五》中的"君子直言直行，不宛言而取富，不屈行而取位"时说："君子之人，不枉言行而怀其禄也。"可见，在卢辩看来，这部分汉儒实非君子之人也。所引卢注，见（清）王聘珍：《大戴礼记解诂》，中华书局 1983 年版，第 93 页。

成了为后人所诟病的"俗儒"、"陋儒"①，叔孙通、公孙弘之辈是也②；亦有冒着杀头危险来保全"道"的前提下去干政的儒者，陆贾、董仲舒等"真儒"是也。董子构建的"天人感应"宇宙观及其理论模式并非尽是为汉政权的合理性作论证，更是希冀在"无上的王权"之上悬一柄道德理性之剑，从而为儒者之"道"在巨大的政治压力之下发挥作用争取空间，亦为民生的幸福提供理论支撑和形上保障。

整体而言，对政治做伦理化的处理是儒家基于王道理想在政治文化领域的构想，并一直试图将其在公共生活和政治行为③上变为现实。但是，向来坐而论道容易，将理论建构落实到现实层面却是难上加难，而无论是

---

① 当然，后人的这种评判或许因脱离了当时的社会环境与历史条件而显得过于苛刻，但也并非毫无道理，起码汉儒的表现在先秦儒家那里就很不合格，如《论语·子张》就说"执德不弘，信道不笃，焉能为有？焉能为亡？"意思是说，对于道德，行为不坚强，信仰不忠实，这种人有他不为多，没他也不算少。实际上，先秦儒家的这种评判同样也很严厉。

② 对于儒家的这一转变，干春松则作了更为具体、生动的阐述："秦的暴政可能使儒生们开始了解政治残酷的一面，了解到'大一统'的社会和战国时期群雄并争的时代已经截然不同，……从具体的行为方式来看，儒生和方士们在严酷的现实面前逐渐开始务实，他们开始从战国时期的自我表现以求明主欣赏向迎合主上的爱好的方向转化，如方士们不断制造关于'不死药'、'长生术'的舆论，叔孙通为建立帝王权威而设计的仪式都是具体的例子。"见干春松：《制度儒学》，上海人民出版社 2006 年版，第 54 页。

③ 从现代政治学的角度来看，政治行为是指基于特定的利益目标和利益追求，人们围绕着政治权力的获得和运用、政治权利的获得和实现所展开的一系列活动。政治行为通常包括四个要素，即政治行为的主体、方向、性质和方式。（见王浦劬：《政治学基础》第二版，北京大学出版社 2006 年版。）而在古人的眼里，尤其是儒家那里，他们所关注的主要是政治行为的性质和方式。具体来说，他们往往以自己所持的道德先于政治的立场来考量、评判君王的政治行为，同时还坚持认为，基于家伦理和孝文化所孕育出来的思想情感、行为方式和价值取向来从事相关的政治活动无疑是最为理想的政治操作模式。至于政治行为的主体和方向，自秦汉以来在儒家的思想世界里就不再成为关注的重点了，因为无论从思想意识上还是现实格局上儒家都已清楚地认识到帝王及其臣僚已是大权在握，是权力资源和现实政治的主导者。

先秦儒家还是后来的汉儒都遇到了这样的难题。一般来说，在政治文化领域的思想创造和理论建构所依据的往往是历史传统与过往成功的经验、智慧①，而这种历史传统与经验、智慧又往往生发于过去的时代情境和社会环境，这又与后来先秦儒家及汉儒所面对的时势、政治格局及社会问题自是大不相同，因而想要把理论建构落实于现实政治和公共生活，除了需要保持这种理论相当的创造力和张力以外，还需要直面社会现实和实际问题以努力缩小两者之间的差距。当然，这是一个异常复杂的问题，远非一两句话就能说清楚，亦远非没有相应政治实践和丰富政治行为的学者们仅凭理论探索就能够解决的。可以说，这是一项包含理论和实践两种维度的系统性工程，这项工程涵盖了历史传统、儒者、儒者所建构的政治理论、政治实权派、社会环境、时代要求等要素，唯有将它们较为圆融地结合起来，或者说它们中的能动部分彼此之间能够达成一定程度上的妥协的话，那么，将政治理论落实于现实层面的问题才有可能得到阶段性的解决。

第二节　伦理的政治化②

我们说，政治的伦理化是乡土社会生存模式在政治文化领域的投影与

---

① 对于先秦儒家来说，由于坚守王道理想，这便意味着他们对现实政治状况的批判和对早期历史的更多认同，由是而形成了他们在政治文化领域从事政治理论建构的时候往往倾向于借鉴历史传统和过往的经验、智慧。见韩德民：《荀子与儒家的社会理想》，齐鲁书社 2001 年版，第 207 页。

② 本节大部分内容曾以"伦理的政治化：早期儒家政治文化的理论建构向度"为题公开发表，见李友广、王晓洁：《伦理的政治化：早期儒家政治文化的理论建构向度》，《江西社会科学》2012 年第 11 期。

延伸。先秦儒家基于自己的伦理体验，试图将家、家族中的情感经验向政治文化领域拓展，并希望这种政治文化创建的努力能够得以切实影响到当权者的思想精神、政治行为以及现实政治制度运作的有效性。当先秦儒家怀着这种美好的愿望并这样做了的时候，除了能极其有限地影响到当权者的政治行为与现实的制度设计以外，其最大功用还是在历史和思想史上充分地彰显了先秦儒家共同体的道德精神和价值理想。不仅如此，基于家国同构的宗法制度和政治模式，先秦儒家在将政治做伦理化处理的同时，政治也在不可避免地向家、家族这一私领域扩张。[①] 实际上，家、国、天下在先秦儒家的眼里本来就不是截然对立的，反而是形异质同的政治实体 [②]。可以说，政治的伦理化和伦理的政治化在先秦儒家那里本就不是截然二分的，在很大程度上，这两者是一而二、二而一的。我们之所以将其作为两部分来展开，实是出于研究的方便和行文习惯的需要。

从思想史的角度看，当先秦儒家努力将维系基层社会的价值观念、伦理情感与行为方式推广至国家和社会层面的时候，同时也就开启了政治对于伦理的拒斥化过程 [③]。也就是说，先秦儒家依据自己在政治文化领域内

[①] 基于不同甚或相对的立场，法家将体现社会等级秩序的尊尊原则推广到家、家族这一私领域的做法即是政治在向私领域扩张的表现。另外，还应辨明的是，取决于政治、政权的控制系统、强力性及影响力，政治向私领域的扩张并不意味着必定与先秦儒家的政治理论建构同时进行，事实上早已开始，只不过，先秦儒家的理论建构实受了政治向私领域扩张这一历史事实的影响，并更为鲜明地彰显了这一特征罢了。

[②] 事实上，《礼记·大学》所言的"古之欲明明德于天下者，先治其国；欲治其国者，先齐其家；欲齐其家者，先修其身；……身修而后家齐，家齐而后国治，国治而后天下平"。这一循环往复的道德与政治实现过程正是基于这一认知和理路。

[③] 尽管政治与伦理有一定的联系，而且"政治与伦理可以合于礼法（即礼的法度，而非以礼为法）之中"（见任剑涛：《伦理政治研究：从早期儒学视角的理论透视》，吉林出版集团有限责任公司 2007 年版，第 216 页），但是政治与伦理毕竟有着很大的不同。伦理具有情感体验的经验性向度，而政治则指向了社会管理与社会控制，两种不同的指向让政治不可能完全接纳伦理，在很多时候甚至还表现出了政治对于伦理的拒斥，

所从事的政治伦理化的理论创建来试图影响现实的政治状况和制度设计，这种源自基层社会生存模式和生存经验的政治行为由于儒生们的急于时势和时务而多是鲜明地表明自己的立场、原则与主张，不仅缺乏应有的理论思考与系统的逻辑论证，而且也缺少了从理论构想到实际操作、由家庭、家族私领域到国家或政治共同体公领域之间过渡、转换的诸多环节与要素，而多从情感与经验立场出发，人为地将理论与现实、私领域与公领域做了某种程度的叠合，从而在很大意义上取消了它们之间本有的差别与不同。先秦儒家这样做的结果，除了将血缘亲情伦理成功地推至政治文化领域以外，还在将其落实到政治制度和现实层面的时候遇到了前所未有的难题与困境。实际上，先秦儒家的这种做法，在部分地实现了政治的伦理化的同时，也在客观上为政治在家、家族这一私领域的持续扩张打开了方便之门。从某种程度上说，在先秦儒家这里（尤指政治文化领域），政治的伦理化与伦理的政治化是同时进行而又相互影响的动态过程。

　　在先秦儒家的眼里，政治不离伦理，甚至认为政治乃是伦理的必然延伸，郭店简《唐虞之道》言："必正其身，然后正世，圣道备矣。"（简3）① 于此，"正身"是"正世"的前提与基础，而"正世"则是儒者"正身"的外在功用和理想选择。可见，儒家理想中的出仕、为政须先正己、正身②，而他们对于为政者的道德要求和表率期许也正基于这样的一种思

　　而这也是由政治本身的逻辑决定的。从另外的角度说，伦理的政治化过程实际上即是政治对于伦理拒斥的变相反应。

① 刘钊：《郭店楚简校释》，福建人民出版社 2003 年版。

② 《论语·先进》曾载有这样一件事情：子路使子羔为费宰。子曰："贼夫人之子。"子路曰："有民人焉，有社稷焉，何必读书，然后为学？"子曰："是故恶夫佞者。"关于子羔其人其事，朱熹评价说："子羔质美而未学，遽使治民，适以害之。"范氏则进一步评论说："古者学而后入政。未闻以政学者也。盖道之本在于修身，而后及于治人，其说具于方册。读而知之，然后能行。何可以不读书也？子路乃欲使子羔以政为学，失

路与考虑。从这里可以看出，儒家视域中的政治是不离伦理的，而伦理道德的培育又不离开家庭、家族这一重要场所的滋养。于是，在家庭、家族这里，政治便和伦理交汇在一起了。也正是在这个意义上，政治的伦理化和伦理的政治化是一个一而二、二而一的问题。既然家庭、家族对于个人生命的成长、德性的滋养如此重要，那么，对于先秦儒家而言，修身、正己便从家庭、家族生活开始，从对家庭伦理尤其是孝道的遵循、体悟乃至践行开始。盖源于此，热衷于孝道的曾子在阐述孝的同时也往往会对其做政治化的延伸，他说："身也者，父母之遗体也。行父母之遗体，敢不敬乎？居处不庄，非孝也。事君不忠，非孝也。涖官不敬，非孝也。朋友不信，非孝也。战阵无勇，非孝也。五者不遂，灾及于亲，敢不敬乎！"（《礼记·祭义》）显然，出于生命代代延续的事实（后来的《孝经·圣治章》云："父母生之，续莫大焉"）和对于父子伦理关系的重视（后来的《孝经·圣治章》亦云："父子之道，天性也"），曾子将行孝首先定位为了对于父母双亲的敬重上，而又出于"民之父母"的文化传统①，人们往往又从情感

先后本末之序矣。不知其过而以口给御人，故夫子恶其佞也。"[所引朱熹、范氏语，见（宋）朱熹：《四书章句集注》，中华书局 1983 年版，第 129 页。] 从《先进》所设置的场景及二人的对话内容来看，孔子所持的正是道德先于政治的立场（《论语》同篇亦云："先进于礼乐，野人也；后进于礼乐，君子也。如用之，则吾从先进"），而子路让"质美而未学"的子羔直接为政治民的做法是与其师的立场相背离的，所以孔子骂他是"佞者"。

① 这一文化传统起源甚早，张丰乾经过研究认为："'民之父母'的自觉，似乎是周王室的一大传统。"同时，他还举证《尚书·泰誓》为此作了注解："惟天地，万物父母；惟人，万物之灵。亶聪明，作元后，元后作民父母。今商王受，弗敬上天，降灾下民。"（见张丰乾：《思孟学派与"民之父母"》，载杜维明主编：《思想·文献·历史——思孟学派新探》，北京大学出版社 2008 年版，第 243 页）可以说，与"民之父母"这一传统相关的文献并不在少数，其在《诗》、《书》、《孟子》及《礼记》等典籍中亦多次出现。相关研究，可参见李友广：《对"由天及人"传统思维模式的重新探讨》，《理论月刊》2009 年第 8 期。

上倾向性地将天子、君王视为天下百姓的父母（《尚书·洪范》说："天子作民父母，以为天下王"。《孟子·梁惠王上》亦有"为民父母"的相关内容，不赘述），因而，对于天子、君王也应要尽孝，如果"事君不忠"、"涖官不敬"乃至"战阵无勇"都是非孝的表现。在这里，先秦儒家对于天子、君王（后又将其范围扩大至一般的官吏臣僚）作"民之父母"的定位实出于其政治伦理化的立场与策略。由于先秦儒家的干政热忱和理想性，当他们在政治文化领域将政治做伦理化构想和处理的时候，便将理论的重心和关注的焦点偏移到了为政者的身上，这样做的结果，便是在客观上使政治要素和政治文化在家庭、家族这一私领域得以扩张与彰显。

在《论语》里有这样一幅情境：作为鲁哀公时的正卿季康子曾向孔子询问如何才能使人民严肃认真、尽心竭力和互相勉励（"使民敬、忠以劝，如之何？"），在孔子循循善诱的回答中有这么一句，说"慈孝，则忠"（语出、事见《论语·为政》），意思是说，为政者"孝于亲，慈于众，则民忠于己"①。（朱熹语）可见，要使民忠于己，作为为政者就要孝敬父母、尽好孝道，同时，又作为"民之父母"，就务须尽好"父"的责任与义务，在外要慈爱民众，这样就将父慈子孝的伦理关系推广至了社会与民众，由于君民关系（或臣民关系）所具有的浓厚政治色彩，在这种情况下，子对父的孝便被成功地置换为了民对君与民对臣的忠和顺。② 于是，当先秦儒

---

① （宋）朱熹：《四书章句集注》，中华书局1983年版，第58页。

② 当然，尽管父子关系可以被置换为君臣关系，但是毕竟由于其所处私领域和公领域的关系，两者还是有着很大的不同的，对伦理做政治化的处理更多的则是儒家在政治文化领域的理论创建而不必也不应将其完全视为实然存在。对此，陈恩林也说："一般说来，父权是君权的基础，君权是父权的政治表现，两者相辅相成，互相统一。但是，一旦父权与君权，族权与政权有了矛盾冲突，父权要服从君权，族权要服从政权，这叫作'不以亲亲害尊尊'（《穀梁传》文公二年），或曰'不以家事辞王事，以王事辞家事。'（《公羊传·哀公三年》）《左传》称为'大义灭亲'（《左传·隐公四年》）。"可见，

家将家庭、家族视为邦、国、天下的缩影的时候，父子一伦也就很自然地被视为了君民、臣民关系的缩影，从而将伦理做政治化的构想与处理也就是顺理成章的事情了。

先秦儒家为什么会将伦理做政治化的处理，并将父子一伦投射到政治领域当中去呢？除了"民之父母"的文化传统这一重要原因之外，我们似乎还有作出深入探讨的必要。从政治传统来看，政治、政权对于社会和民众的影响力几乎是无处不在的，每一个生命个体都被置于了这样无形而又强大的影响力之中。在前孔子时代，文化资源和政治话语权被集中在了体制之内，官府是教育贵族子弟的垄断性机构与重要场所，而贵族权力世袭则成了当时权力继承和政治运作的主要模式。在这种历史情境下，精通典章制度、礼仪文化的先秦儒者自然也毫不例外地感受到了来自政治、政权方面的影响力，甚或压力。因而，先秦儒家将自己的生命价值和理想追求定位为了正己、修身（亦即内圣）和事功（亦即外王）两个方面也就不难理解了。不仅如此，先秦儒家所处的春秋晚期、战国时代是一个政治多元化的历史时期，在国际政治夹缝当中穿梭的儒者们既感受到了政治的压力和民众的困苦，也让他们得以能够以道德的力量和贤者的身份来自由地批评时政，发表自己的观点，而且，如果不过于理想化而又懂得且愿意灵活变通的话①，还有可能获得一定的从政机会。于是，政治、政权成为他们

在原则和底线上，尊尊要大于、高于亲亲，而这也正是政治权力所本有的特色及逻辑之所在。引文见陈恩林：《论孔子的"仁义礼"思想及其本质》，载《逸斋先秦史学术论文集——陈恩林自选集》，吉林文史出版社 2003 年版，第 171 页。

① 根据文献记载和后人的研究，我们知道孔子本人虽有理想性的一面，但还懂得权变却又不愿过于变通，所以才会丧失了许多从政、施展才华的机会，终给后人留下了丧魂落魄、惶恐不安的儒者形象（《史记·孔子世家》言谓"累累若丧家之狗。"此外，《白虎通·寿命》、《论衡·骨相》、《孔子家语·困誓》、《韩诗外传》卷九第十八章亦有相同或类似的故事铺陈与形象描述）。对此，后人评论说："所以会落到这般凄凉的境地，

当时所关注的重心与焦点，也是在他们眼中自己的理论构想和外王理想能否得以实现的重要平台与关键之所在。同时，先秦儒家又深受家庭、家族以及宗族村落等基本生存共同体生存模式和生存经验的影响，这就使得他们在考察亲情伦理和现实政治的时候很难摆脱来自对方的影响，而且让身处历史情境中的人们主动跳出这种复杂的影响力量而拥有充分的自省与自觉是不现实的，也是不客观、不公允的。正因为如此，先秦儒家在对政治做伦理化的构建的时候，往往同时又开启了对于伦理的政治化构建过程。

　　根据相关的政治理论分析，我们知道，当前的政治统治理论主要包括神权统治、父权统治、契约统治和精英统治四种类型。如果以此来比照的话，那么尽管我们的古代政治统治含有一定的神权色彩，但由于人文主义思潮在春秋、战国时期的狂飙突进让我们的古代政治统治更像是父权统治①，这自然也与"民之父母"的文化传统及宗族社会的生存模式和生存经验的影响有关。盖源于这种历史传统，让我们的政治统治往往以家庭

恐怕不是孔子不会在官场周旋，也不是他无能，而是他把'道'看得高于君主、高于权力和地位。这一点常常是思想家与实际政治家不同的地方。"此说很有道理。（见刘泽华、葛荃主编：《中国古代政治思想史》修订本，南开大学出版社2001年版，第33页。）另外，王中江对此也展开说道："孔子从未打算过为了获得参政的机会而给自己的政治理想打折扣，更别说是放弃了，这一点给后人留下的印象也非常强烈。他升至代理鲁国相职（摄相位）更有条件施展自己的政治抱负时，引起了邻国齐国的不安，他们担心富庶和有秩序的鲁国会对自己会构成威胁，他们采取了离间国君臣关系的进献美人和财物的腐蚀计谋。孔子明知这是齐国不怀好意的圈套，因此他规劝拒绝。孔子如果采取变通策略或容忍的办法，他就可以在鲁国继续从事政治事务。齐国已经知道孔子的道义精神和正直，也知道鲁国不会接受孔子的忠诚的劝告。因此，孔子离开鲁国是为了坚持道义的'自我放逐'，这是他的政治理念同现实直接冲突的一个典型例子。"（王中江：《先秦儒家的"社会角色"意识》，《国学学刊》2009年第2期。）由这一翔实阐述，我们可以更明显地感受到孔子身上所具有的这种理想性与复杂不安的儒者形象。

① 这与西方世界所强调与标榜的契约统治论大不相同。西方思想家认为，契约统治论是人们根据理性的要求而相互订立社会契约的结果，其又可分为契约君权统治和契约民权统治两种类型。见王浦劬：《政治学基础》第二版，北京大学出版社2006年版。

伦理和父子关系来比拟之，试图以此来弱化或美化政治统治当中本有的控制色彩和强权力量。因而，先秦儒家的这种做法在弱化或美化了政治统治当中本有的控制色彩和强权力量的同时，也为他们的伦理政治化的理论建构提供了理论可能。

关于先秦儒家将伦理做政治化处理的原因，我们认为，一方面是受政治压力和自己外王理想的影响，另一方面，也是试图在将基层社会生存模式与生存经验推至政治领域的同时，彰显他们对于家庭伦理（主要包括由父子关系所彰显的孝伦理）的有效性与普适性所做的信仰性理解。正是由于身处政治压力和自己外王理想的影响，才让先秦儒家往往以政治实践和社会事功作为他们审视伦理道德的最终落脚点和现实归宿，毕竟，对于古人（尤其是先秦儒家）而言，其理论创造和道德要求总要归结于解决现实问题，从而呈现出了鲜明的现实指向性，而非如西方思想传统那样有着纯粹追求知识和智慧的一面。[1] 与此同时，基于这种信仰性的理解，又让他们毫不犹豫地以生成于基本生存共同体（主要是指家庭、家族和宗族村落）的情感体验与管理智慧来观照、比附现实政治运作模式及相应的政治关系。在这样的情况下，先秦儒家思维的经验性和立场的理想性，使伦理和政治在他们那里是难以分得很开的[2]，往往呈现出一而二、二而一的整体

---

[1]　对于这一点，今人阎步克则从礼的角度作出了自己的阐发，他说："这种处于'俗'、'法'之间的'礼'，富于人间性、现世性，因而较少'纯'文化的意味而更多地面向人伦日用、社会政治，这也使得战国时期趋于分立的学士群体，在总体上较少地取向于纯粹的审美追求或理性思辨，缺乏排除了其他考虑的'爱美'或'好奇'。"见阎步克：《士大夫政治演生史稿》，北京大学出版社1996年版，第152页。

[2]　清人刘宝楠说："孝弟之人必为忠臣顺下，不好犯上，不好作乱可无疑矣。"[（清）刘宝楠：《论语正义》，《诸子集成》第一卷，团结出版社1999年版，第8页。] 于此，我们就很难区分得清楚，他的注解是侧重于政治的伦理化还是伦理的政治化，当然也可能无须作出这种区分。

性关系①，所以，我们后人就更难分得清楚政治的伦理化与伦理的政治化孰先孰后的问题，其实先秦儒家本身并无此种意识，我们也完全没有必要将其做二分式的理解。

正因为伦理和政治在先秦儒家那里的重要性，所以基于这种传统，后来的儒家类文献往往将父子与君臣、孝和忠并举连言，甚至将其提升到了天地、宇宙那样高的地位，从而给后人留下了不证自明的深刻印象，如同绝对真理一样不容置疑。②《孝经·谏诤章》说："故当不义，则子不可以不争于父；臣不可以不争于君；故当不义则争之。"《孝经·圣治章》也说："父子之道，天性也，君臣之义也，父母生之，续莫大焉。君亲临之，厚莫重焉。故不爱其亲而爱他人者，谓之悖德；不敬其亲而敬他人

---

① 陈璧生据《论语·学而》（内有"其为人也孝弟，而好犯上者，鲜矣；不好犯上，而好作乱者，未之有也。""事父母，能竭其力；事君，能致其身"诸语）和《论语·阳货》（内有"迩之事父，远之事君"一语）认为，孔子已开始将父子与君臣放在一起进行讨论了，在此，"孝"与"顺"相通，家庭领域中的"犯上作乱"亦与社会、国家领域中的"犯上作乱"相通。这同样也体现了在先秦儒家那里，伦理和政治呈现为了一而二、二而一的整体性关系。（见陈璧生：《乡土中国中的"孝"——对〈论语〉中"孝"的观念的人类学考察》，2007 年 5 月 20 日，见 http://www.confucius2000.com/confucius/xtzgzdxdlyzxgndrlxkc.html。）实际上，与此相关的内容在《论语》中还很多，诸如"出则事公卿，入则事父兄"（《话语·子罕》）、"君君，臣臣，父父，子子"（《论语·颜渊》），等等。

② 在儒家那里，他们往往会从天高地下（《礼记·乐记》云："天高地下，万物散殊，而礼制行矣"）、天高地厚（《荀子·不苟》云："天不言而人推高焉，地不言而人推厚焉"）的经验与事实出发，通过天地、宇宙那不言自明的合理性与恒常性来反复阐明父子、君臣关系的重要性。《大戴礼记·礼三本》说："天地以合，四海以洽，日月以明，星辰以行，江河以流，万物以倡，好恶以节，喜怒以当。以为下则顺，以为上则明，万变不乱，贰之则丧。"可见，正因为宇宙以及天地之间的高低不同具有不言自明的合理性，所以，以此类推，父与子、君与臣乃至兄与弟、夫与妇之间的关系亦当具有相应的合理性，故而，《荀子·王制》即云："君臣、父子、兄弟、夫妇、始则终，终则始，与天地同理，与万世同久，夫是之谓大本。"以儒家的视域来看，父子伦常、君臣关系同天地、宇宙一样，是不易且恒久的，从而使其获得了绝对真理性的地位。

者，谓之悖礼。以顺则逆，民无则焉。"对此，郑玄注曰："性，常也。父子相生，天之常道。""君臣非骨肉之亲，但义合耳。三谏不从，待放而去。"① 在经学家的眼里，父子之道是天性，具有恒常的如天地那样的自然性，故而，作为子的一方就要别无选择地去尽孝道，即便是父已去世，作为子如能"三年无改于父之道"（《论语·学而》），方称得上是孝；若非如此，"不爱其亲而爱他人者"、"不敬其亲而敬他人者"都是有悖伦常的。相形之下，君臣在大多数时候虽非骨肉之亲亦无血缘之情，但还是要以义合，且要顺爱敬之情以行教化。在这里，经学家们以联结手段和方式的不同（父子以"孝"，君臣以"义"）来对这两对关系做出了区分，同时还将父子伦常于家庭、家族这一私领域的重要地位和真理性也赋予了君臣关系②。正因为父子与君臣的关系如此密切，所以儒家便常常以家庭伦理为参照来考量和观照政治关系及政治行为，《大戴礼记·曾子立孝》云："是故未有君而忠臣可知者，孝子之谓也；未有长而顺下可知者，弟弟之谓也；未有治而能仕可知者，先修之谓也。""先修"，王聘珍谓："先修，修于家也。"《中庸》亦曰："知所以修身，则知所以治人。"③ 即是强调伦理对于政治的重要性。对于儒家而言，政治的好坏与否不仅可以通过政治、政绩本身来考察，而且还可以通过个体在私领域的伦理表现来对其政治行为作出基本的定位与预判。正因为如此，所以《大戴礼记·虞戴德》便一再运用父子一伦来阐明君臣关系的权威性与至上性，因而"有子不事父"为"不顺"，

① 见许建平：《敦煌经部文献合集》之《孝经》之属，中华书局 2008 年版，第 1931 页。皮锡瑞《孝经郑注疏》辑佚郑注，则为"君臣非有天性，但义合耳"，见皮锡瑞：《孝经郑注疏》，上海古籍出版社 1993 年版，第 23 页。

② 或受这种思想理路的影响，唐房玄龄等人奉敕官修的史书《晋书·刑法志》即云："相隐之道离，则君臣之义废；君臣之义废，则犯上之奸生矣。"

③ （清）王聘珍：《大戴礼记解诂》，中华书局 1983 年版，第 82 页。

而"有臣不事君"则达到了"必刃"① 的严重程度。可以说，在汉儒这里，君臣关系彻底打破了先前与父子伦理关系的均势状态，在汉政权的政治压力面前，君臣关系呈现出了压倒性的优势。或许，也可以说，这是先秦儒家在政治文化领域进行的政治的伦理化和伦理的政治化双向理论建构对于汉代政治与政制所造成的重大影响。当然，这种理论建构所造成的影响也不止于此②，而导致君臣关系在汉代呈压倒性优势的原因也不应该由先秦儒家来承担全部的责任，可以说，得出这样的结论应该是能够成立的。

---

① 整句为："父之于子，天也；君之于臣，天也。有子不事父，有臣不事君，是非反天而到行邪？故有子不事父，不顺；有臣不事君，必刃。"对此，王聘珍注："不顺者，大逆也。刃，谓斧钺刀锯之刑。"见王聘珍：《大戴礼记解诂》，中华书局 1983 年版，第 174 页。

② 先秦儒家在政治文化领域所作出的理论探索和创建性努力，其影响并不仅限于在汉代的君臣关系方面，它对于后世君王、臣僚的治国理念、策略及行为也产生了深远的影响；当然，其影响力也不局限于政治方面，同时还扩展到了法律、文化、社会诸领域，而且需要指出的是，它在经典诠释学、"民之父母"的人文传统方面都产生了重要的影响。

第四章　传道与出仕

——儒者的价值理想与实践取向研究

　　西周时期非常显著的政治特色便是封邦建国和世袭性的权力继承原则，而到了春秋时期，虽然沿承了西周的基本建制而依然是个世袭性质的社会，但在当时社会占主导地位的世袭家族却已变成了"士"之上的大夫家族。于是，在《春秋》、《左传》、《国语》、《礼》等重要文献典籍中，除了记载周天子、诸侯、诸侯国之间交往的诸多历史事件以外，还对大夫在春秋时期的各种活动进行了详细记录与重点关注，由此也可以看出大夫家族在这一历史时期在政治活动和社会阶层结构当中的重要地位。

　　随着周王室衰微、诸侯势力的崛起，天下政治格局的失序既为野心家的借机上位提供了机遇，也让政治体制的变革与新生成了可能。在这种背景下，"从春秋末到战国时期，社会的主要趋势是打破世袭"[①]，打破世袭便意味着阶层的流动和政治力量的重组，意味着家族势力在政治舞台上所起的作用正不断走向衰落[②]，同时也为士在政治上的崛起与施展才华提供

---

① 何怀宏：《世袭社会——西周至春秋社会形态研究》，北京大学出版社 2011 年版，第187 页。

② 对于家族势力在春秋末期到战国时期的这种显著变化，何怀宏总结说："我们在春秋

了重要的契机与平台。在这样一个激变动荡的历史时期，这样的时势境遇显然让身份多为士的诸子们无法无动于衷，于是他们便以各自的立场和角度来审视这个政治格局、社会秩序和思想观念比较混乱的现实世界①，并纷纷提出了自己心目中最为理想、正确的解救之道（《孟子·滕文公下》云："圣王不作，诸侯放恣，处士横议"），这也正如丛日云所描述的："先秦诸子生活在激烈动荡变革的年代，面临着迫切的政治问题，政治占有压倒一切的地位。诸子的使命是治国平天下，要解决的核心问题是君臣（民）关系。所以，政治是他们思考一切问题的出发点和焦点。"②对于诸子而言，他们各怀绝学、抱负却又多处士的阶层，社会地位并不高但又多有从政之心与干政热忱，因而诚如丛氏所言，政治是他们无可回避的话题与时代课题。

可以说，政治是他们理论思考和现实行为的坐标，规定了他们思考和行为的方向与目标，即便是对政府作为和干预行为持批判态度的老子也是以反智的方式介入了政治问题，可见，政治的影响无处不在，也成了诸子必须直面的时代课题。当然，由于他们中的多数熟知古代典籍，并善于从

历史上所见到的重要人物，后面却都有一个家族，个人与其家族共衰荣"，而"战国时期的活跃人物大都是个人，而不再见有如春秋时期那样绵延的家族"，诚是。另外，他还以阳虎为例阐述了大夫世族力量于春秋晚期的削弱，他说："阳虎以一介家臣，并无强大的宗族势力，却能问鼎鲁政，在鲁国纵横驰骋三年之久，又说明当时大夫世族的力量已经相当削弱了。在这些世族的背后，已经站着不少胸怀大志而又心存不满的士人，他们虎视眈眈于其后，一有机会就想显示自己的身手。社会发展正逼近一个结构上的大变动。"可谓是小中见大。见何怀宏：《世袭社会——西周至春秋社会形态研究》，北京大学出版社 2011 年版，第 95、122、121 页。

① 在《论语·颜渊》中，先秦儒家屡言"非礼勿视，非礼勿听，非礼勿言，非礼勿动"、"出门如见大宾，使民如承大祭"、"君君，臣臣，父父子子"，这充分彰显了其对于礼仪节度和社会伦理关系的重视，也彰显了其对于井然有序的社会秩序的向往。

② 丛日云：《西方政治文化传统》，吉林出版集团有限责任公司 2007 年版，第 142 页。

中汲取与三代政治智慧、政治经验相关的丰富养料①，因而，诸子在结合时代要求与现实困境来从事有关解决之道的理论探求方面就显得游刃有余。但是，诸子的身份多为"士"，尤其是战国时代的"士"基本上是处在一个"游士"的时代，他们颇具政治色彩的游说行为一般都是以个人身份出现的（像孔孟那种身后经常有弟子跟随的游说行为毕竟是少数），而在他们的身后也很少会有什么家族的依托，因而通常是由个人去努力争取机会来施展自己的政治才能的。不仅如此，他们往往也缺少大夫的那种"采邑"，更是没有大夫的那种"家"，所以士对官职的依赖甚大。② 实际上，以孔子、孟子为代表的先秦儒家更是如此，他们精通古代典籍并有着自己的一套治国理念，但是自己的政治行为却没有家族势力的支持，更缺少了大夫的那种封地与权势，所以，当先秦儒家跃跃欲试并试图将其治国理念、政治主张见用于当时的君王的时候便遇到了前所未有的难题③。从三代政治传统来看，推行治国理念和治国策略的往往是有位者（而在儒家的眼里，推行礼乐教化的则当是有德有位者），士则即便是有德有策却无位，因而若想要将自己的政治主张变为现实，就需要寄希望于君王的赏识和支持④，先秦儒家亦不例外。

---

① 即便是强调"治世不一道，变国不必法古"（《商君书·更法》）的法家，尽管他们并不以汲取三代政治智慧、政治经验为要务，但是他们对于变法主张的阐述、论证却往往是从历史传统和过往经验开始的。

② 参见何怀宏：《世袭社会——西周至春秋社会形态研究》，北京大学出版社 2011 年版，第 86、187 页。

③ 这个难题对于士而言似乎是普遍性的，但法家在这方面却要稍好一些。由于获得了君王的大力支持，法家人物包括李悝、商鞅等人的治国主张推行起来就相对顺利一些，也取得了一定的成效。

④ 君王的这种赏识和支持，一方面有可能让士获取一定的官职和权力，从而靠着士自己和周围人的力量来推行自己的政治主张和治国理念；另一方面，更为理想的结果是直接获得君王的大力支持，有了强大的权力支持，自己的治国方略才能更好地变为现

先秦儒家心怀从周之心，亦有变革现实之志，但苦于无位①，自孔子周游列国寻求干政机会始，儒家便因心中的王道理想而彰显出了其实践行为的理想性和寻求干政机会的蓬勃热忱。或许是目睹了先师周游列国因坚守理想不愿变通而屡遭挫败的经历，再加上身受夫子的教诲和游说行为的影响，孔门弟子中的多人后来在政治上各有成绩，影响非常大，对此，钱穆先生曾总结说："其见于《列传》者，冉求为季氏宰。仲由（子路）为季氏宰，又为蒲大夫，为孔悝之邑宰。宰我为临淄大夫。端木赐（子贡）常相鲁卫。子游为武城宰。子贱为单父宰。高柴为费郈宰。其见于《论语》者，原思为孔父宰。子夏为莒父宰。"②虽然《史记·仲尼弟子列传》所言未必全然可信，但是孔门弟子在战国时期的政治舞台上的确形成了一股独立于家族和君王之外的强大社会势力，从而影响了各国的政治、外交乃至教育、文化等事业的发展。这种局面的形成，固然离不开弟子们的权变（这种权变也很有可能部分地偏离了夫子之志，但所换来的却是道的部分实现），但更离不开夫子一生矢志教育、周游列国所产生的影响，这为他们政治素养的培固、社会地位的提升和干政机会的获得都起了不可忽视的潜在作用。

实，法家治国理念在战国时期的成功践行就是一个很好的例子。

① 钱穆先生说："孔子弟子，多起微贱。颜子居陋巷，死有棺无椁。曾子耘瓜，其母亲织。闵子骞着芦衣，为父推车。仲弓父贱人。子贡货殖，子路食藜藿，负米，冠雄鸡，佩豭豚。有子为卒。原思居穷阎，敝衣冠。樊迟请学稼圃。公冶长在缧绁。子张鲁之鄙家。虽不尽信，要之可见。"（钱穆：《孔子弟子通考》，《先秦诸子系年》，中华书局1985年版。）儒家明知权位对于自己实现政治理想的重要意义（《孟子·滕文公下》即屡谓："孔子三月无君，则皇皇如也，出疆必载其质。""古之人三月无君，则吊。""士之失位也，犹诸侯之失国家也。""士之仕也，犹农夫之耕也，农夫岂为出疆舍其耒耜哉?"），但他们又往往强调权力获得的正当性前提（如《孟子·滕文公下》有云："古之人未尝不欲仕也，又恶不由其道。不由其道而往者，与钻穴隙之类也"），这种态度与立场让其在追求权位（或有权者对其的支持）的过程中屡遭挫折。

② 钱穆：《孔子弟子通考》，《先秦诸子系年》，中华书局1985年版，第76—77页。

第一节 理想感召下的干政行为

诚如前文所言，先秦儒家心怀从周之心，亦有变革现实政治之志，他们往往视三代政治为后世政治运作的理想模式（《孟子·离娄上》有云："为政不因先王之道，可谓智乎？"即鲜明地彰显了这种立场[①]），并将礼乐文化滋养下的政治智慧和政治经验视为彰显王道理想的主要表现形式，因而他们往往会不遗余力地从古代典籍中找寻先贤的微言大义，以试图来指引现实政治变革的方向和目标。同时，基于宗族社会的生活经验与生存模式，先秦儒家又往往持有伦理性的立场来考量周围的社会与人群[②]，从而经验性地为现实世界涂上了浓厚的情感色彩。基于这种伦理性、理想性的立场，先秦儒家的干政行为就兼具了理想性和实践性的双重指向。可以说，先秦儒家的种种干政行为是其努力将王道理想落实于现实政治层面、将历史智慧与历史经验转化为救治现实政治良药的不断尝试。

既然现实政治的运作与变革有了理想的参照模式，那么先秦儒家就会积极通过各种时机和场合以试图说服当时的君王来学习和效仿三代的政治文明，因而先秦儒家的干政行为由于深受王道理想的感召，便具有了一定

---

① 荀子虽多提倡法后王，但在他的书中称道先王的地方也不少。对此，马积高也说："荀子提倡法后王，但是他的书中称道先王之处甚多，甚至在同一篇中既讲要法后王，又讲要法先王。"（如《荀子·非相》篇即既说要法后王，又说"凡言不合先王，不顺礼义，谓之奸言"）引文见马积高：《荀学源流》，上海古籍出版社2000年版，第85页。

② 杜维明认为，"儒家的初衷是要把处于人际关系中的个人予以道德化"，从这个意义上来讲，这种说法是可以成立的。Tu Weiming, "Confucian Humanism in a Modern Perspective," in Joseph P.L.Jiang, ed., *Confucianism and Modernization: A Symposium* (Taipei: Freedom Council, 1987) , p.71.

的理想性和道德感。具体来说，由于先秦儒家对三代政治所持的近乎信仰式的理解，让他们在积极寻求干政机会的时候会时刻注意确保自己行为的正当性①，为了保全道和心中之志，即便是丧失从政机会和自家性命亦在所不惜②，所以《孟子》亦屡言："得志与民由之，不得志独行其道。"（《孟子·滕文公下》）"君子之事君也，务引其君以当道，志于仁而已。"（《孟子·告子下》）"古之人得志，泽加于民；不得志，修身见于世。穷则独善其身，达则兼济天下。"（《孟子·尽心上》）"天下有道，以道殉身。天下无道，以身殉道。未闻以道殉乎人者也。"（《孟子·尽心上》）正是对于这一立场的坚守，让孟子坚信，如果不符合道的标准，即便是一箪食也不可受于人，如果合乎道义，那么舜接受尧的天下也不为过，是谓"非其道，则一箪食不可受于人。如其道，则舜受尧之天下，不以为泰。"（《孟子·滕文公下》）同时，这种理想性又让先秦儒家为现实政治和当权者付诸了浓

---

① 这在《论语》里面表现得就非常明显："士志于道，而耻恶衣恶食者，未足与议也。"（《论语·里仁》）"笃信好学，守死善道。危邦不入，乱邦不居。天下有道则见，无道则隐。邦有道，贫且贱焉，耻也；邦无道，富且贵焉，耻也。"（《论语·泰伯》）"君子谋道不谋食。耕也，馁在其中矣；学也，禄在其中矣。君子忧道不忧贫。"（《论语·卫灵公》），等等，都是意在强调作为士或君子，其为人处世和出仕都应以道为准则，以确保行为的正当性。

② 盖基于这种立场和态度，先秦儒家既无比渴望道的实现，同时又时刻注意保持自己的尊严和儒者形象，《孟子·滕文公下》有言："非其招不往也。"《大戴礼记·文王官人》亦云："正静以待命，不召不至，不问不言，言不过行，行不过道。"《四书诠义》亦有言："知进退存亡而不失其正。"（见程树德：《论语集释》，中华书局1990年版，第951页。）不仅如此，为了尽可能地维护道，儒家对于言语技巧和善饰于外的做法亦持有强烈的批判态度（《论语·学而》即曰："巧言令色，鲜矣仁！"），因而，这种态度让先秦儒家难以信任那不计原则、没有立场游说君主的行为和方式。但是，另外一方面，先秦儒家又无比渴望道的实现，所以夫子"至于是邦也，必闻其政"（《论语·学而》），而且当合适机会来临的时候，儒家也会像鸟儿疾飞一样急于干政，言谓"国有道则突若入焉"（《大戴礼记·曾子制言下》）。突，读曰鴥。《说文》云："鴥，疾飞貌。"所引《说文》语，见（清）王聘珍：《大戴礼记解诂》，中华书局1983年版，第95页。

厚的道德化诉求①，从而希望当权者能够有一定的自我修正和自我规范以成为天下人的行为表率和道德楷模。但是，在社会失范、人的角色错位和欲望横流的春秋、战国时期，寄希望于当权者的自我修正和精于治理来保障社会的和谐有序、国家机器的良好运转是不太可能的，同样将希望寄托于下层民众更是渺茫。在这种情形下，与儒家守持"仁义"立场四处游说君王而屡遭碰壁的惶惶政治形象不同，道家则将关注的目光更多地投向了个人，所解决的是个人如何在乱世当中更好地生存、保全自身②，或者更准确地说，所解决的是个体在乱世中存在的价值、意义和合理性，所以"自杨朱历老子而至于庄周，都以自保全生为主题"③，而且，庄子一派将士四处游说君王以求干政的种种行为视为"以身殉名"，甚至将圣人也看作了是"以身殉天下"，并认为诸如此类都是"以物易其性"、"伤性以身为殉"的做法（《庄子·骈拇》），是需要强烈批判的，因而道家人物给后人留下了不为乱世所扰、自得、洒脱的形象（《史记·老庄申韩列传》记有"楚威王闻庄周贤，使使厚币迎之，许以为相"一事，这个在儒家看来非常需要珍视的从政机遇却被庄子以道家所特有的方式回绝了，无疑也是

① 《论语·先进》有言："所谓大臣者：以道事君，不可则止。"对此，朱熹注云："以道事君者，不从君之欲。不可则止者，必行己之志。"在这里，无论是元典还是朱熹的注解都强调了作为事君之臣，要以道来作为自己从政的标尺和原则，如若与道相逆，则宁愿离开职位也要保全自己的志向。可见，在先秦儒家那里，是非常注重确保"志"的正当性的。所引朱熹注见（宋）朱熹：《四书章句集注》，中华书局 1983 年版，第 128 页。

② 对于这个问题，英国汉学家葛瑞汉以老子为例也作出了相近的阐释，他说："老子关心的问题是，弱小国家或小人物如何在天下险峻的力量对抗形势下求得生存。正是在探寻一种万物的模式中，开启了逃避危险的途径。"可供研究者参考。所引文见 [英] 葛瑞汉：《论道者：中国古代哲学论辩》，张海晏译，中国社会科学出版社 2003 年版，第 254 页。

③ 对此，张德胜说："道家的终极关怀，是于乱世中找寻个人的自我救赎。自杨朱历老子而至于庄周，都以自保全生为主题。"见张德胜：《儒家伦理与社会秩序——社会学的诠释》，上海人民出版社 2008 年版，第 69 页。

极不负责任的表现①）。② 不仅如此，面对混乱的时局，与先秦儒家以"道德仁义"的立场来积极引导人们的欲望不同，道家则采取了消解欲望的方式。道家认为，人的欲望是无止境的，靠道德的手段并不足以阻止人们的种种恶行于社会层面上的肆虐，因而必须从内心入手才能根本解决这一问题，唯有从内心深处对欲望保持足够而持久的警惕才有可能让社会和政治复归清明，所以郭店简《老子》（甲本）第 1 号简说："绝伪弃虑，民复孝慈。"第 2 号简则说："视素抱朴，少私寡欲。"第 5—6 号简接着又说："罪莫重乎甚欲，咎莫险乎欲得，祸莫大乎不知足。"③ 由此看来，郭店简《老

① 对此，美国学者格里德尔也说："放弃公众生活意味着否认公众的重要性，对于认真的儒生来说，这是庄子式的不负责任。"（[美] 格里德尔：《知识分子与现代中国》，单正平译，广西师范大学出版社 2010 年版，第 32 页）不同的是，儒家往往将"义"诠解为"宜"，他们所要面对和处理的是社会关系与政治秩序。所以如若所有人都反对出仕而不去出仕的话，那么君臣之义便不复存在，自三代以来所绵延不断的良好社会秩序和政治传统亦难以为继，故而《论语·微子》说："不仕无义。长幼之节，不可废也；君臣之义，如之何其废之？"而紧跟其后的"欲洁其身，而乱大伦"，即是对持有道家式保洁自身、躲避乱世立场的长沮、桀溺及荷蓧丈人的反驳和批判。两者相较，面对乱世，道家采取了逃避的策略以保全自身的生命和气节，儒家则选择了直面乱世的决然态度，于乱世中注入了道德的信念和勇气，虽不容于世，但更加凸显了这种态度的可贵，诚如颜渊所言："不容何病，不容然后见君子！"（《史记·孔子世家》）

② 庄子的这种形象与先秦儒者的惶惶形象形成了鲜明的对比，正如学者林存光所分析的，"儒家看待权势的矛盾心态，他们既不像道家庄子学派那样将权势视为罪恶的渊薮，也不像法家那样明快地崇信权势"。（见林存光：《儒教中国的形成——早期儒学与中国政治文化的演进》，齐鲁书社 2003 年版，第 38—39 页）诚是。可见，正是儒家的这种矛盾心态决定了他们既不能像道家或者道家式的隐士那样可以置乱世于不顾而"逍遥于天地之间"（《庄子·让王》），也不能如法家那样信奉君权的绝对性（如《管子·国蓄》即云："予之在君，夺之在君，贫之在君，富之在君"），所以才给后世留下了焦虑、彷徨而又决然的儒者形象。

③ 与郭店简《老子》（甲本）有所不同，相关语句在今本（王弼注本）《老子》作："绝仁弃义，民复孝慈。"（此句与帛书《老子甲本·道经》相同，与《老子乙本·道经》则略有差异，此句《老子乙本·道经》则为"绝仁弃义，而民复孝慈。"见马王堆汉墓帛书整理小组编：《马王堆汉墓帛书·老子》，文物出版社 1976 年版，第 23、56 页。）"见素抱朴，少私

子》（甲本）的著者一再言说欲望对于个人和社会的危害性，并力主人们去除过多的欲望而复归素朴的原生状态，这实际上就回到了原始的、基于血缘关系所建立起来的部落、社群组织形式。在托古言政这一点上，道家其实与先秦儒家基于血缘亲情的家庭、家族构架来处理政治运作模式与现实政治问题的旨趣，有着很大的相似之处。

与道家这种于险难之中求得生存并追求精神上自由的做法不同，儒家具有强烈的淑世意识，他们往往并不满足于个人德性的操持，还希望将此投射到社会和人群，正所谓"天下溺，援之以道。"（《孟子·离娄上》）因而，正是基于此种立场和理路，先秦儒家将修身、正己作为处世、为政等具有强烈实践性指向行为的基点，一再强调"君子不可以不修身"（《孔子家语·哀公问政》），并时时以王道理想和仁义立场为标尺来衡量社会秩序和权贵们的政治行为（《孟子·离娄上》曰："尧、舜之道，不以仁政不能平治天下。""惟仁者宜在高位。不仁而在高位，是播其恶于众也"）。在为学方面，由于先秦儒家并不喜欢沉溺于纯粹的形上思辨，更没有像西方思想家们那样对于追求理性智慧有着狂热的诉求，所以儒者们对于为学的认知并不仅仅停留于知识和智慧层面，而更多的则是以知识的路径来进达长养德性和引导社会生活的目的①，因而《论语·子张》所言的"仕而优则学，学而优则仕"，强调的就不单纯是"仕"或者是"学"②，"仕"的目的是为

寰欲。""祸莫大于不知足，咎莫大于欲得。"（所引今本《老子》最后一句，无简本"罪莫重乎甚欲"这一句。）

① 《礼记·儒行》中的一句话，便很好地诠释了这一点："儒有席上之珍以待聘，夙夜强学以待问，怀忠信以待举，力行以待取。其自立有如此者。"

② 《论语意原》谓："学其本也，仕其用也。仕之所以有余裕者，即学也。非可于学外求仕，亦非可于仕外求学。"程树德亦认为，"已仕者不可离学，而未仕者亦不可以不知所学也。"由此可知，仕与学的关系是非常密切的。引文见程树德：《论语集释》，中华书局 1990 年版，第 1325 页。

了更好地践行"学",即"学"以致用①;"学"则是"仕"的前提与基础,先学而后政②。除此之外,先秦儒家也特别注意养护身体、爱惜生命:"儒有居处齐难,其坐起恭敬;言必先信,行必中正;道涂不争险易之利,冬夏不争阴阳之和;爱其死以有待也,养其身以有为也。其备豫有如此者。"(《礼记·儒行》)儒家对于生命、身体的这种珍视,无疑是其王道理想、立场的延伸③,在他们看来,唯有保持一个好的体魄,自己心中的王道理想才有变为现实的可能。

但是,理想之谓理想就在于其所具有的超越性,而这种超越性往往还会夹杂着一定的不切实性,先秦儒家那里的王道理想亦是如此。因而,在先秦儒家看来,王道理想本身所具有的超越性为自己的为学、干政等一系列行为赋予了不容置疑的真理性和正当性,所以才会让儒家人物在寻求干政机遇之时虽一再碰壁亦无惧无悔。然而,王道理想本身毕竟还夹杂一定的不切实性,而正是这种不切实性让儒者们吃尽了苦头,尽管他们"不回避失败的可能性,也以达则兼济、穷则独善的坚定态度,来有效地化解命运和际遇给他们的道德理想所造成的打击"④,但是这种打击和挫折毕竟是

---

① 《礼记·杂记下》云:"君子有三患:未之闻,患弗得闻也;既闻之,患弗得学也;既学之,患弗能行也。"即是彰显了儒家所言之学的实践指向性。

② 《论语·先进》所载的"子路使子羔为费宰。子曰:'贼夫人之子。'子路曰:'有民人焉,有社稷焉。何必读书,然后为学?'子曰:'是故恶夫佞者'"一事,即鲜明地彰显了孔夫子这种先学而后政的立场。对此,范氏注云:"古者学而后入政。未闻以政学者也。盖道之本在于修身,而后及于治人,其说具于方册。读而知之,然后能行。何可以不读书也?子路乃欲使子羔以政为学,失先后本末之序矣。不知其过而以口给御人,故夫子恶其佞也。"所言非虚。所引范氏语见(宋)朱熹:《四书章句集注》,中华书局1983年版,第129页。

③ 对此,《论语稽》亦谓:"邦无道,则当留有用之身匡济时变,故举动虽不可苟,而要不宜高谈以招祸也。汉之党锢、宋之元祐党、明之东林党,皆邦无道而言不孙者也。"见程树德:《论语集释》,中华书局1990年版,第951页。

④ 见陈咏明:《儒学与中国宗教传统》,宗教文化出版社2003年版,第150页。

真实存在的，从而也就更加彰显了儒者行为于乱世当中的价值与意义。就文献典籍而言，王道理想本身所具有的这双重特点在《荀子·宥坐》所记录的一件事情当中表现得非常典型，现在让我们来考察一下，《荀子·宥坐》载：

> 孔子南适楚，厄于陈蔡之间，七日不火食，藜羹不糁，弟子皆有饥色。子路进而问之曰："由闻之——为善者，天报之以福，为不善者，天报之以祸，今夫子累德、积义、怀美行之日久矣，奚居之隐也？"孔子曰："由不识，吾语女。女以知者为必用邪？王子比干不见剖心乎！女以忠者为必用邪？关龙逢不见刑乎！女以谏者为必用邪？吴子胥不磔姑苏东门外乎！夫遇不遇者，时也；贤不肖者，材也；君子博学深谋不遇时者多矣！由是观之，不遇世者众矣，何独丘也哉！且夫芷兰生于深林，非以无人而不芳。君子之学，非为通也，为穷而不困，忧而意不衰也，知祸福终始而心不惑也。夫贤不肖者，材也；为不为者，人也；遇不遇者，时也；死生者，命也。今有其人，不遇其时，虽贤，其能行乎？苟遇其时，何难之有！故君子博学深谋，修身端行以俟其时。"

在荀子本人所构建的这个故事性极强的场景当中，子路对于其师有德行且博学多识而非但不见用于当权者，还屡遭挫折深为不解，"由闻之——为善者，天报之以福，为不善者，天报之以祸，今夫子累德、积义、怀美行之日久矣，奚居之隐也？"[①]（《荀子·宥坐》）孔子对此的回答

---

① 子路的这种质疑是有其思想传统和历史依据的，传统天命观强调天"赏善惩恶"的道德理性，自是与周公"敬德保民"、"以德配天"价值理念的提出不无关系，但是作为一种思想资源和历史传统也深深影响了后人（郭店简《语丛（二）》第45号简亦云："未有善事人而不返者。"即是强调以善待人而得到回报的对等性交往），子路所提出的"为

是，修为与否全在于个人自身，而能否被在位者赏识进而委以重任却并不是个人所能决定的，这就需要逢"时"，亦即需要遇到合适的时机、机遇。如果没有好的时机，任凭个人修为多么好、政治才能如何高对于自己才能的施展都是难上加难，这就是夫子所说的"今有其人，不遇其时，虽贤，其能行乎？苟遇其时，何难之有！"（《荀子·宥坐》）于此，个人的修为固然重要，但《荀子·宥坐》故事当中的孔子却将目光转向了外在的时机和机遇。由此看来，一方面，外在生存环境和政治秩序的日趋混乱，让一贯坚持道德先于政治立场的儒家将目光更多地关注到了时机、机遇对于士人见用于当权者的重要性；另一方面，在个人修为和外在时机的激烈冲突面前，儒家知识分子依然坚守着道德优先的本有立场，同时又不放弃对于合适时机的追求与向往。然而，正是由于外在生存环境和政治秩序的日趋混乱，让坚守道德立场的先秦儒家并没有太多、太好的办法来解决，他们所提出的应对方略便是漫长的等待，这正所谓"君子博学深谋，修身端行以俟其时"①（《荀子·宥坐》）。可以说，"修身俟时"这一政治态度和理想预

善者，天报之以福，为不善者，天报之以祸"正是传统天命观在其心理和内心世界的投射。面对这种质疑，孔子依据自己对于历史典籍的熟识和自身坎坷的周游经历作出了时代性的解答，实际上他将其原因归结于盲目的命运观，"人们不再认为命运与个人德行有必然联系，而是将其归之于不可控制的外部力量，由传统的主宰之天中分化出命运之天。"面对这种盲目的命运观，孔子本人并不是束手无策，而是希望通过体察世事和机运以进达"知天命"的境地。对于"知天命"，梁涛认为"作为孔子人生修养的一个重要阶段，实际讨论的是如何面对命运的问题，明白什么是自己能够做到的，什么是自己不能控制的，以消解因穷达祸福而带来的种种困惑。"见梁涛：《郭店竹简与思孟学派》，中国人民大学出版社 2008 年版，第 450、453 页。

① 在《荀子》之前的郭店简《穷达以时》第 15 号简即曰："穷达以时，幽明不再。故君子惇于反己。"同样也是强调个人的穷困与通达都与时机有关，所以对于君子来说重要的就是要反求诸己。由此看来，或许《荀子·宥坐》中的"修身俟时"思想即与郭店简《穷达以时》有关。郭店简《穷达以时》相关引文，见刘钊：《郭店楚简校释》，福建人民出版社 2003 年版，第 169 页。

设在尽可能地维系着儒者们对于社会、政治的拯救希望。

当然，从荀子所构建的故事当中，我们还可以看到，这里面的孔子及其所面对的场景并不一定就是历史真相，然而这个故事却正彰显了荀子视域中的先秦儒者所面临的生存困境，以及儒家共同体所持的王道理想给自身所带来的巨大压力。我们知道，坚守道德先于政治的一贯立场，既是先秦儒家的特质，亦是这一群体于史上价值之所在。虽然孔门后学亦不乏从政者（诸如冉求、子路、子夏、子贡）①，甚至"大者为师傅卿相"，但亦有"隐而不见"（《史记·儒林列传》）或尽力藏避者以保全其志与儒者尊严，曾子（事见《孔子家语·在厄》）、闵子骞（事见《史记·仲尼弟子列传》、《韩诗外传》卷三）、段干木（事见《吕氏春秋·下贤》、《吕氏春秋·期贤》、《淮南子·修务训》）诸人即是其中代表。当然，尽管孔门弟子当中不乏以远离糟糕的政治现实的方式来保全其志之人，从而在道德意志和现实政治之间选择了前者；但这并不意味着在孔子及其弟子的内心世界就没有过纠结，就没有过对于无法在现实政治当中进达王道理想的焦虑。通过传世文献，我们还可以获知，孔子虽一直坚守道德立场和王道政治的理想，但对于糟糕的现实政治是失望的，进而希冀通过本人及其弟子的努力来将道德感化和王道政治贯注于当权者，乃至整个社会，以使当权者有德，从而使

---

① 关于孔门弟子的从政情况，钱穆先生曾做过总结，他说："其见于《列传》者，冉求为季氏宰。仲由（子路）为季氏宰，又为蒲大夫，为孔悝之邑宰。宰我为临淄大夫。端木赐（子贡）常相鲁卫。子游为武城宰。子贱为单父宰。高柴为费郈宰。其见于《论语》者，原思为孔父宰。子夏为莒父宰。"以此知之，春秋晚期、战国前期的社会状况和政治情况并没有像荀子所面临的那样糟糕，故而，孔子弟子在这一时期的干政热忱非常高涨，对于参与政治活动也颇为活跃。另外，从程子对于"季氏使闵子骞为费宰。闵子骞曰'善为我辞焉。如有复我者，则吾必在汶上矣'"（《论语·雍也》）的注解——"仲尼之门，能不仕大夫之家者，闵子、曾子数人而已"亦能大体知晓，孔门毫不干政的弟子的确很少。引文分别见钱穆：《孔子弟子通考》，《先秦诸子系年》，中华书局1985年版；（宋）朱熹：《四书章句集注》，中华书局1983年版，第86页。

整个国家在有德者的领导下达至国家政治清明、社会井然有序、民众各安其位的和乐境地。然而，残酷的现实便是当权者在礼崩乐坏的失序状态里竞逐利欲，往往对如何富国强兵、如何在竞逐的行列当中胜出更感兴趣，而对于儒家的道德仁义则是敬而远之。如此，则很难不令先秦儒家不焦虑、不纠结，孔子在面对家臣的多次征召的时候，往往显示出在抉择上的犹豫和不安，比如路遇阳货（事见《论语·阳货》、《孟子·滕文公下》），比如公山弗扰以费叛而召孔子（事见《论语·阳货》、《史记·孔子世家》），再比如佛肸以中牟叛而召孔子（事见《论语·阳货》、《史记·孔子世家》）。从这些历史事件来看，孔子在面对当权者征召的时候，哪怕是据邑叛乱的家臣，他的反应也往往是一反常态的犹豫和难安，完全不像其在坚守道德立场上的决绝和义无反顾。① 除此之外，对于"子见南子"一事，在当时子路就对这种做法提出了自己的质疑，甚至激烈地批判其师，认为此不仅与"男女不交"的古礼不符，而且怀疑其师有"贬道以求容"的嫌疑（文见《盐铁论·论儒》）。② 自子路质疑始，后人对于此事就一直争议不断，这可以从传世文献的记载中管窥一二，除了《盐铁论·论儒》外，在《论

---

① 对于孔子在王道立场和干政热忱之间的两难境地，罗新慧分析其原因时说："大致而言，孔子的入仕观本身就很复杂。一方面，孔子对于选择入仕有其严格标准，这就是'不仕大夫，不食污君之禄。'（《史记·仲尼弟子列传》）孔子还曾说：'邦有道则仕，邦无道则可卷而怀之。'（《论语·卫灵公》）'卷而怀之'就是收藏起自己的治才，决不屈节为其人之臣。但另一方面，在入仕渠道并不畅通的春秋社会，孔子能够选择入仕的机会少而又少，其求仕活动显然处于被动状态。所以，在实际的求仕活动中，孔子往往不俟君召便匆忙踏上求仕的道路，又常常与僭礼之人保持比较密切的联络，从而使得自己的求仕活动与所设立的入仕准则之间显示出矛盾。"这可以帮助我们更好地来理解孔子的这一困境。罗新慧：《孔子的历史观、入仕观及其它——从上博楚竹书〈仲弓〉篇谈起》，《史学史研究》2005 年第 3 期。

② 对此，近人程树德则基于同情性的情怀对此事作出了与子路不同的理解，他说："吾夫子不见用于世，至不得已作如此委曲迁就，以冀万一之遇。"见程树德：《论语集释》，中华书局 1990 年版，第 421 页。

语·雍也》、《论语·卫灵公》、《史记·孔子世家》、《孔子家语·七十二弟子解》等当中都有记载。这种不断的记载和反复的记忆，并不完全是因为这一历史事件与先师孔子本人有关（因为随着"大一统"国家的形成，孔子的地位也日渐提升，甚至被捧上神坛，成为圣人，故而所有与孔子相关的事迹都被后人所重视），而且更为重要的是，"子见南子"事件集中而典型地彰显了先秦儒家在混乱时局下寻求干政时机的艰难，以及在坚守道德立场、王道理想和寻求干政时机之间的焦虑、纠结。盖源于此，后世儒者在不时地感受到来自中央集权的巨大政治压力的时候，往往会试图从这件矛盾冲突异常鲜明的历史事件中寻求历史借鉴和精神慰藉。

当然，孔子所面临的困境和内心焦虑，在其弟子身上表现得就更为鲜明了。尽管孔子面对着道德先于政治的立场和干政热忱之间的两难选择，但他还是在尽力维护着这一立场，虽然在抉择的过程中曾出现过犹豫和徘徊，但最终毕竟立在了道德之基上。不同的是，在面对这些困境和难题的时候，由于急于干政以施展自己在政治方面的才能，其部分弟子的表现就显得尤为灵活、务实，而不愿过多地在这一困境上纠结（在这一点上，这部分弟子的行为表现或许受了法家人物明快地崇信权势的影响），终于部分地偏离了孔子原有的道德立场和王道理想。① 实际上，当孔子在面临困境抉择时所彰显出来的道德优先立场让他的部分弟子感觉到这种做法与现实政治状况的不相契合，甚至越来越疏离，因而他们对此就提出了种种质疑。② 在干政热忱的鼓动下，部分弟子急于施展政治才华而在道德修为和

---

① 事实上，先秦儒家的这种道德立场既是对自我与他人的严格要求与理想期许，同时也彰显了他们对于国家政体运转的有效性及当权者管理社会所秉持的指导思想、行为方式所存在的怀疑态度。就这一点而言，儒家心目中的理想社会制度或许就是"道德上和谐的政治制度"。引文见［美］格里德尔：《知识分子与现代中国》，单正平译，广西师范大学出版社 2010 年版，第 350 页。

② 子路即对其师坚守道德先于政治的立场不客气地给予了批评："子之迂也。"（《论语·子路》）

继承其师之志方面就显得力不从心①，甚至背离其师的道德立场而迁就于当权者②。盖目睹了部分弟子的诸种表现，故而孔子不无伤感地慨叹说："三年学，不至于穀，不易得也。""笃信好学，守死善道。"（《论语·泰伯》）无疑，这是孔子对其部分弟子背离其好学精神、不守死善道的些许失望（在《论语·子张》中，子张亦云："执德不弘，信道不笃，焉能为有？焉能为亡？"）。这也反映了在当时的形势下，坚守道德理想和王道政治的艰难，亦深切体现了政治权力对于先秦儒家道德理想和道德信心的侵蚀与动摇。

另外，对于这种道德立场和王道政治守持的艰难，在《孔子家语·困誓》所载的事件当中表现得也比较典型，让我们再来简单地考察一下。据《孔子家语·困誓》载：

> 卫蘧伯玉贤而灵公不用，弥子瑕不肖反任之，史鱼骤谏而不从，史鱼病将卒，命其子曰："吾在卫朝不能进蘧伯玉，退弥子瑕，是吾为臣不能正君也。生而不能正君，则死无以成礼。我死，汝置尸牖下，于我毕矣。"其子从之。灵公吊焉，其子以其父言告公。公愕然失容曰："是寡人之过也。"于是命之殡于客位，进蘧伯玉而用之，退弥子瑕而远之。孔子闻之曰："古之列谏之

---

① 冉求即云："非不悦子之道，力不足也"（《论语·雍也》）；子贡亦曾经问于孔子曰："赐倦于学，困于道矣，愿息而事君可乎？"（《孔子家语·困誓》）此外，《韩诗外传》卷八亦记载了子贡曾对晚年的孔子说："弟子事夫子有年矣，才竭而智罢，倦于学问，不能复讲。请一休焉。"

② 在这方面，最为典型的便是其弟子冉求。《论语·先进》曾记载："季氏富于周公，而求也为之聚敛而附益之。子曰：'非吾徒也。小子鸣鼓而攻之可也！'"后来的《孟子·离娄上》对此事评论道："求也为季氏宰，无能改于其德，而赋粟倍他日。孔子曰：'求非我徒也，小子鸣鼓而攻之，可也。'由此观之，君子不行仁政而富之，皆弃于孔子者也。"

者，死则已矣，未有如史鱼死而尸谏，忠感其君者也，不可谓
直乎？"

这一故事，在《大戴礼记·保傅篇》、《新书·胎教篇》、《新序·杂事》、《韩诗外传》卷七第二十一章等文本中都曾出现过。由此可见，儒家类文献曾围绕着"史鱼死而尸谏"这一事件反复进行了言说，从而使其成了儒家传统和儒家精神世界的重要构成部分。从这一事件，我们可以明显地感受到作为臣的史鱼将进谏、匡正君王的职责发挥到了极致，即便是死了也要尸谏，令闻者莫不动容。这一方面说明了在道德滑坡、人伦失序的春秋晚期，要做一个直臣是多么的艰难，在维护尊严的前提下让纵欲专权的君王听取、采纳臣下的谏言更是难上加难①，以此来观照先秦儒者四处游说而不被权贵所用的困境就更容易理解了；另一方面也说明了，"史鱼死而尸谏"的进谏方式尽管过于惨烈，但毕竟还是取得了最后的成功，其结果令后儒们深受鼓舞。这一事件给后来儒者们的启示是，尽管时局混乱、干政艰辛，但只要以合适的方式（或坚守原则和职责，或枉道以从势②）去干政，就一定能取得成功。后来的儒者们在一统国家的局面下试图干政，其所承受的政治压力并不比春秋、战国时期的儒者们差多少③。作为社会性

---

① 类似地，阎步克也借"文死谏"表达了这样的观点："'文死谏'这一信条固然显示了使命的不可推卸，却也反映了专制之下坚守道义的艰难。"（阎步克：《士大夫政治演生史稿》，北京大学出版社1996年版，第492页。）而《荀子·臣道》有云："有能尽言于君，用则可，不用则去，谓之谏；有能尽言于君，用则可，不用则死，谓之争。"荀子对臣所做的种种划分，亦让人感受到了在战国时期坚守道义准则的艰难处境。

② 后者或多遭后人诟病，但在中央集权体制下，一人专权的权力运作方式让儒者难有选择的空间和余地，而儒者的主张若要见用于世，就非要作出一定的妥协不可。照此看来，儒家的"枉道以从势"并非一无是处，在一定意义上反而正彰显了在中央集权格局下儒家干政方式的相对合理性。

③ 据《汉书·薛广德传》载，元帝时，"以《鲁诗》教授"的薛广德为了直言谏争而不惜挡住乘舆之车，免冠顿首，对准备前去祭祀宗庙的元帝说："陛下不听臣，臣自刎，以

存在的儒家与社会的关系自然极为密切，而深受入世精神熏染的他们却很少能清醒地意识到"史鱼死而尸谏"这一事件的成功带有很大的偶然性，很难成为后世儒者们所依凭的模式和所效仿的对象。但儒者们并不管这些，他们所看重的就是当权者最终采纳了史鱼的谏言这一结果，并以此来鼓舞和舒缓自己在巨大的政治压力面前的紧张内心和焦虑情绪，从而为自己在中央集权政治体制下的干政寻求被当权者所能接受而又不让自己过于妥协的方式与途径提供内在动力和精神慰藉。①

第二节　传道与出仕

诚如前文所言，面对"圣王不作，诸侯放恣，处士横议"（《孟子·滕文公下》）的混乱时局，当时的世界呈现给人们的是多元的、丰富的、呈立体化的场景，在这样的场景下，再加上出身、背景、教育水准及审视角度的不同，人们的价值观（包括对于传统习俗、文化资源和政治时局的看

血污车轮，陛下不得如庙矣。"此外，昭帝时（前 78 年）的眭孟和宣帝时（前 60 年）的盖宽饶都曾公开指责汉德已衰，并要汉帝禅位于贤者，终因上书言禅让而被诛死。余英时认为，"这尤其是'贬天子'精神的最高度的发挥"。见余英时：《反智论与中国政治传统——论儒、道、法三家政治思想的分野与汇流》，载《中国思想传统的现代诠释》，江苏人民出版社 2003 年版，第 50 页。

① 严正对于儒者在巨大的政治压力面前的这种紧张内心和焦虑情绪做了精辟的分析，他说："本来思想家不应以外王事功来衡量其是非功过，但是儒学和儒者的使命却并不以理论建树为界限，相反儒者的自我实现只有通过王道理想的落实才能得到体现，这就使得儒者在现实社会中陷入尴尬的境地，其内心也陷入一种紧张和焦虑的状态。"严正：《汉代经学的确立与演变》，载《经学今诠初编》（《中国哲学》第二十二辑），辽宁教育出版社 2000 年版，第 248 页。

法）以及对于现实世界与理想社会的理解都不尽相同，故而出现了诸如辩论、攻击异端等行为，孟子所言的"杨氏为我，是无君也。墨氏兼爱，是无父也。无父无君，是禽兽也"（《孟子·滕文公下》），即是其站在先秦儒家一贯的王道理想立场上来对异于自己的杨朱、墨翟之道所作出的批判。严格地说，"杨朱之道"、"墨翟之道"和"孔子之道"① 都是处于自己的立场上对眼前的现实世界所作出的理解，并无对错之分②，有的是各自所提出的理想目标和具体对策能否与现实世界真正相契合，从而达到或者尽可能地达到规整社会秩序、正面引导现实政治的目的。但是，正是这种立场上的超越性和排他性③，让先秦儒家的理论创造和实践行为不可避免地带有了浓厚的理想性。而且，他们的这种理想主义往往又是与一定的超现实性紧密相连的，这让儒者们往往将希望寄托于未来，同时也可以借此来减轻他们内心所经受的现世的道德痛苦和政治压力。因而，以王道理想指引现实人生，对于干政抱有百折不挠的热忱便成了先秦儒家共同体的鲜明特征。可以说，当儒者们在现实社会里得不到与其内在德性及外在才干相称的应有尊重的时候，就只能更多地通过理想感召来体验自身在混乱的现实世界里面的价值性和存在感。

---

① 日本学者池田知久先生认为，"孟子认为现实中存在的'道'，可分为'杨朱之道'、'墨翟之道'和'孔子之道'，共计三种。"[日]池田知久：《郭店楚简〈眚自命出〉篇中的"道之四术"》，曹峰译，《池田知久简帛研究论集》，中华书局 2006 年版，第 272 页。

② 从当时的情形来看，先秦诸子都认为自己所提出的理论主张和观点是正确的，是不可辩驳、无须怀疑的真理，而往往将其他诸子的主张和看法视为谬误而加以批判。对此，干春松则从诸子立场与现实政治关系的角度做了进一步的阐释，他说："在春秋战国这一'礼崩乐坏'的秩序重建时代，各家利用自己认为最有利于现实政治的思想资源，力图为当时处于制度变革之中的社会提供有效的价值支持和制度设计。"见干春松：《制度化儒家及其解体》，中国人民大学出版社 2003 年版，第 5 页。

③ 理想的这种超越性让先秦儒家的实践行为总是处于坚守道德原则、王道理想与务实权变、积极入世的生命焦虑和生存困境之中。

我们说，先秦儒家的为学、交游及辩论等行为都不是纯知识性的和纯精神性的，由于在其精神世界里高悬着的王道理想需要在社会层面落实和实现，这让他们的种种行为都带有了强烈的现实指向性①。因而，他们对于道家式的退隐是抱有严厉的批判态度的，对于他们来说，"放弃公众生活便意味着否认公众的重要性"②，这自是与时时抱有干政热忱和四处寻求干政机会的儒者格格不入。在先秦儒家的眼里，道家式的退隐行为恰恰充分表征了儒家入世精神的可贵，正是在这一点上，先秦儒家王道理想的正当性得到了彰显。可以说，在先秦儒家看来，干政行为无论成功与否都不会减损道的绝对真理性。成功的干政行为自会不断地验证理想的正当性和不可置疑性；而于干政过程当中所遭遇到的挫折、失败则正凸显了道的可贵性和超越性，此正如颜回所言："夫道既已大修而不用，是有国者之丑也。不容何病，不容然后见君子"（《史记·孔子世家》）③，而且这种失败亦有可能为后来的儒者在王道理想和现实政治之间的抉择，以及进一步调整干政方式来积极应对现实政治等方面提供历史借鉴和新的契机。

先秦儒家王道政治的理想性给他们所带来的交往原则和处世态度便是谨言慎行（《论语·里仁》云："君子欲讷于言而敏于行"），从而对于言谈举止方面的种种技巧和修饰行为给予了鲜明而又坚决的批判。关于这方面的内容，在《论语》里面我们随处可以发现："巧言令色，鲜矣仁！"（《论语·学而》）"先行其言而后从之。"（《论语·为政》）"多闻阙疑，慎言其余，

---

① 在这一点上，干春松则从政治的角度给出了自己的解读，他说："传统儒家一直试图在其价值理想和现实政治之间建立起一种固定的联系。这就意味着儒家所有的努力有一个明确的指向：即对于政治实践的积极参与。"诚是。见干春松：《制度儒学》，上海人民出版社2006年版，第51页。

② ［美］格里德尔：《知识分子与现代中国》，单正平译，广西师范大学出版社2010年版，第32页。

③ 另外，孟子所言的"不得志，修身见于世"（《孟子·尽心上》）亦表达了这样一层意思。

则寡尤"(《论语·为政》)"君子欲讷于言而敏于行。"(《论语·里仁》)"巧言、令色、足恭,左丘明耻之,丘亦耻之。"(《论语·公冶长》)"或曰:'雍也仁而不佞。'子曰:'焉用佞?御人以口给,屡憎于人。'"(《论语·公冶长》)"刚、毅、木、讷近仁。"(《论语·子路》)"其言之不怍,则为之也难。"(《论语·宪问》)"君子耻其言而过其行。"(《论语·宪问》)"君子不以言举人,不以人废言。"(《论语·卫灵公》)"巧言乱德。"(《论语·卫灵公》)"辞,达而已矣。"(《论语·卫灵公》)"恶利口之覆邦家也。"(《论语·阳货》)诸如此类,不胜枚举。

不仅如此,在其他儒家类文献里这样的话语亦不鲜见,"是谓是,非谓非,曰直"(《荀子·修身》),"君子不失足于人,不失色于人,不失口于人"(《礼记·表记》),"巧言令色,能小行而笃,难于仁矣"(《大戴礼记·曾子立事》),"巧言令色,未可谓仁也"(上博简《弟子问》附简)①,"士成言不行,名弗得矣"(郭店简《成之闻之》简13)②,等等。从诸如此类的话语在儒家类文献里一再出现,我们可以看到,儒家并不像纵横家那样对于言谈与辩论持有浓厚的兴趣,并以此作为进阶和获取政治机会的重要手段与工具,反而是持有强烈的批判态度与立场,并逐渐成为一种精神和传统。③而且,儒家的这种精神与传统,也正说明了在春秋晚期、战国时

---

① 参见张光裕:《弟子问》,载马承源主编:《上海博物馆藏战国楚竹书(五)》,上海古籍出版社2005年版,第281页。

② 另外,在郭店简《老子(甲本)》中亦有"绝智弃辩,民利百倍"(简1)一语。从中我们可以看到,道家所言的"绝智弃辩"与先秦儒家对于"巧言令色"的批判立场并不矛盾。所引郭店简文,见刘钊:《郭店楚简校释》,福建人民出版社2003年版。

③ 正是出于对言语的谨慎、警醒态度,先秦儒家对于"言"的正当性、合理性及现实有效性如何确保这一问题给予了充分的关注与讨论。除了《孟子·离娄下》所云"大人者,言不必信,行不必果,惟义所在"以外,在郭店简当中亦不乏讨论:"可言不可行,君子弗言;可行不可言,君子弗行。则民言不危行,不危言。"(《缁衣》简30—32)"君子道人以言,而恒以行。故言则虑其所终,行则稽其所敝,则民慎于言,而谨于行。"

期这一特定的社会历史阶段，社会上确实盛行崇尚佞色之风（《论语·雍也》即云："不有祝鮀之佞，而有宋朝之美，难乎免于今之世矣"①）。在日常交往和政治活动中，往往会出现过于倚重言语技巧，并以之为手段来达成社会交往与获取政治机会的目的，从而在言谈举止方面可能会出现少有原则与操守的情况，致使儒家对此提出了强烈的批评："御人以口给，屡憎于人。"（《论语·公冶长》）对于这句话，朱子注曰："佞，口才也。仲弓为人重厚简默，而时人以佞为贤，故美其优于德，而病其短于才也。佞人所以应答人者，但以口取辨而无情实，徒多为人所憎恶尔。"②同样，朱熹注也给我们加深了这样一个印象：在"以佞为贤"的时代里，先秦儒家对于道德立场的守持与卫护确实无比的艰难和决绝，而这种决绝则让孔子"不仅对自吹自擂大皱眉头，而且也反对任何形式的过分健谈"③，让孔子"与国君或有势力的世袭贵族谈话时，他从未有过任何逢迎巴结的举动，而通常是提出相当严厉的批评"④。可以说，这种原则、立场鲜明而又强硬的行为举止，让孔子在寻求可能的政治机遇和应对特定的政治交往情境（主要包括与国君、卿大夫及家臣等的对话与交往）的时候，往往缺少了自我适度调整与灵活变通的可能性，从而也就不太可能在政治问题上有

（《缁衣》简32—33）"言从行之，则行不可匿，故君子顾言而行，以成其信，则民不能大其美而小其恶。"（《缁衣》简35）"未言而信，有美情者也。"（《性自命出》简51—52）"口不慎而户之不闭，恶言报己而死无日"（《语丛（四）》简4），等等。所引简文见刘钊：《郭店楚简校释》，福建人民出版社2003年版。

① 对此，皇侃《论语义疏》引范甯云：祝鮀以佞谄被宠于灵公，宋朝以美色见爱于南子。无道之世，并以取容。孔子恶时民浊乱，唯佞色是尚，忠正之人不容其身，故发难乎之谈，将以激乱俗，亦欲发明君子全身远害之意。转引自程树德：《论语集释》，中华书局1990年版，第398页。

② （宋）朱熹：《四书章句集注》，中华书局1983年版，第76页。

③ 参见［美］顾立雅：《孔子与中国之道》，高专诚译，大象出版社2000年版，第111页。

④ 参见［美］顾立雅：《孔子与中国之道》，高专诚译，大象出版社2000年版，第70页。

着如同纵横家般的灵活多变，这进一步彰显了儒家王道理想与现实政治之间的冲突与紧张感。同时，这样做的结果就是："在中国历史上，与许多国家相比较而言，讲演术所起的作用是很小的。"①因而，诸如林肯曾站在马车上进行竞选演说，这种在西方司空见惯的行为方式在中国古代是难以见到的。两相对照不难发现，孔子在言语态度上所持的警醒谨慎立场，让他对于毫无原则、立场的游说行为表示出了强烈的批判精神，从中我们也可以看到，孔子在政治上的不得志恐怕与此不无关系。

当中国历史由春秋晚期进入战国时期的时候，政治局势和社会状况愈加糟糕，守持仁义道德立场的儒家试图以道德的路径来改良社会现实政治的愿望更加难以看到实现的可能性。在这种社会历史背景下，再继续坚持谨言慎行、强烈批判言语技巧的立场而不做任何调整与改变的话，儒家想要切实影响现实政治与当权者是非常困难的，甚至可以说是几乎不可能的。盖因为此，与孔子主张谨言慎行、行先言后明显不同的是，荀子则主张好言乐辩，在《荀子·非相》中即有"法先王，顺礼义，党学者，然而不好言，不乐言，则必非诚士也。故君子之于言也，志好之，行安之，乐言之，故君子必辩。"诸语。党，亲近之意。辩，杨倞曰："辩，能谈说也。"②在对待言语态度上的这种转变，显见，自是与政治环境的日益恶化以及儒者急于干政的焦虑心态是分不开的，而且这种显著的变化，亦部分地说明了王道理想在特定历史阶段的难以实现，故而要想使王道理想能够在社会现实政治领域发挥应有的作用，就应该在手段、方式等方面作出新的思考与探求。可以说，在新的社会历史条件下，荀子主张好言乐辩是对孔子在言语态度上所持批判立场作出的反思与调整，从而对儒家先前那

---

① [美] 顾立雅：《孔子与中国之道》，高专诚译，大象出版社 2000 年版，第 113 页。
② 见梁启雄：《荀子简释》，中华书局 1983 年版，第 55 页。

种"从道不从势"的立场进行了调整与变化。虽然后儒对于荀子的这种调整与变化多有微辞，甚至认为这是对孔孟之道的悖离，从而在很长时间里不把荀子视为儒家正统，但是，王道政治由理想层面向现实转化就必须作出相应的调整与改变。如果仅仅是守持不但解决不了问题，甚至还有可能与社会现实政治越来越疏离。孔门弟子子路可能早就意识到了这一点，故曰："子之迂也！"① 子路所言虽然与夫子立场有所偏离，但却将先秦儒家在王道理想和现实政治之间的矛盾与冲突鲜明地彰显了出来。

　　基于共同体的理论视角，我们可以发现孔门弟子与夫子之间在根本性的立场（包括王道理想和仁义道德）上并无重大差异和冲突，然而当试图用王道理想指引和规整天下政治秩序，进而将王道理想变成政治现实的时候，在运用何种方式、工具与手段弥合两者之间的差距与冲突方面，他们之间的诸种分歧与矛盾才表现得较为显著。在社会交往与政治事务方面，孔子一贯坚持道德先于政治、推己及人的立场和态度，对此，他说"不患人之不己知，患其不能也"（《论语·宪问》）②，从而将提升个人政治才干与素养进而实现干政目标的基点落在了个体自身。当然，包括孔子在内的先秦儒家将立足点放在自身的做法，既彰显了他们对于王道理想绝对真理性与最大正当性的强烈信心，同时又或多或少地反映出他们对于纷繁多变的现实世界和风云变幻的权力斗争局势的失望与难以把握。不仅如此，这

---

① 《论语·子路》载：子路曰："卫君待子而为政，子将奚先？"子曰："必也正名乎！"子路曰："有是哉，子之迂也！奚其正？"朱熹注："迂，谓远于事情，言非今日之急务也。"[（宋）朱熹：《四书章句集注》，中华书局1983年版，第142页。]于此，子路的"子之迂也"一语，正彰显了其与夫子在政治、政务方面看法的不同。关于为政是否以正名为先，子路与夫子发生了分歧，前者好勇性急躁，对于为政往往操之过急，故而对于夫子的道德先于政治的立场自是难以充分理解，更是难以守持。

② 《孟子·离娄上》亦云："爱人不亲反其仁，治人不治反其智，礼人不答反其敬。行有不得者，皆反求诸己，其身正而天下归之。"

还说明了当时的社会条件和政治土壤已经不足以让王道理想与现实政治在先秦儒家那里得到充分的兼顾了。① 在这种社会历史条件下，提高自身德性素养和政治才干可能是他们所能做的和所愿意做的，也是其最能主导的，故而屡次强调："君子病无能焉，不病人之不己知也"（《论语·卫灵公》）、"君子求诸己，小人求诸人"（《论语·卫灵公》），等等。可以说，在当时这是他们在维护儒者尊严与儒家立场的前提下，积极实现内在价值的有效方式和途径，虽然在实现王道理想的道路上前景似乎依然渺茫，而且还刻意地回避了适当表现自我才能的机会。② 在这种情况下，孔子力保王道理想的神圣性和完整性，即便是面对权贵时也要讲求"以道事君，不可则止"（《论语·先进》）以保全儒者尊严和志的正当性，所以，当干政时机真正来临的时候，孔子就表现得相当犹豫和谨慎。他虽然明确将"行己有耻，使于四方，不辱君命"（《论语·子路》）视为对"士"的第一层次的定位与要求，而且要高于"宗族称孝，乡党称弟"（《论语·子路》）

---

① 《孔子家语·六本》有云："夫君子居必择处，游必择方，仕必择君。择君所以求仕，择方所以修道。"这里的"择处"、"择方"、"择君"以及"求仕"和"修道"，即形象地彰显了儒者的这种两难境地以及在修道和求仕之间焦虑的心理状态。另外，其在"子见南子"一事中表现得亦非常明显（事见《论语·雍也》、《论语·卫灵公》、《史记·孔子世家》、《孔子家语·七十二弟子解》、《盐铁论·论儒》），面对子路的质疑，孔子内心的痛苦与所承受的委屈亦非常人所能理解，或许，近人程树德的阐述更能遥契夫子之心曲："吾夫子不见用于世，至不得已作如此委曲迁就，以冀万一之遇。"所引程氏语，见程树德：《论语集释》，中华书局1990年版，第421页。

② 当然，我们说，孔子本身并不反对积极地寻求干政机会〔他自己就曾说："沽之哉！沽之哉！我待贾者也。"（《论语·子罕》）〕，而且他自己也是这样做的，只不过当维护价值理想、儒者尊严和积极寻求干政机会之间发生矛盾冲突的时候，他才基于惯有的立场来时时优先考虑和维护前者（《论语·先进》）曰："以道事君，不可则止。"《论语·卫灵公》亦曰："邦有道则仕；邦无道，则可卷而怀之。"在他自己看来，既能很好地维护价值理想、儒者尊严又能积极地干政才是最为理想的境地，但在当时的社会环境和历史条件下，这种理想的境地是难以实现的。

和"言必信，行必果"（《论语·子路》）这两个层次，但又强调"危邦不入，乱邦不居。天下有道则见，无道则隐。"（《论语·泰伯》）充分彰显了孔子在保全儒者尊严与寻求干政机遇之间的矛盾性与紧张感。当然，孔子的这种矛盾性与紧张感还体现在其对为政的理解上。关于为政，《论语》中出现了多处，其中有一处是典型的儒家式理解："《书》云：'孝乎惟孝，友于兄弟，施于有政。'是亦为政，奚其为为政？"（《论语·为政》）表现了儒家对于政治的伦理化理解。另外有两处则是或多或少地带有道家化的理解："为政以德，譬如北辰，居其所而众星共之。"（《论语·为政》）"无为而治者，其舜也与？夫何为哉？恭己正南面而已矣。"（《论语·卫灵公》）①于此，在孔子的眼中，为政的理想状态却是君王无为而天下治，与前者对为政的理解有着很大的不同。这种不同，既反映了其时社会政治的复杂性，也表明了儒家王道理想的实现绝不是一蹴而就的，起码在实现方式与手段方面就是多元而富于张力的，而非简单地对于现实政治作伦理化的定位与理解，亦非一味地追求君王无为而天下自治。

但是，不管怎么说，孔子在面对政治机遇的时候，往往首先强调德性之基，亦即强调道德先于政治，而后才注重为政的规范、方式与要求。关于这方面的内容，在《论语·乡党》当中有着相当集中的呈现："君在，踧踖如也，与与如也。""君召使摈，色勃如也，足躩如也。""入公门，鞠躬如也，如不容。立不中门，行不履阈。过位，色勃如也，足躩如也，其言似不足者。""执圭，鞠躬如也，如不胜。上如揖，下如授。勃如战色，足蹜蹜如有循。"以此知之，孔子在直面君王和出使他国之时，在言语、神态与举止等方面常常表现得小心翼翼、矜持庄重，彰显了他对政治权力的敬畏和对政治权力所做的神圣性理解。

---

① 《大戴礼记·主言》亦云："昔者舜左禹而右皋陶，不下席而天下治。"

有了上面的分析，我们就可以很容易理解孔子为什么会那么执着于道德先于政治的立场了①。在这样的立场下，先秦儒家便"更侧重于从人的德性而非制度本身来投射他们的政治理想"②，然而，虽然德性在某些情况下可以和政治相结合，但两者毕竟不是一回事，而在社会失范、人欲横流的情境下，两者之间的冲突就变得尤为明显和激烈。所以，以理想主义情怀来观照现实世界的先秦儒家，当他们试图将心目中王道政治的图景在现实世界展开的时候，这一强烈的愿望除了极大地鼓动自己内心的干政热忱和激励自己的干政行为以外，对于说服权贵采纳自己的救世方略或者使自己获取一定的权力资源，甚至希望整个社会步入王道正途所起的作用是极其有限的。可以说，当炽热的理想主义情怀与冰冷的现实世界相遭遇的时候，先秦儒家具体的行为方式便产生了差异：有些儒者如孔子和孟子，并没有打算过于考虑如何调整自己的行为方式以努力缩小王道理想和现实政治之间的距离，反而是"进一步强化理想本身的超越性与批判性"，其结果便是"以内在心性品格和精神境界作为政治理想的最后寄托和凭靠"③；而另一部分人，尤以孔门弟子中的子路、子贡和冉求等人为典型（相应分析见前文，不复赘述），则由于急于干政以施展自己在政治方面的才能，就表现得尤为灵活、务实，而终于部分地偏离了孔子原有的道德立场和王

---

① 关于这一点，在孟子身上得到了很好的继承，这也应当算作孔孟被视为一派的重要原因。在《孟子·梁惠王下》曾记载了孟子和齐宣王之间的对话："齐宣王问曰：'汤放桀，武王伐纣，有诸？'孟子对曰：'于传有之。'曰：'臣弑其君可乎？'曰：'贼仁者谓之贼，贼义者谓之残，残贼之人，谓之一夫。闻诛一夫纣矣，未闻弑君也。'"孟子所言的"残贼之人，谓之一夫"，实际上比孔子更进了一步，已经突破了在孔子思想那里所拥有浓厚的角色意识，从而在将道德置于角色之上的同时，也将道德提高到审视、评判包括君王在内的所有人的绝对真理和最高标准，尤为鲜明地彰显了先秦儒家的道德先于政治的立场。

② 干春松：《制度儒学》，上海人民出版社 2006 年版，第 40 页。

③ 韩德民：《荀子与儒家的社会理想》，齐鲁书社 2001 年版，第 116 页。

道理想。①

可以说，"眼看着那些在才智和才能方面远比不上我们的人，再三再四地优先于我们被任用"，这既是颜回的命运，也是孔子的命运，但是孔子始终不放弃道德立场来寻求参政的行为所彰显出来的理想主义情怀，还是让他"能够升高到完全超乎其上，这使得他在所有时代都是一个伟人"。②

---

① 很显然，这部分弟子的务实行为是在理想主义与冰冷现实碰撞以后，自己调整以后所产生的结果，这种调整就很难保障王道的至上性和完整性，自是难以与夫子所言的"君子谋道不谋食"（《论语·卫灵公》）、"君子忧道不忧贫"（《论语·卫灵公》）、"君子喻于义"（《论语·里仁》）诸语完全相符。
② [美] 顾立雅：《孔子与中国之道》，高专诚译，大象出版社 2000 年版，第 83 页。

第五章　道德自信与政治焦虑：
先秦儒者的群体形象

在理想与现实之间的巨大张力面前，身处政治多元化的春秋晚期、战国时期的先秦儒者们，一方面用道德自信来提领自己在乱世当中的理论探索和实践行为，另一方面，角色的错位和干政的挫败感又让他们在怀有道德自信的同时也形成了焦虑、俟时的群体形象。可以说，先秦儒家的这些特点决定了他们对于自己的社会角色和历史使命的定位，而这种抉择对于他们的制度设计以及政治行为也产生了深远的影响。在本章，我们将深入先秦儒家的精神世界和行为过程，具体探讨他们在这一特殊历史时期的群体形象。

第一节　用道德自信提领实践行为

我们说，先秦儒家自孔子始，就将三代政治视为了理想的政治运作模式，而周公的制礼作乐则就不仅仅是一种政治行为和历史事件，在先秦儒家的眼里，更是成了圣人教化和仁爱政治的代名词。在他们看来，周公有德有位，是政治运作的理想人选，也成了儒家精神世界当中的理想角色和干政标杆。因而，先秦儒家一再强调和重视"学"、"仕"之间的关系，无疑是以周公为圭臬的。先秦儒家一方面强调"学"、"为己之学"，他们并非刻意倡导书斋学问，而是希望能够以知识与智慧的路径来提升自己的德性修养与生命境界①，在此基础上，方可"学而优则仕"，将因德性修养与生命境界提升所激发出来的仁爱情怀，以"推己及人"的方式落实于民众的身上；另一方面，他们又积极寻求干政的机会，在他们自己看来，仅仅有德是不够的，还需要有位，只有两者结合才能更好地通过教化、制度设计和政治运作将自身的道德诉求和仁爱情怀落实于社会层面，从而将一种理论、理想最终转化为现实。②

在历史上，先秦儒家给人留下了惶惶不安的政治印象，实际上，这种不安更多的是来自社会角色的错位③以及自己有德无位的现实政治困境，而这也正是他们四处周游积极寻求干政机会的原因。社会角色的错位，让人们原本达成共识、默契认可的秩序与规范失去了效用，于是原本熟悉、舒适的社会秩序以陌生化的面目呈现在人们的面前，这让生活于其中的人们一时无所适从，也让他们在人与社会之间产生了强烈的疏离感和支离感。在这样的境遇下，作为文化精英的先秦儒家，是道德自信给了他们找

---

① 杜维明也说："学本身就是目的，而不是达到目的的手段。在儒家看来，学就是学做人。"［美］杜维明：《儒家思想新论——创造性转换的自我》，曹幼华、单丁译，周文彰等校，江苏人民出版社1996年版，第50页。

② 《礼记·中庸》："虽有其位，苟无其德，不敢作礼乐焉；虽有其德，苟无其位，亦不敢作礼乐焉。"即是表达了这样的一种思想。

③ 我们说，在传统意义上，人与社会的结合主要依赖明晰的角色界定、合理的秩序维持以及为大多数人所认可的行为规范。就这一点来说，传统社会的这种错位，既包括社会层面的君不君、臣不臣、父不父、子不子的角色混乱，也包括儒者心怀从周之志、干政之心却与冰冷现实世界相遭遇的政治困境。

寻与"德"相匹配的"位"的动力①；很难想象，如果没有内在强大的精神力量，一个人或者一个共同体还能够在屡遭挫折的境遇里长期坚持下去，并能做到"不怨天，不尤人"（《论语·宪问》）。进一步来说，先秦儒家的这种道德自信来源于他们内心世界对于王道理想和道德立场的深刻认同，来源于他们对于王道理想和道德立场所做的近乎信仰式的理解。可以说，在他们的眼里，王道和道德具有绝对真理性，是理解、优化眼前这个混乱世界的最为合理的方式和途径。由此可知，先秦儒家将王道理想视为联系民众、政治和社会的纽带，而且在他们看来这一纽带是最为有效和最值得信赖的，是指导现实政治和社会生活的绝对真理与强大力量。

正是基于这样的一种理解和信念，让先秦儒家时时以王道理想和道德立场作为自己投身社会生活和政治实践的准则，即便是在政治上不得志、难以施展政治才干时，也要独善其身，是谓"不得志，修身见于世"（《孟子·尽心上》）。在这里，先秦儒家将道德视为政治生活的先导，而且道德具有不受外在影响的独立价值和存在意义（《史记·孔子世家》即云："夫道之不修也，是吾丑也。夫道既已大修而不用，是有国者之丑也。不容何病，不容然后见君子"），不管是入仕还是不仕，都是为了更好地维护王道理想和道德信念，所以，王中江说："执着于道德理想的君子，入仕是为了道德信念，不仕也是为了道德信念，差别在于前者可以直接产生广泛的道德感化效果，而后者则是保持自身的道德贞操。自主的隔离不仅能够守护自我的道德理性和尊严，'以德抗势'，也能够在潜移默化中产生出间接淑世的意义。"②正是在这个意义上，我们说，儒者存在

---

① 对于道德之于儒家的价值与意义，王中江评论说："一个把道德作为终极关怀和最高价值的人，他自然就会具有独立自尊的无限精神勇气。"所言诚是。见王中江：《简帛文明与古代思想世界》，北京大学出版社2011年版，第310页。

② 王中江：《先秦儒家的"社会角色"意识》，《国学学刊》2009年第2期。

的价值与意义并不全在外部的评价系统和主流价值观念的认可，更在于对道的守持。同时，这种守持也就更加凸显了时局的艰难，可以说，艰难的时局又让儒家的入仕变得不是那么容易，但是崇信周公政治运作模式的他们又非入仕不足以弘道和救世①，因而，"正是由于儒家为'士'赋予了追求真理、道德和道义的终极性使命，儒家的入仕就容易同现实之间发生冲突。"②这种冲突，在社会失序、欲望横流的历史时期表现得尤为明显，而正处于这样一个历史时期的先秦儒家对此想必也体会很深。面对这样一个困境，先秦儒家共同体试图坚守道德优先的立场来缓解与化解，《孟子·尽心上》云："士穷不失义，达不离道。""古之人得志，泽加于民；不得志，修身见于世。穷则独善其身，达则兼善天下。"从历史学的角度来看，战国中晚期的社会秩序与政治状况比春秋时期要糟糕得多，孟子本人对于这一冲突的理解也自是更为深刻，因而，他便借古论今，提出了"得志，泽加于民；不得志，修身见于世"的化解之道。实际上，孟子的这一化解之道还是在儒家本有的道德优先立场上所做的归纳与发挥。③

---

① 《孟子·滕文公下》云："士之仕也，犹农夫之耕也；农夫岂为出疆舍其耒耜哉！曰：'晋国亦仕国也，未尝闻仕如此其急；仕如此其急也，君子之难仕，何也？'曰：'丈夫生而愿为之有室，女子生而愿为之有家；父母之心，人皆有之；不待父母之命、媒妁之言，钻穴隙相窥，逾墙相从，则父母国人皆贱之。古之人未尝不欲仕也，又恶不由其道；不由其道而往者，与钻穴隙之类也。'"从所引文献里，我们可以很明显地感受到，儒家将入仕视为这一角色的当然选择（如同农夫就要耕田一样那么自然），以及在当时入仕与道德之间的冲突。

② 王中江：《先秦儒家的"社会角色"意识》，《国学学刊》2009年第2期。

③ 对于政治和道德在儒家那里的关系，陈来归纳说："儒家不强调政治权力的分配和实现，不强调政治制度安排的创新。儒家理想的政治是以美德为基础的政治，强调政治事务不能脱离美德。"他的这一论断，实际上还是对于儒家道德优先立场的阐发。引文见陈来：《论"道德的政治"——儒家政治哲学的特质》，《天津社会科学》2010年第1期。

志，金文🔣、小篆🔣，字的下部为"心"部件，表示内心，字的上部是"之"的初文（后楷化为"士"），表示到达的意思。因而，整个"志"字所表达的意思即为内心之所向。当心志产生了的时候，那它就会对人与外界的沟通、联系起到一定的桥梁与纽带作用。换言之，人主体性的确立确实离不开心志的产生、形成与发用，离不开心对性、身、物活动的指向、参与及主导，亦即郭店简《性自命出》所说的"凡心有志也，无举不〔可。人之不可〕独行，犹口之不可独言也。"（简6—7）（此处简文所缺内容，据刘钊《郭店楚简校释》①补。）显然，如果没有心志的存在与参与，那么人的情性就难以发用，肢体不会独自动作，嘴巴也不能孤立地说话。由此可见，心的选择与志的所指之不同，对于情性、身体、外物的活动，乃至个人的后天修为都起到了决定性、支配性的作用。然而，虽然心皆有志，但不可谓皆为定志，是为"心无定志"，所以，执志、守志与否，便成了君子与普通人的重要区别。正是由于这个原因，在现实生活中，大多数人还是容易流于"心无定志"（郭店简《性自命出》简1）的状况，稍不留意与懈怠就会使自己的心性受到外物的诱惑与役使，从而导致"好（仁）不坚，而恶恶不著"（郭店简《缁衣》简44）现象的出现，甚至使自己成为物化之人。郭店简对于"志"所言的这种状况正好可以用《孟子·尽心上》所说的"志"对照着来理解。由上文分析可知，志，本指心之所向的意思，并无多少褒贬的色彩在内。然而，由于思想家立场、态度的不同，便为"志"这一语词增加了德性意蕴，这对守持道德优先论的先秦儒家而言更是如此。在《孟子·尽心上》当中，受这一立场的影响，孟子反复强调，对于士而言，无论是穷还是达都不能背离道、义和志，并将此作为士在世间进退、出入的准则和尺度。然而，由于这一准则、尺度

---

① 参见刘钊：《郭店楚简校释》，福建人民出版社2003年版，第88页。

是源自儒家的王道理想和道德立场的，较之人文情怀严重缺失的政治现实，具有相当程度的超越性和理想性①，所以要始终如一地守持此道、义和志是实属不易的，故而，郭店简《性自命出》亦云："君子执志必有夫皇皇之心"（简66），意即要求君子守持志向必须有执着之心。惟其如此，君子方能"遁世无闷，不见是而无闷"（《易·文言传》），方能"生不可夺志，死不可夺名"（郭店简《缁衣》简38）。②

在艰难的时世里，守持心中之志很难，保全尊严更难，尤其是还想要在权贵那里获取一定的权力资源的话就更是难上加难了，先秦儒家所面临的困境便是如此。在这种困境里，孔子不断地寻求着可能的干政机会而又屡遭碰壁，然而，正是来自王道理想的归属感让他收获了坚不可摧的自信心③。冰冷的现实抛离了他，他却还要以炽热的情怀来拥抱世界。夫子的那句"沽之哉！沽之哉！我待贾者也"（《论语·子罕》）令后人感慨不

---

① 与先秦儒家这种浓厚的理想性和道德感相比，处于同一历史时期的法家则呈现出了不同的面貌，对此，英国汉学家葛瑞汉说：法家"坚信好政府不是依赖像儒家和墨家假定的个人道德价值，而是有效的制度运作"。"法家是中国最早涌现的探讨社会本来怎样而非应该怎样的问题的政治哲学家。"［英］葛瑞汉：《论道者：中国古代哲学论辩》，中国社会科学出版社2003年版，第309、310页。

② 本段关于对郭店简文的研究，可见李友广：《郭店儒简心、性、物关系研究》，《邯郸学院学报》2010年第1期。

③ 可以说，在混乱的时局里，王道理想给了孔子很强烈的归属感，这让他一再强调道的至上性和干政行为的正当性，因而《论语》里屡言："以道事君，不可则止"（《论语·子罕》）、"邦有道，榖；邦无道，榖，耻也。"（《论语·宪问》）"君子谋道不谋食。耕也，馁在其中矣；学也，禄在其中矣。君子忧道不忧贫。"（《论语·卫灵公》）"君子之仕也，行其义也。"（《论语·微子》）另外，在《论语·卫灵公》里所展现的一幅场景尤为表征了这一点："卫灵公问陈于孔子。孔子对曰：'俎豆之事，则尝闻之矣；军旅之事，未之学也。'明日遂行。"陈，朱熹注谓军事行伍之列。俎豆，礼器。尹氏曰："卫灵公，无道之君也，复有志于战伐，故答以未学而去之。"［（宋）朱熹：《四书章句集注》，中华书局1983年版，第161页。］可见，孔子本身非不识军旅之事，然而卫灵公无道，所谓"合则留，不合则去"，所以夫子婉拒而去。

已，也深深鼓舞了后来者们。或许，正源于夫子这种"沽之哉"的鲜明态度，激励了孔门那部分急于干政的弟子们，而在当时王道理想、道德立场和现实政治难以充分兼顾的形势下，他们往往倾向于选择后者。然而，毕竟王道理想和道德立场对于先秦儒家的精神世界影响至深，所以在政局混乱、明君难逢的时候，孔子的有些弟子便不再在寻求干政机会方面用力，而是选择了退守王道理想、道德立场以保全道的完整性、至上性与儒者尊严，在这方面最为典型的代表是闵子骞和曾子。①《论语·雍也》载："季氏使闵子骞为费宰。闵子骞曰'善为我辞焉。如有复我者，则吾必在汶上矣。'"当难得的干政机会来临的时候，闵子骞表现得尤为镇定和冷淡，甚至不惜隐居以避季氏的邀请，对此，后人司马迁称赞他这一行为时说"不仕大夫，不食污君之禄"（《史记·仲尼弟子列传》）②。可见，季氏虽为权贵但毕竟不是君，而且时有祭山（事见《论语·八佾》）、聚敛（事见《论语·先进》）等不义、与其政治角色不符之举，闵子骞已经预见到了自己从其政所引发的不良后果，故坚辞之。事实上，《韩诗外传》卷三的记载更是进一步印证了闵子骞对于王道理想和道德立场的坚守："孟尝君请学于闵子骞，使车往迎闵子。闵子曰：'礼来学无往教。'孟尝君曰：'敬闻命矣'，'明日祛衣请受业。'"

与闵子骞以退守的态度来回避不良政治不同③，其时影响更大的曾子

---

① 对于孔门弟子的干政情况，程子总结说："仲尼之门，能不仕大夫之家者，闵子、曾子数人而已。"（宋）朱熹：《四书章句集注》，中华书局1983年版，第86页。

② 宋人朱熹注曰："闵子不欲臣季氏，令使者善为己辞。言若再来召我，则当去之齐。"其意与司马氏实同。见（宋）朱熹：《四书章句集注》，中华书局1983年版，第86页。

③ 当然，闵子骞这种退守的态度在当时还是非常有代表性的，这从传世文献里可以管窥一二："无罪而杀士，则大夫可以去；无罪而戮民，则士可以徙。"（《孟子·离娄下》）"君有过则谏，反覆之而不听，则去。"（《孟子·万章下》）"道合则服从，不可则去。"（《礼记·内篇》）"为人臣之礼，不显谏，三谏而不听，则逃亡。"（《礼记·曲礼下》）虽

则走得更远。当理想和现实政治发生冲突的时候，曾子并没有采取如前者那样的退守策略，反而是以德抗势，鲜明地表达了自己的立场和态度。① 《孔子家语·在厄》云：

> 曾子敝衣而耕于鲁，鲁君闻之而致邑焉。曾子固辞不受，或曰："非子之求，君自致之，奚固辞也？"曾子曰："吾闻受人施者常畏人，与人者常骄人。纵君有赐，不我骄也，我岂能勿畏乎？"孔子闻之曰："参之言，足以全其节也。"

从《孔子家语》描绘的情形来看，曾子所面临的干政机会比闵子骞要好得多。于此，曾子所面对的是鲁君主动的赐予，可谓是无伤儒者尊严，又能做到名正言顺，但他还是"固辞不受"。很显然，曾子在这一事件当中所表现出来的态度令人费解，尤其是对于那些急于干政的同门们而言更是如此，但曾子看得更远，并对于君王的德行投上了极不信任的一票，所以孔子称赞他这一行为是"足以全其节"的。结合曾子的这种态度，我们便很容易理解曾子以德抗势的态度了［他说："晋楚之富，不可及也。彼以其富，我以吾仁；彼以其爵，我以吾义，吾何慊乎哉。"（《孟子·公孙丑下》）］②。在这里，孔门弟子的仕与不仕，既反映了其干政心切与否，也

然所引文献多是从人臣的角度立论的，但毕竟都或多或少地彰显了道德立场和意见不合则退守的鲜明政治态度，由此可以很好地帮助我们来理解闵子骞的这一态度和行为。

① 史华慈指出孔子的思想保持了人在完成自己社会角色中道德自主的空间。他的这一说法，对于退守道德立场、以德抗势的那部分孔门弟子也同样适用。参见［美］史华慈：《全球主义意识形态与比较文化研究》，《二十一世纪》1999 年 2 月号第 51 期。

② 与曾子以德抗势的态度相比，子思在这方面的表现一点也不差，《孟子·万章下》云："缪公亟见于子思，曰：'古千乘之国以友士，何如？'子思不悦，曰：'古之人有言曰：事之云乎？岂曰友之云乎？'子思之不悦也，岂不曰：'以位，则子君也，我臣也，何敢与君友也？以德，则子事我者也，奚可以与我友？'"如果用郭店简《鲁穆公问子思》中子思对于忠臣的定位［鲁穆公问于子思曰："何如而可谓忠臣？"子思曰："恒称其君之恶者，可谓忠臣矣"（简 1—2）］来看的话，孟子对于子思道德立场所做的解读无疑

彰显了他们对于政治所做的不同理解，进而在王道理想、道德立场和现实政治之间作出了不尽相同的抉择。

总体来说，尽管孔门弟子在面对干政机会的时候其行为表现不尽相同，然而，作为儒家共同体的他们其所持的王道理想和道德立场却是一致的。只不过，当将这种理想和立场落实于现实政治的时候，由于他们的出身、性格、兴趣和才干等方面的差异，以及对于政治、理想与现实等的理解不尽相同，这才出现了比较明显的差异罢了。但是，不管怎么说，或许深受先秦儒家尚德之风的影响，再加上时局变化的社会因素，让春秋晚期、战国时期的君王们对于贤士、良臣无比渴求，同时这一时期的以德抗势之风亦是非常盛行。在《国语·楚语下》曾记有"王孙圉论宝"一事：

> 王孙圉聘于晋，定公飨之，赵简子鸣玉以相，问于王孙圉曰："楚之白珩犹在乎？"对曰："然。"简子曰："其为宝也，几何矣？"曰："未尝为宝。楚之所宝者，曰观射父……又有左史倚相……若夫白珩，先王之玩也，何宝之焉！"

在这则故事当中，对于何者为宝的问题，王孙圉和赵简子两人有着不同的理解，与赵简子对于宝的传统性理解不同，王孙圉则认为观射父、左史倚相等良臣是国家的宝贝，而白珩之类的玉器则只不过是君王的玩物，是不足以为宝的。或许，王孙圉和赵简子事关玉器和贤臣何者为宝的辩论影响重大，在后出的《韩诗外传》卷十所记述的齐宣王教训魏惠王何者为"宝"的轶事 ① 里，其所展现的场景、情节及内容与这则故事极为相似。

是恰当的。而且，由此也可以很明显地看出，对自我、对当权者以及制度设计都贯穿着儒者的道德理想与道德诉求。所引郭店简文，见刘钊：《郭店楚简校释》，福建人民出版社 2003 年版。

① 关于齐宣王教训魏惠王何者为"宝"的故事及相关分析，见韩维志：《上古文学中君臣事象的研究》，上海古籍出版社 2006 年版，第 40 页。

可见，在动荡的时局里，强者力求更强、弱者以图保国，这就更为凸显了贤士、良臣的价值与作用，因而，以德抗势的情形在当时并不鲜见，如《战国策·齐策四》便记载了贤士颜斶与齐宣王之间的一场争论：

> 齐宣王见颜斶，曰："斶前！"斶亦曰："王前！"宣王不悦。左右曰："王，人君也。斶，人臣也。王曰'斶前'，斶亦曰'王前'，可乎？"斶对曰："夫斶前为慕势，王前为趋士。与使斶为趋势，不如使王为趋士。"王忿然作色曰："王者贵乎？士贵乎？"对曰："士贵耳，王者不贵。"王曰："有说乎？"斶曰："有。昔者秦攻齐，令曰：'有敢去柳下季陇五十步而樵采者，罪死不赦。'令曰：'有能得齐王头者，封万户侯，赐金千镒。'由是观之，生王之头，曾不若死士之陇也。"宣王默然不悦。

在《战国策·齐策四》所展现的场景里，德性与权势相遇了，于是一场冲突便势不可免。在大多数人的眼里，君为上、势为大，作为人臣理应尊势、敬君；但是，贤士颜斶却不这样认为，在他看来，在混乱的时局里，要强国、保国，抵御外侮，势必依赖贤士、良臣的谋划与奔走，而君王的尊贵则是以国的存在为前提的，所以在这样的事实面前，即便是为了自身的利益，高傲的宣王也只能是"默然不悦"。

如果说上面所列举的王孙圉和颜斶虽为贤士但不一定属儒者身份的话，那么段干木就是儒者了。关于段干木，《吕氏春秋·尊师》载："晋国之大驵也，学于子夏。……由此为天下名士显人。"[1] 如果《吕氏春秋》所载属实的话，那么段干木显然属于子夏传经派一系，而且他名声甚高，因而魏文侯对他礼敬有加[2]。关于此事，传世文献屡有记载，《吕氏春秋·期

---

[1] 《史记·儒林列传》亦云："如田子方、段干木、吴起、禽滑釐之属，皆受业于子夏之伦。"

[2] 《史记·魏世家》云："文侯受子夏经义。"此说如若属实，那么魏文侯确实是位好学乐知的君王。

贤》、《淮南子·修务训》皆曰文侯"过其闾而轼之",甚至在与段干木会面的时候也"立倦而不敢息"(《吕氏春秋·下贤》)。对于自己这样做的原因,文侯解释说:"段干木不趋势利①,怀君子之道,隐处穷巷,声施千里,寡人敢勿轼乎!段干木光于德,寡人光于势;段干木富于义,寡人富于财。势不若德尊,财不若义高。干木虽以己易寡人不为。吾日悠悠惭于影,子何以轻之哉!"(《淮南子·修务训》)作为君王能够有"势不若德尊,财不若义高"的见识实属难得,而且段干木绝不屈德以从势,即便是在舍弃俸禄的时候也会毫不犹豫,故而《淮南子·修务训》亦云:"段干木辞禄而处家。"无疑,段干木在坚守道德立场上的决绝精神深深地感染和触动了曾"受子夏经义"的文侯,以至于自己在过其闾之时还主动地凭轼致敬,而且"见段干木,立倦而不敢息"。与之形成鲜明对比的是,魏文侯反见自己的臣下翟黄时则"踞于堂而与之言",于是翟黄便面有不悦之色。对此,文侯说:"段干木官之则不肯,禄之则不受;今女欲官则相位,欲禄则上卿,既受吾赏,又责吾礼,无乃难乎!"(《吕氏春秋·下贤》)对于这一事件,今人韩维志评论说:"段干木德行昭著,不慕荣利,所以魏文侯以侍师之礼尊之;翟黄长于治术,喜慕荣华,所以魏文侯以臣妾畜之。……贤人以道自重,抗礼王侯是当时的时尚。魏文侯以尊师之礼应对段干木,正是这一社会大趋势的反映。"②在这里,与翟黄既喜慕荣华又欲保全自身尊严的两难境地相比,曾子的做法无疑是有远见的。当遇到合适的干政机会的时候,曾子选择了"固辞不受",态度很坚决,而这种坚决的态度正是基于他对当时君王和政治的深刻理解。在他看来,"受人施者常畏人,与人者常骄人",只有逃离施和受的政治关系,才能坚挺内心的

---

① 《淮南子·修务训》前文亦云:"段干木辞禄而处家",即有力地说明了其不趋势利的一面。

② 见韩维志:《上古文学中君臣事象的研究》,上海古籍出版社2006年版,第42—43页。

道德，从而实现"不畏人"、"不被人骄"的境地①，而当翟黄选择了干政和追求荣利的时候，那么他就别无选择的也要接受自身尊严受损伤的可能，因而，他遭遇文侯"踞于堂而与之言"的尴尬局面也就不难理解了。所以，即便是从今天的角度来看，曾子"受人施者常畏人，与人者常骄人"的这一看法也是很深刻的，故而他最终选择了以德抗势、远离政治以保全儒者尊严的道路。②

与闵子骞、曾子只能在德、势之间抉择的惯常思维相比，其后的孟子、荀子则随着时势的发展和对君王认识的不断深入，又让他们的思想有了进一步的演变和深化。随着兼并战争的持续进行，统一的趋势愈加明朗，而在统一过程当中王侯们糟糕的政治表现，让儒者尤其是孟荀等人进

---

① 正是在这个意义上，《荀子·修身》进一步提出了"志意修则骄富贵矣，道义重则轻王公矣；内省则外物轻矣"的灼见，明确意识到了挺立人的道德意志对于把握内、外互动关系的重要性。

② 我们说，尽管在当时以德抗势之风非常盛行，而且还涌现出了诸如曾子、闵子骞和段干木这样的儒家人物以及王孙圉和颜斶这样的贤士良臣，但是坚守道德立场、不屈从权势实际上并非易事，尤其是作为有道义和操守的臣下而言更是如此。在《荀子·臣道》里便描述了这一情形："君有过谋、过事，将危国家殒社稷之惧也，大臣父兄，有能进言于君，用则可，不用则去，谓之谏；有能进言于君，用则可，不用则死，谓之争；有能比知同力，率群臣百吏而相与强君挢君，君虽不安，不能不听，遂以解国之大患，除国之大害，成于尊君安国，谓之辅；有能抗君之命，窃君之重，反君之事，以安国之危，除君之辱，功伐足以成国之大利，谓之拂。故谏、争、辅、拂之人，社稷之臣也，国君之宝也，明君所尊厚也，而暗主惑君以为己贼也。"在这里，作为臣下并不能如曾子他们这么洒脱、决绝地表明自己的态度了，他们往往要根据不同的情形作出不同的行为选择，既要向君王表述自己的治国主张、策略，同时还要尽可能地保全自己的尊严与生命，故而出现了诸如"谏"、"争"、"辅"、"拂"等不同的政治表达形式，这也说明了政治环境的险恶和包括儒者在内的贤士所面临的政治压力的日益剧增。照此看来，《荀子·王制》中所说的"无德不贵，无能不官，无功不赏，无罪不罚"就更多地成了一种向往和期待。"贵"，杨柳桥先生释为"尊重"（参见杨柳桥：《荀子诂译》，齐鲁书社 1985 年版，第 208 页），这也正呼应了先秦儒家所希望的"尊贤使能，俊杰在位"（《孟子·公孙丑上》）的主张。

一步认识到了王道政治的正当性和合理性。在道德立场和道德自信的激励下，他们坚信道德仁义具有绝对真理性，任何个人都不能背道而驰，进而认为，如若是弃民众于不顾的暴君，则君臣可以易位（《荀子·臣道》云："夺然后义，杀然后仁，上下易位然后贞①，功参天地，泽被生民，夫是之谓权险之平，汤武是也"），甚至可以诛杀暴国之君（《荀子·正论》曰："诛暴国之君，若诛独夫。"《孟子·梁惠王下》亦曰："贼仁者谓之贼，贼义者谓之残，残贼之人谓之一夫"），舍弃道德仁义之君不复为君，实为众叛亲离之独夫，故而独夫可诛，自然不能称之为弑君。在这里，孟荀并不似闵子骞、曾子那样仅仅或躲避政治或以德抗势，而是又前进了一大步。在道德立场的感召下，他们主张道德仁义非但不可背离而且对于君王来说必须以此为立国、行政的基准，否则便很有可能滑向暴政、虐民的危险境地，所以《孟子·离娄上》说："惟仁者宜在高位。不仁而在高位，是播其恶于众也。"由此，孟子洞察到了暴君对于社会和民众的危害性，也正是在这个意义上他一再强调道德仁义立场的正当性："今也为臣，谏则不行，言则不听，膏泽不下于民；有故而去，则君搏执之，又极

----

① "贞"，王先谦注本释为"正"、"正道"［原语为"而使贤愚当分，归于正道，是贞也。"见（清）王先谦：《荀子集解》，中华书局1988年版，第257页］，这种注正与《周易》相通。《周易·乾卦》卦辞云："乾，元、亨、利、贞。"《子夏传》云："元，始也。亨，通也。利，和也。贞，正也。"（见李学勤主编：《周易正义》，北京大学出版社1999年版，第1页）可见，"正"即为"贞"的重要含义（当然，"贞"还有完成、成就之意），其他诸如《尚书·太甲下》谓："一人元良，万邦以贞。"传世本《老子·第三十九章》亦谓"侯王得一以为天下贞。"（马王堆帛书《老子》甲本则为"侯［王得一］而以为正"。"［］"内内容为补文。据马王堆汉墓帛书整理小组编：《马王堆汉墓帛书·老子》，文物出版社1976年版，第1页。）郭店简本《缁衣》简2和简9亦有"贞"、"正"互用的情况（郭店简本《缁衣》，见刘钊：《郭店楚简校释》，福建人民出版社2003年版，第48—49页。）可见，在荀子眼中，汤、武虽为臣，但夏桀、商纣皆为暴君，因而，在"夺然后义，杀然后仁"的不得已情形下，只有这样做了才能实现"上下易位然后贞"的合理、正当之政治秩序与社会秩序。

之于其所往；去之日遂收其田里。此之谓寇仇。寇仇，何服之有。"（《孟子·离娄下》）"非其义也，非其道也，禄之以天下，弗顾也。"（《孟子·万章上》）在此基础上，他又将个人道德修养与政治权力的正当性视为了必然的联系，实际上这正是他本人合价值性的政治构想，对此，他说："身正而天下归之。"（《孟子·离娄上》）[1]"以德行仁者王。"（《孟子·公孙丑下》）盖正源于个人道德修养与政治权力正当性之间的密切联系，孟子还认为，作为君的臣子与子民，应该尽好自己的角色义务，务必引导其君从道德、行仁义，言谓："君子之事君也，务引其君以当道，志于仁而已。"（《孟子·告子下》）类似地，荀子也认为，与孝悌、顺笃这些品行相比，"从道不从君，从义不从父"才是"人之大行"（文见《荀子·子道》），将道义提升到了一般的伦理品格之上。以此知之，孟荀二人已不满足于仅仅在德、势之间进行抉择了，在他们看来，道德仁义立场是至高无上的，每个个体都应该以此为圭臬来很好地履行自己的角色伦理责任，而作为一国之君的君王更应如此。如若不能遵循或者背离了道德仁义立场，那么即便是国君，也可以君臣易位，甚至可以将其诛杀。如此，便打破了德、势之间曾有的均势，在很大程度上也取消了"君"、"势"的相对独立性和以往其相对于"德"的优越性。可以说，在孟荀那里，"德"超过了"势"、以"德"来统率"势"，相应地，也就逐渐改变了"势"高高在上的固有地位，从而也在客观上为士的生存和干政提供了较为有利的空间。

在现实实践层面，即便是坚持"道德"本位和立场的儒家，也不否认在特殊历史时期和条件下许多人于社会层面和公共领域的行为表现是比较糟糕的。盖缘于此，坚持性善论的孟子也讲求对于"后天之恶的克服和对于先天性善的恢复"，而主张性恶的荀子亦力倡"通过人为的方式来

---

[1]　郭店简《唐虞之道》亦谓："必正其身，然后正世，圣道备矣。"（简3）

克服先天之性恶"①。很显然，坚持务实态度的法家也不会无视这种社会状况，只不过他们将诊治的对象限定在了老百姓的身上，并主张树立君主的绝对权威，民众甚至臣僚都是君主统治天下的工具和手段，都是为君主服务的。有所不同的是，守持"道德先于政治"立场的儒家则将解救民众命运和社会前途的希望寄托在了当权者的修身、正己，进而"重民"、"保民"的政治实现方式上。然而，先秦儒家所强调的德治立场在治世方面固然有其合理性，但由于过于超拔其所带来的不切实性亦是昭然。可以说，这种德治立场最大的局限性就在于，将政治与人治等同了起来（《礼记·中庸》云："为政在人，取人以身，修身以道，修道以仁。仁者人也"），而对制度、刑律的客观效用重视不够。在这方面，法家则"试图通过强制性的法来约束百姓，以建立在他们眼里被视为最合理的社会政治秩序，这可能在解决儒家'德治'的局限性上，提供了某种可能性。"②

另外，对于自己的角色定位，先秦儒家一方面非常希望自己能够参与到权力当中去，以利用相应的权力资源推行仁政或者引导君王来实施仁政，但由于政治环境以及君王个人的意愿、喜好等因素让他们的这一愿望往往难以如愿实现。然而，另一方面他们对于自己社会教育的角色定位却是非常现实且影响深远的，而且孔子本人在教育事业上的成功（《史记·孔子世家》云："孔子以诗书礼乐教，弟子盖三千焉，身通六艺者七十有二人。如颜浊邹之徒，颇受业者甚众。"）也很有可能会给后来的儒者们以重要的启迪。关于这方面，出土材料郭店简《性自命出》篇有着相应的阐述。在《性自命出》篇中，简文作者一再强调教、学及好的习惯对于长养

---

① 对孟、荀二人的评价语，见王中江：《视域变化中的中国人文与思想世界》，中州古籍出版社 2005 年版，第 94 页。

② 见王中江：《视域变化中的中国人文与思想世界》，中州古籍出版社 2005 年版，第 277 页。

个体心性的重要性。人的天性本无不同 ["四海之内其眚（性）一也。"简9]，甚至动物的天性也本无不同["牛生而长，雁生而伸，其眚（性）使然"简7]，但是对于人而言，之所以其心、性的表现千差万别，是与个人内心的牵引与否、习惯的维持及外界的教导有着莫大的关系的，故而《性自命出》反复申说："人而学或使之也"（简7—8）、"其用心各异，教使然也。"（简9）"出眚（性）者，势也；养眚（性）者，习也。"（简11—12）从表面上看，这是在强调后天努力、生长环境及社会教育对于个体心性滋养的重要性。实际上，《性自命出》篇作者正是基于儒家的立场，彰显了儒者对于社会和人群的重要性，从其视角来看，学习、教导对于个体的成长是非常重要的，而由于儒家对于古代典籍和礼仪的精通以及对于自身德性的自信，自认为是担当起社会教育角色的不二人选。因而，在这个意义上，这可以说是为自己这一群体存在的价值、意义所做的又一合理性说明。

总而言之，在混乱的世界里，先秦儒家坚信王道理想的正当性和道德立场的合理性。在此基础之上，他们往往以道德自信来引领自己的种种干政行为，从而试图用道德的力量来影响甚至改变当权者的政治行为，以使其愿意接纳仁爱、诚信、道义等美德，从而使当权者成为正面引导政治生活、社会进步的榜样性力量。因而，尽管"利天下而弗利"① 的禅让制度是一种禅让贤者而不是传位于子的制度设计及权力继承方式，而且由于其过于理想化而在现有的政治条件下难以变成现实，但是这种权力继承制度毕竟还是鲜明地彰显了先秦儒家的王道政治构想和道德立场在政治制度设计上的反映。

_____

① 郭店简《唐虞之道》言谓："唐虞之道，禅而不传；尧舜之王，利天下而弗利也。禅而不传，圣之盛也；利天下而弗利也，仁之至也。"（简1—2）

第二节　自信、焦虑与俟时：先秦儒者的群体形象

通过上文的分析，我们知道，在动荡不安、价值多元的特殊历史时期，先秦儒家往往基于惯有的王道理想以生发于内心的道德感来提领自己在面对现实世界时的种种带有实践性色彩的行为。可以说，作为共同体的先秦儒家，整体上呈现出了理想性和道德化的一面。正是源自对王道政治的信仰式理解，让先秦儒家怀有深沉的人文情怀与道德自信，而这种深沉的人文情怀与道德自信也让他们"始终坚持认为个人修身和个人道德是政治社会共同体的基础，并尝试将他们所处的时代引向道德的蓝图中"①。于是，当先秦儒家将现实世界作道德化理解的时候，他们便将心中所持的王道政治不再视为理想，反而认为是一种历史的必然，认为现实世界必能实现王道政治，从而极大地消解了理想与现实之间本有的差距，也就忽视了三代社会与其时现实世界之间政治土壤的不同。② 换句话说，基于对王道政治所做的普适性理解，让先秦儒家坚信王道的力量足以跨越时空的界限，坚信王道政治模式早已为人类社会的福祉设定好了光明的路标，在他们看来，只要人们沿着这一路标坚定不移地走下去，美好的社会图景

---

① 王中江：《简帛文明与古代思想世界》，北京大学出版社 2011 年版，第 260 页。

② 对于先秦儒家的这一立场，完全可以用莱斯诺夫的话来做评价，他说："纯粹的目的合理性与纯粹的价值合理性都是病态的合理性，前者不相信价值，表现为完全非道德的；后者完全无视行为的后果，着了魔似地专注于一种价值而排斥其他价值。"（[英] 莱斯诺夫：《二十世纪的政治哲学家》，商务印书馆 2001 年版，第 14—15 页。）以其言论来衡量的话，先秦儒家对于王道理想所做的信仰式理解无疑是更具有价值合理性，尽管莱斯诺夫的论断有些极端，但从先秦儒家的事功效果来看，这种说法却是相当深刻的。

必能实现。正是源于这一坚不可摧的信念，让先秦儒家的内心世界充满了信心和力量①，故而，即便是在四处游说君王时屡遭碰壁亦不惧、无悔。所以，从文献所呈现给我们的情境来看，先秦儒家有着非常自信的一面。当他们的道德情怀遭遇冰冷的社会现实之时，他们并不因不为当权者所纳用而舍弃，反而继续坚守并四处游说以找寻可能的干政机会（《庄子·让王》说，孔子曾"逐于鲁，削迹于卫，伐树于宋，穷于商周，围于陈蔡"。《史记·十二诸侯年表》也说"孔子明王道，干七十余君，莫能用"）。实际上，先秦儒家自身的这种道德理想主义既赋予了他们历史使命感和精神归属感，同时在客观上也拉大了其与现实之间的距离，也就是说，"儒家的道德和伦理越是理想化，它同现实之间的鸿沟就越大；儒家越是想把信念伦理和个人道德'公共化'，它同现实世界的冲突就越大"②。

当然，身处现实政治困境的先秦儒者们对于理想与现实之间的这种冲突并不是没有感触，只不过，他们坚信道德、德政的能否实现完全取决于君子的个人努力，而与违礼之人没有多少关系。③ 所以说，如果不是出于这样的考虑，如果先秦儒家对于现实政治世界不做道德化的理解与处理的话，那么我们就很难解释他们在面对干政机会来临的时候所表现出来的种

---

① 盖因为如此，所以孔子才会自信满满地说："苟有用我者。朞月而已可也，三年有成。"（《论语·子路》）在这里面，既彰显了孔子对于自身政治才干所抱有的强烈信心，但同样也预示了其对于王道理想的信仰和自身才干不见于当权者所产生的焦虑感。

② 王中江：《简帛文明与古代思想世界》，北京大学出版社 2011 年版，第 260 页。

③ 对此，罗新慧则以孔子为例作出了相似的阐述，她说："孔子认为，德政的实现与违礼之人并无关联，它完全依靠君子的个人努力。因此，尽管孔子的入仕思想有其矛盾性，但在以德政为目标，依赖君子的自身努力来实现德政方面，其入仕观又是一贯而统一的。"见罗新慧：《孔子的历史观、入仕观及其它——从上博楚竹书〈仲弓〉篇谈起》，《史学史研究》2005 年第 3 期。

种焦虑、犹豫不决的情绪了。① 关于这种焦虑、犹豫不决的情绪，在孔子那里表现得尤为明显，《论语·阳货》就曾多次描述了这样的情形：

> （阳货）曰："怀其宝而迷其邦，可谓仁乎？"（阳货）曰："不可。——好从事而亟失时，可谓知乎？"（阳货）曰："不可。——日月逝矣，岁不我与。"孔子曰："诺；吾将仕矣。"

> 公山弗扰以费畔，召，子欲往。子路不说，曰："未之也，已，何必公山氏之之也？"子曰："夫召我者，而岂徒哉？如有用我者，吾其为东周乎？"②

> 佛肸召，子欲往。子路曰："昔者由也闻诸夫子曰：'亲于其身为不善者，君子不入也。'佛肸以中牟畔，子之往也，如之何？"子曰："然，有是言也。不曰坚乎，磨而不磷；不曰白乎，涅而不缁。吾其匏瓜也哉？焉能系而不食？"

在第一则故事里（相似记载另见于《孟子·滕文公下》），作为家臣的阳货"并无强大的宗族势力，却能问鼎鲁政，在鲁国纵横驰骋三年之

---

① 干春松则将先秦儒家的这种焦虑情绪解读为紧张感，他说："在儒家身上我们经常可以看到理想和现实之间的矛盾所带来的紧张感。儒家对于政治模式的构思始终与现实中的政治操作发生着多种层面的冲突。"可参考。见干春松：《制度化儒家及其解体》，中国人民大学出版社 2003 年版，第 35 页。

② 《史记·孔子世家》云："定公八年，公山不狃不得意于季氏，因阳虎为乱，欲废三桓之適，更立其庶孽阳虎素所善者，遂执季桓子。桓子诈之，得脱。定公九年，阳虎不胜，奔于齐。是时孔子年五十。""公山不狃以费畔季氏，使人召孔子。孔子循道弥久，温温无所试，莫能己用，曰：'盖周文武起丰镐而王，今费虽小，傥庶几乎！'欲往。子路不说，止孔子。孔子曰：'夫召我者岂徒哉？如用我，其为东周乎！'然亦卒不行。""佛肸为中牟宰。赵简子攻范、中行，伐中牟。佛肸畔，使人召孔子。孔子欲往。子路曰：'由闻诸夫子，"其身亲为不善者，君子不入也"。今佛肸亲以中牟畔，子欲往，如之何？'孔子曰：'有是言也。不曰坚乎，磨而不磷；不曰白乎，涅而不淄。我岂匏瓜也哉，焉能系而不食？'"

久"①，这就说明了他对于现实政治有着敏锐的洞察力，对于同样出身不高而又身怀政治才干的孔子可谓是感同身受。所以，对于阳货的批评，孔子并没有辩解和反驳，反而深以为然并回答说："诺，吾将仕矣。"在这里，阳货对于儒者的心境把握得非常到位，他既了解儒者当中不乏身怀才干者，又能深知儒者所面临的政治困境（"好从事而亟失时"）：四处寻求干政机会而又屡遭碰壁。在阳货看来，儒者之所以屡屡错失干政机会主要在于其过于坚持自己的立场而缺少变通，是不明智的表现。言外之意，只要孔子不再一味抱着王道、礼制不放，无论是季氏还是他阳货都完全能提供给他所需要的从政机会。实际上，这也正是孔子和他们的分歧之所在。如果不守持自己的王道理想，而一味"枉道从势"的话，那么儒家或许早就会在政治舞台上大干一番了，但是如果真得变成了这样，那么儒者和游士、法家人物便无本质性的差别了。可能正是基于这样的立场，孔子不仅对于僭礼的季氏非常反感［"孔子谓季氏，'八佾舞于庭，是可忍也，孰不可忍也?'"（《论语·八佾》）］，而且对于有意起用自己的阳货也是有意避开（《论语·阳货》说"阳货欲见孔子，孔子不见，归孔子豚。孔子时其亡也，而往拜之"）。所以，总体而言，孔子对于阳货的言论颇以为然，故而回答说"诺，吾将仕矣。"一反常态，完全不像他一开始有意躲避阳货的表现了，这正彰显了他对于自身道德立场、政治才干的充分自信，和对于干政事业所抱有的满腔热忱。但是，令孔子尴尬的是，在君王那里难以获得干政机会，而能够给予他这种机会的却是僭礼的正卿乃至家臣，可谓名不正言不顺。于是，有才干的孔子（也包括其他既坚守王道理想又试图干政的先秦儒者）、难有作为的君王、有野心的正卿（或家臣）便在特殊

---

① 何怀宏：《世袭社会——西周至春秋社会形态研究》，北京大学出版社 2011 年版，第 121 页。

的历史时期里相互纠缠在一起了，共同构成了角色错位、政治失序的社会现状，也鲜明地勾勒出了儒者的政治困境。而且，先秦儒家所面临的这种政治困境在"公山弗扰以费畔，召，子欲往"这则故事里（事另见《左传》定公八年、《史记·孔子世家》）也同样出现了。

在第二则故事里，公山弗扰据费邑叛乱①，并试图召孔子助阵，而孔子在这个时候也意欲前往。见此情景，常跟随其师左右的子路则非常不高兴，这也与他心目中平日里信奉"危邦不入，乱邦不居。天下有道则见，无道则隐"（《论语·泰伯》）的孔子形象大为不同，故而发问道："末之也，已，何必公山氏之之也？"言外之意，公山弗扰实为家臣，据费反叛季氏亦非有道之举，为什么一定要去他那里呢？面对弟子带有责难意味的话语，想必孔子心里也很不好受，故而解释说，假如有人给我干政的机会，那么我将使文武周公之道在东方复兴。在孔子看来，就价值的层面而言，他的从周之志是正当的，而三代的政治模式也是具有自足的价值和意义的，并不因受外在社会环境和客观条件的影响而减损多少。所以作为努力将王道理想落实于现实政治的儒者应该在干政行为方面有着独立的价值和意义，只要士、君子的充分努力，王道理想必能在将来实现，即便是公山弗扰、佛肸之流也不能减损道的神圣性和儒者出仕、干政的意义。这也正如他本人在第三则故事当中所表露的心曲："不曰坚乎，磨而不磷；不曰白乎，涅而不缁。"（《论语·阳货》）尽管如此，但孔子还是终未成行，毕竟名不正言不顺。对于孔子的这种情形，钱穆先生评论说："孔子闻召欲往者，此特一时久郁之心遇有可为，不能无动。……然而终于不往。其欲往，

---

① 关于公山弗扰其人，学者多疑为即《左传》定公五年、八年、十二年及哀公八年的公山不狃（唯陈天祥的《四书辨疑》认为是两人）。见程树德：《论语集释》，中华书局1990年版，第1192—1194页；杨伯峻译注：《论语译注》，中华书局1980年版，第182页；钱穆：《孔子传》，三联书店2002年版，第26页。

见孔子之仁。其终于不往，见孔子之知。"①钱先生言语之间，将孔子的理想、抱负与现实政治困境准确地刻画了出来。可以说，孔子闻召（哪怕给予干政机会的是怀有叛心的家臣）即有前往的打算，这正说明了对于儒者而言干政机会的难得，而当这样的机会来临的时候，解救黎民于水火，王道理想转化为政治现实便有了实现的可能性，正是这一点令儒者动心不已，让他们在一瞬间变得异常自信，也让他们认为王道在合适的时机、在儒者的努力下可以实现，而与叛臣、外在的政治窘状没有多少关系。当孔子基于对道德立场的坚定不移["笃信好学，守死善道。"（《论语·泰伯》）]、对自身政治才干的极大自信而有了这样的信念的时候，一旦干政机会来临，他便有了动身前往赴任的打算。但是，从现实的层面来说，起用自己的毕竟是些怀有叛心的家臣，这不符合礼制（《论语·季氏》云："天下有道，则礼乐征伐自天子出；天下无道，则礼乐征伐自诸侯出"），难以做到名正言顺，而且更为关键的是，起用自己的家臣并非为着百姓和王道，而是为了满足自己的私心、私欲②，这就很有可能会玷污儒者出仕、干政的价值及意义。在这种情况下，孔子最终还是没有前往，可谓是"其终于不往，见孔子之知。"③

　　从这几则故事所展现的情境来看，当干政机会来临的时候，孔子的心

---

① 钱穆：《孔子传》，三联书店 2002 年版，第 26 页。

② 对此，钱穆先生也分析说："阳虎既欲叛季氏，乃欲攀援孔子以自重。""弗扰即不狃，谓其以费叛，乃指其存心叛季氏。而孔子在当时讲学授徒，以主张反权臣闻于时，故不狃召之，亦犹阳虎之欲引孔子出仕，以张大反季氏之势力。"见钱穆：《孔子传》，三联书店 2002 年版，第 24、26 页。

③ 对于孔子的这种行为表现，程子则从叛者公山弗扰的角度作出了说明，他说："圣人以天下无不可有为之人，亦无不可改过之人，故欲往。然而终不往者，知其必不能改故也。"可参考。所引程说，见（宋）朱熹：《四书章句集注》，中华书局 1983 年版，第 177 页。

情无疑是复杂的，他常常要在"欲往"和"卷而怀之"①之间徘徊。虽然最终他选择的是把自己的本领、才干收藏起来，但选择的过程对于孔子而言却是异常纠结的，而这种纠结则恰恰表征了儒者所面临的政治困境和由角色错位所带来的焦虑情绪②。孔子的这种焦虑情绪，同样也很复杂。具体来说，他的这种焦虑包含了多个维度：既是生命的焦虑、道德的焦虑和政治秩序的焦虑，同时还是一种文化意义上的焦虑。在社会失序、角色错位的现实世界里，儒家所尊崇的由元典文献所承载的礼乐文明、礼仪教化在现实的政治世界里已是难以延续下去了（儒家文化意义上的焦虑盖多缘于此），而且儒者的个体生命亦不能得到很好的安顿，其沿着知识和实践③两条进路前行而不断得到提升的生命境界和人文情怀亦难以由个体生命进展到社会现实层面，这已经是令他们无法安然坐而论道了。另外，比较要紧的是，在当时的历史条件下，无论是个体还是作为共同体的儒家，他们要想把自己心目中的王道理想和人文情怀落实于社会层面就务须与政治、政权相结合，除此之外，似乎难有更为理想的途径和方式了。④

---

① 《论语·卫灵公》云："邦有道，则仕；邦无道，则可卷而怀之。"《论语·泰伯》亦云："天下有道则见，无道则隐。"

② 对此，王国雨说："个体生命的价值追求和生命关切处往往与其自我身份认同密切相关，换言之，一个人对自我人生意义与价值的认定、关切与焦虑必然与其自我'角色期待'相一致。"诚是。[王国雨：《论孔子的生命焦虑与晚年抉择》，《云南民族大学学报》(哲学社会科学版) 2008 年第 5 期]另外，王光松亦做了相应的分析，他说："在《论语》中，孔子教导弟子要'不患无位，患所以立'（《论语·里仁》），其实际行为却表明他本人求位颇为心切，甚至连叛者公山弗扰与佛肸的召唤都能使他心动，虽然在弟子的劝阻下孔子最终未能成行，但'欲往'的动作还是反映出了其内心深处的得位焦灼。"见王光松：《在"德"、"位"之间》，华东师范大学出版社 2010 年版，第 12 页。

③ 儒家意义上的"实践"，更多地指向了作为生命个体的儒者在日常生活中的洒扫、应对、进退以及在这种人伦日用的生活当中对于生命境界的提升和对于道的体认。

④ 对此，林存光也说："势位对儒家而言实是一柄双刃剑，当他们在道（孔圣之道）与势（帝王之势）相分离的历史状态下寻求二者的结合时，自行其是难以驯服的权势既

然而，作为儒者眼中合理政治秩序代表的君王由于受制于权臣而难有作为，能够提供施展政治才干机会的却是那些名不正言不顺的正卿、家臣，这一切让他们的理想、抱负被悬置了起来，也是他们在政治方面产生焦虑的主要原因。可以说，在先秦的儒家类典籍里，我们可以随处发现儒家的这种焦虑情绪。在《论语》当中，除了刚才提到的几则故事以外，还有关于"子见南子"一事我们不能不提。"子见南子"一事，在儒家类文献里屡见，包括《论语·雍也》、《论语·卫灵公》、《史记·孔子世家》、《孔子家语·七十二弟子解》以及《盐铁论·论儒》、宋人王安石的《答王深甫书》，等等。以此知之，"子见南子"在儒者的心目中就不仅仅是一桩发生于过去的历史事件了，由于在历代儒者的反复阐述之下使其被注入了文化活力，从而也就成了儒家精神世界当中所难以忘却的焦虑情感的典型性投射。①

"子见南子"故事雏形见于《论语·雍也》，据其载：子见南子，子路不悦。夫子矢之曰："予所否者，天厌之！天厌之！"每每孔子面临干政机会并意欲前往的时候，耿直的子路往往因为难通其师之心曲而屡有误解甚或不满之举。② 在这种情境里，子路反对性的行为似乎成了孔子焦虑情

可能使他们的愿望落空，却也不排除'道'假'势'而倡行的可能，而可以断言的是，最终儒学必因此而陷入与现实政治难解难分的纠葛之中。"见林存光：《儒教中国的形成——早期儒学与中国政治文化的演进》，齐鲁书社 2003 年版，第 38 页。

① 《论语·述而》云：子曰："甚矣吾衰也！久矣吾不复梦见周公！"周公，在孔子的眼里无疑是制礼作乐的圣人形象，是王道文明的象征，而孔子本人发出"久矣吾不复梦见周公"的慨叹，正是对王道理想失落于现实的无奈，是对盛年四处游说君王无果后焦虑情绪的进一步发展。对于孔子的这种无奈，《论语集释》评价说："孔子盛时志欲行周公之道，故梦寐之间如或见之。至其老而不能行也，则无复是心而亦无复是梦矣，故因此而自叹其衰之甚也。"见程树德：《论语集释》，中华书局 1990 年版，第 443 页。

② 对于"子见南子"事件，宋代大儒朱熹则从古代礼制的角度作出了自己的理解，他说："南子，卫灵公之夫人，有淫行。孔子至卫，南子请见，孔子辞谢，不得已而见之。盖古者仕于其国，有见其小君之礼。而子路以夫子见此淫乱之人为辱，故不悦。"可参考。[（宋）朱熹：《四书章句集注》，中华书局 1983 年版，第 91 页。] 或许，朱子的这

绪的一种反映。在《论语·卫灵公》里则对这一事件做了延续性的发挥，"子曰：'已矣乎！吾未见好德如好色者也。'"对于孔子所发的感慨，历来注家往往将其与《史记·孔子世家》所记述的"（孔子）居卫月余，灵公与夫人同车，宦者雍渠参乘，出，使孔子为次乘，招摇市过之。孔子曰：'吾未见好德如好色者也。'于是丑之，去卫，过曹。"联系起来，认为其所发感慨是对儒者尊严的维护。或许正是因为"子见南子"事件凸显了儒者在寻求干政机遇和维护尊严之间焦虑、徘徊的情绪与形象，从而成了后世儒者在面临同一困境时所不得不重提的境遇，以试图从儒家鼻祖那里寻求一些启示和精神上的慰藉。

　　由于历史条件和社会环境的关系，在孔子身上所发生的政治遭遇和现实困境①，对于先秦儒家共同体而言是普遍的，所以，对于这一问题如何得以较好的解决，自孔子开始便不得不加以面对了。在孔子那里，虽然他一再试图寻求合适的干政机会，但是对于王道理想的坚守，让他在糟糕的现实环境里难有大的回旋余地，屡遭碰壁是其必然的命运，盖缘于此，故而他有时会不无赌气地说道："道不行，乘桴游于海。"（《论语·公冶长》）② 与孔子在守"道"上这种决绝的态度不同，由于急于干政、施展

　　一理解是受到了《盐铁论·论儒》的影响，因为《论儒》对此事的评论正是以古礼为视角的，其云："孔子适卫，因嬖臣弥子瑕以见卫夫人，子路不说。子瑕，佞臣也，夫子因之，非正也。男女不交，孔子见南子，非礼也。礼义由孔氏出，且贬道以求容，恶在其释事而退也？"

① 对于孔子本人所遭遇的现实困境，王国雨则多从伦理的角度给予了一定程度的关注，他说："与理想和现实之间的矛盾相关，孔子还面临着目的与手段之间的深层矛盾。具体地说，就是当坚持自己的理想而不能得到用事机会，而如果做些妥协，便可以将理想付诸实践的时候，应当如何抉择的伦理困境。"王国雨：《论孔子的生命焦虑与晚年抉择》，《云南民族大学学报》（哲学社会科学版）2008 年第 5 期。

② 盖正看到了孔子此语中的赌气成分，所以程子谓孔子所言"皆假设之言耳"。见（宋）朱熹：《四书章句集注》，中华书局 1983 年版，第 77 页。

才干，其弟子们在实际生活中的表现千差万别，且多数已偏离了孔子"守死善道"（《论语·泰伯》）的要求，诚如王国雨所言："在政坛上取得重要地位的诸多弟子，在政治实践中选择的不是孔子所要求的不折不扣的'行道'，而是试图在现实条件下，寻求最大的实践空间，必要时甚至可以把道'存而不论'，悬置起来，乃至背'道'而驰、不择手段。"[1] 在这种情况下，当"德"与"位"之间发生冲突的时候[2]，对政治持有浓厚兴趣的孔门弟子们则多选择了后者，而不愿在"德"、"位"之间过于纠结，更不愿接受似孔子那般为着坚守王道而屡遭碰壁的局面。与此不同的是，孟子则接续了孔子道德优先的立场，当需要在"德"与"位"之间作出自己的抉择时，他常常"主张对'位'不动心，对外在权力世界来说，这具有'以德抗位'、持守儒家立场的意义；对儒家内部来说，这具有破除'必得其位'的执着心态或焦虑心态的意义"[3]。诚然，对于接续了孔子道德优先立场的孟子而言，"德"具有自足的合理性与正当性，儒者据此便可以在与权力者交往的过程中无须畏惧他们甚至还可以藐视他们（《孟子·尽心下》云："说大人，则藐之，勿视其巍巍然。堂高数仞，榱题数尺，我得志弗

---

① 王国雨：《论孔子的生命焦虑与晚年抉择》，《云南民族大学学报》（哲学社会科学版）2008 年第 5 期。孔门弟子的这种表现与其师形成了鲜明的对比。通过《论语》我们知道，孔子自身对于军事、农事皆无兴趣，即便是有通过执掌军事得以进阶的机会，他也一概拒绝（事见《论语·卫灵公》），这和他的弟子子路、冉求通过执掌军队得以出仕有着很大的不同。

② 先秦儒家倾向性地认为理想的干政角色是有德有位、"德"、"位"兼备方能行王道，故而《礼记·中庸》云："故大德必得其位，必得其禄，必得其名，必得其寿。""虽有其位，苟无其德，不敢作礼乐焉；虽有其德，苟无其位，亦不敢作礼乐焉。"或许受此启发，今人王光松则将儒家所面临的这种冲突简约为"德"、"位"分离的政治现实，认为这"必然会为其带来一种有憾意的生存性紧张。"王光松：《在"德"、"位"之间》，华东师范大学出版社 2010 年版，第 5 页。

③ 王光松：《在"德"、"位"之间》，华东师范大学出版社 2010 年版，第 37 页。

为也；食前方丈，侍妾数百人，我得志弗为也；般乐饮酒，驱骋田猎，后车千乘，我得志弗为也。在彼者，皆我所不为也；在我者，皆古之制也，吾何畏彼哉？"）。可见，"孟子之谓'藐'实即是一种立足于'德'来审视并批评'位'的政治姿态，该姿态宣示：绝不放弃儒家理想，也绝不向背离了'孔子之道'的现实妥协。孟子开辟了儒家'以德抗位'的抗议传统"①。可以说，当孔子尚纠结于据于"德"而无法正当地获取"位"（在很多时候，权势对其的支持亦是一种"位"）的时候，孟子则干脆不再在这一问题上继续纠缠，而是直接挺立起了道德的独立性和自足性，并以此作为最大的合理性和正当性来对抗外在的权势。② 在他看来，道德具有指导内在精神世界和外在客观世界的自足意义，两个世界的价值与合理性皆来源于此。所以，我们不必因为未见用于当权者而苦恼，更不必因为未获当权者的赏识与支持而终日惶惶，只要坚守道德的立场，自足的道德便可以成就

---

① 王光松：《在"德"、"位"之间》，华东师范大学出版社 2010 年版，第 38 页。

② 孟子这种"纯粹的价值合理性"（莱斯诺夫语，见前引）的处理方式当然不可能一点问题也没有［对此，鲁宾（Vitaly Rubin）说："当大家拼个你死我活的时候，对传统文化及道德规范信守不渝，只会令竞逐者沦于不利地位。"所言有理。见 Vitaly A. Rubin, 1976. "Individual and State in Ancient China". New York: Columbia University Press, p.57］，他的这一信仰式的理解虽然可以有效地解决个体生命存在的自足价值和意义问题，但对于如何更好地与当权者接洽、与世界沟通方面就显得力不从心，甚至为流俗所讥。对此，传世文献屡见，兹略举一二：

《孟子·公孙丑下》记，孟子云："千里而见王，是予所欲也；不遇故去，岂予所欲哉？予不得已也。予三宿而出昼，于予心犹以为速，王庶几改之！王如改诸，则必反予。夫出昼，而王不予追也，予然后浩然有归志。予虽然，岂舍王哉！王由足用为善；王如用予，则岂徒齐民安，天下之民举安。王庶几改之！予日望之！予岂若是小丈夫然哉？谏于其君而不受，则怒，悻悻然见于其面，去则穷日之力而后宿哉？"

《史记·孟子列传》亦云：孟子"游事齐宣王，宣王不能用。适梁，梁惠王不果所言，则见以为迂远而阔于事情。当是之时，秦用商君，富国强兵；楚魏用吴起，战胜弱敌；齐威王、宣王用孙子、田忌之徒，而诸侯东面朝齐。天下方务于合纵连衡，以攻伐为贤，而孟轲乃述唐、虞、三代之德，是以所如者不合。"

自己，同时这种力量也完全可以拯救世界，不是在现在就是在未来。正是基于这一立场，让孟子成就了"不怕任何艰险而去完成自己使命的无畏精神"和"自拔于流俗之外的伟大人格"①，他说："居天下之广居，立天下之正位，行天下之大道，得志与民由之，不得志独行其道。富贵不能淫，贫贱不能移，威武不能屈，此之谓大丈夫。"(《孟子·滕文公下》)但是，理想与现实之间的冲突仍然存在，而且由于他所采取的是皈依道德的方式，反而将这种冲突更为加剧和扩大了。事实上，尽管由于孟子采取了"以德抗位"、藐视权势的方式而使儒者尊严得以保全，自己的内心亦可以摆脱纠结不已的伦理困境，但是孔子所面临的这种冲突、矛盾在孟子那里依然没有得到很好的解决。

对于这个问题，孟子之后的儒生们（此处是指战国时期）"将自身角色定位为'修身俟时'，他们在将理想实现寄于未来的同时，特别突出了'俟'（即'等待'）这一角色规定"②。在郭店儒简那里，就特别突出了对于"时"的强调与重视③："有其人，无其世，虽贤弗行矣。苟有其世，何难之有哉。"(简1—2)"遇不遇，天也。"(简11)"穷达以时，德行一也。"(简14)(《穷达以时》)由所引简文可知，在郭店简阶段，这一时期的儒者尽管依然十分注重省己和修身 [《尊德义》有言："察诸出所以知己。知己所以知人，知人所以知命，知命而后知道，知道而后知行。"(简8—9)《成之闻之》亦宣称："从允释过，则先者除，来者信。"(简36)]，延续了先儒一贯的道德立场，但较之孔、孟二人郭店儒简作者对于"时"更为重

①　所引语，见罗新慧：《从郭店楚简看孔、孟之间的儒学变迁》，《中国哲学》2000 年第 2 期。

②　王光松：《在"德"、"位"之间》，华东师范大学出版社 2010 年版，第 58 页。

③　除了郭店儒简外，在这一时期前后出现的《易传》中也多次对"时"加以强调，比如："应乎天而时行"(《易传·大有·彖》)、"随时之义大矣哉"(《易传·随·彖》)、"时止则止，时行则行，动静不失其时，其道光明"(《易传·艮·彖》)、"变通者，趋时者也"(《易传·系辞下》)，等等。

视。当然，尽管简文作者反复强调"时"对于儒者理想的践行以及生命个体的穷达所起的作用非常重要，但由于"时"的客观性和难以把握性，简文作者还是将用力处落在了己身上。因而，简文作者一再强调，我们应该努力修养自己的德行，并能做到始终如一，从而不轻易受到外在环境的诱惑与乱心，对此，《穷达以时》有言："穷达以时，幽明不再。故君子惇于反己。"（简15）简文的意思是说，穷困或通达都是因为时机，但是穷困或通达都不会太长久，所以对于君子而言，最重要的就是要求诸自身。当然，求诸自身实际上就是要求时时不忘对于自己德行的修养，只有这样才会使自己内心的德行坚如磐石、不可动摇，才不至于随波逐流、怨天尤人，更不会去"以物易己"（《庄子·徐无鬼》），从而达到"率道而行，端然正己，不为物倾倒"（《荀子·非十二子》）的君子之风，这也就是《穷达以时》所说的"穷达以时，德行一也。誉毁在旁，听之懑，毋之白。"（简14）

除了上列简文外，寄托了儒家圣人情结和贤人政治理想的郭店简《唐虞之道》也非常强调"时"的重要性："古者尧生于天子而有天下，圣以遇命，仁以逢时"（简14）、"纵仁圣可与，时弗可及矣。"（简15）实际上，《唐虞之道》当中所描绘的"禅让制"① 由于深受当时尚古、托古之风的影响②，它向人们所展示的是一幅"爱亲尊贤"[《唐虞之道》谓："尧舜之行，爱亲尊贤。爱亲故孝，尊贤故禅。"（简6—7）] 带有理想性色彩的美

---

① 关于"禅让制"于史上是否存在以及何时存在的问题，此处不予讨论，相关研究可见李友广：《理想化与存在性的交织："禅让制"刍议》，《长安大学学报》（社会科学版）2015年第3期。

② 实际上，它也受了孔子贤人政治主张的影响，《论语·为政》即曰："举直错诸枉，则民服；举枉错诸直，则民不服。"《论语·卫灵公》亦载，孔子的弟子仲弓问为政之方，孔子说："举贤才。"仲弓又问："焉知贤才而举之！"孔子回答："举尔所知，尔所不知，人其舍诸？"

好图景。① 而且，由于这幅图景所描绘的故事是以三代以前为相应背景的，这恰恰说明了在战国时期儒者的眼里自己是生不逢时的，故而，自己在政治舞台上难有作为不是自己的错而是"时不我与"，可谓是"纵仁圣可与，时弗可及矣。"（《唐虞之道》简15）郭店简《唐虞之道》对于"时"的重视，实际上正与战国中期前后糟糕的政治环境与社会现状大有关联，其时统一战争愈演愈烈，诸侯称雄、游士纵横，这与推崇"禅而不传"的禅让之风的"唐虞之道"已是渐行渐远。这一时期守持王道理想的儒者们只能将希望寄托于将来，所以，他们对于"时"的一再强调是诚可理解的事情。另外，由于受制于这一历史时期的时代条件，荀子也同样非常重视和强调"时"的重要性②，由于前章已有论述，为免于拖沓，此处不再展开。

整体而言，作为共同体的先秦儒家给后人呈现出了自信、焦虑与俟时的群体形象，而这种多元、丰富、复杂的儒者形象到了中央集权政制形成之后的汉代则又有了新的变化。在汉代，既有依然守持道德立场者，亦有在"俟时"过后的积极事功者，实际上，儒家群体在中央集权政治体制压力下的这种抉择与分化已是历史发展的一种必然，关于这方面的内容，我们将在下一章里具体展开。

---

① 同样的，吴根友则以内容相近的上博简《容成氏》为例作出了类似的阐述，他说："与其说《容成氏》的作者是在叙述一个历史事件，不如说他在重构一个关于政治权力转移的历史神话，通过这一神话表达了对传统社会和现实社会世袭政治的强烈不满。"吴根友：《上博简〈容成氏〉政治哲学思想探析》，载《上博馆藏战国楚竹书研究续编》，上海书店出版社2004年版，第12页。

② 《荀子·宥坐》云："夫遇不遇者，时也。贤不肖者，材也。君子博学深谋不遇时者多矣。由是观之，不遇世者众矣！""夫贤不肖者，材也；为不为者，人也；遇不遇者，时也；死生者，命也。今有其人不遇其时，虽贤，其能行乎？苟遇其时，何难之有？故君子博学深谋，修身端行，以俟其时。"

第六章 道势之间：中央集权体制压力下的汉儒及其艰难抉择

先秦时期，由于诸侯林立，政府力量多用于富国强兵和对外战争①，在客观上对于文化的控制并不强势。在这种时代背景下，先秦儒家的传道和出仕固然很艰难，但起码还可以通过四处游说、"合则留，不合则去"的方式来保全儒者尊严和道的至上性。但是，到了一国一皇的中央集权式体制完全确立起来的汉代，儒生们便不复拥有这样宽松的政治环境和社会条件了。在汉代，政府的力量已由原来的专注于富国强兵、对外战争转向了缓和社会矛盾、巩固"大一统"的政治秩序，并试图为这种新生的政治秩序的合理性做理论上的论证，以使其尽可能获得文化的、历史的生命力。在汉统治者看来，唯有获得文化上的支持，才有可能使新生的政权与政治秩序得到历史养料的滋养，从而使其更易在民众的心里扎根，以最终获取民众的支持和拥护，在这一点上，汉政权显然是借鉴了秦二世而亡的教训。

正是基于新生政权必须以文化、理论论证的方式来靠近传统以获得历史所特有的厚重感这样的一种考虑，汉政权除了重视制定和推行利于民生的政策、措施以外，对于文化战线的运营、控制也同样给予了前所未有的

---

① 《孟子题辞》云："周衰之末，战国纵横，用兵争强，以相侵夺。当世取士，务先权谋，以为上贤，先王大道，凌迟堕废。"见(清) 焦循：《孟子正义》，中华书局1987年版，第9页。

关注与重视。可以说，当政治的力量开始全面介入文化领域的时候，文化上的创造力便因外在的种种束缚而活力渐失，于是，汉儒们就必须要作出自己的抉择了。① 对于儒生们而言，服从政治力量的引导，将心中的"道"悬置起来为汉政权服务似乎是不二的选择。但是，当时的实际情形似乎并不完全如我们后人所料想的那样。② 尽管儒生们曾经有过直面强秦的文化高压策略（主要包括"焚书"、"坑儒"）的残酷经历，并对政治力量的强权性深有体会，但是部分汉儒毕竟还是延续了先秦儒家所惯有的王道理想和道德立场。因而，在政治空间日益被压缩、生存环境日益糟糕的局势下，汉儒们在道势之间的徘徊、抉择，进而产生分化，便成为一种历史的必然。

第一节　中央集权体制下的儒家理想

关于儒家的理想，《礼记·大学》曾做过归纳性的阐述，是谓"修身、

---

① 对此，干春松作出了深入的阐发，他说："随着大一统的政治体制的确立，对于何种制度是最合理的制度的讨论显然是不合时宜的。统治者所关心的是如何通过种种手段将儒生的精力引导到更好地证明已经存在的制度的合理性而非讨论制度本身的合理性，由此，儒家的'礼'被简单化为服从而非制约。在儒家文献经典化之后，儒家的发展空间受到了限制，并由建设转向了解释。"言之有理。见干春松：《制度化儒家及其解体》，中国人民大学出版社2003年版，第69页。

② 对此，干春松归纳、总结说："一种是如叔孙通等人在制定朝仪和宗庙制度上作出了令刘邦这样的对儒家抱有成见的帝王满意的制度性安排；另一种则侧重于理论上的阐发，如贾谊和陆贾等汉初的儒家都坚持认为儒家以仁义为本的制度设计'礼'是国家长治久安的基础。"（见干春松：《制度化儒家及其解体》，中国人民大学出版社2003年版，第64页。）实际上，干氏对于儒者类型的这种划分正是以是否守持儒家道德立场为依据的，可以说，是对汉儒们在道势之间的徘徊、抉择，进而产生分化所做的很好的说明。

齐家、治国、平天下"。在这里，"平天下"成了先秦儒家外王、事功的最富价值性的理想。与先秦时期诸侯林立的政治格局不同的是，秦汉逐步确立了一国一皇中央集权式的国家体制①，这让后来的儒生们便自动地缺失了"平天下"这一重要的事功目标。可以说，在中央集权体制之下，儒家的生存空间和自我的价值期待被一再压缩，他们不再如先秦儒家那样可以四处游说，亦不复拥有那种"合则留，不合则去"的政治灵活度。换句话说，在中央集权体制之下，"修身"、"齐家"这一属私领域的事项依然可以由儒生们自主和自我实现；但是，如"治国"、"平天下"这般属公领域的政治行为便不复是儒家共同体所能完全自主的实践性活动了。在这种情况下，儒家原有的授徒讲学②、批判现实政治、引导社会秩序、高扬道德立场等多元性的自我定位与角色功能，在巨大的政治压力面前已是难有选择的余地，或者说，儒家除了将自身的独立性价值悬置起来已是别无选择。于是，在中央集权体制之下，儒家的独立性价值不复如先秦时期那么高扬，当汉儒们开始试图消解因中央集权体制给他们带来的巨大压力的时

---

① 中央集权体制最为显著的特征之一便是在地方政权体制方面所实行的郡县制。关于郡县制，何怀宏曾做过专门的研究，他认为："郡县制即是由中央政权挑选和任命地方官吏，并定期予以考核、升降或更换的制度。这样，郡县制就意味着在两个方面与封建制相对立：第一是打破分裂割据而实现统一，加强中央集权和君主权力，第二是打破权力、财富、名位的世袭制而建立一种人员流动的官僚体制。"（何怀宏：《世袭社会——西周至春秋社会形态研究》，北京大学出版社 2011 年版，第 21～22 页。）另外，对于郡县制，张德胜定位说："郡县制的确立，是我国政治权力一元化的具体贯彻。"（张德胜：《儒家伦理与社会秩序——社会学的诠释》，上海人民出版社 2008 年版，第 87 页。）实际上，正是由于郡县制在地方的实行，让中央集权体制的触角延伸到了整个国家版图的每一个角落。自此以后，中央集权体制的威力便无处不在，人人都必须生活在这种威力之下，儒家当然也不能例外。

② 关于儒家从事教育的目的及意义，杜维明说："他们（指儒家，笔者注）承担了进行全方位教育的义务，传播儒家人文主义的文化规范，初衷也并非为政府服务。"见 [美] 杜维明：《中国古代儒学知识分子的结构与功能》，《开放时代》2000 年第 3 期。

候，儒家群体的分化便注定要发生了。

我们说，当中央集权体制风暴来临的时候，每个生命个体都无法袖手旁观，都成为而且必须成为这种体制的支持者、服务者甚或赞美者（中央集权体制下的社会批判者向来难有好的命运，其能否存在以及存在时间的长短都要取决于当权者能否容忍以及所能容忍的程度），在中央集权国家的版图上是不允许诸如游侠、隐士① 之类的体制之外的人存在的。可以说，处于中央集权体制风暴之中的儒家群体在西汉时期的这种分化正是基于每个个体对于儒者的身份、角色、功能及使命所做的不同理解和重新定位的结果。

对于叔孙通这一类的儒者而言，当一统时代来临的时候，他们所感受到的不仅仅是政治方面的压力和对于自身政治命运的担忧，与传统儒家及坚守王道理想的那部分汉儒不同的是，在压力和担忧之外，他们的内心或许还会存有一丝的喜悦。这丝喜悦正是看到了体制正在发生的变革以及为他们所带来的可能性的调整机遇，而后来的历史发展也证明了他们在文化秩序需要重建的时代成功地抓住了这次难得的机会，从而实现了对于自我身份、定位的调整，一跃而成为汉家官学的代言人，在新的文化秩序当中独占鳌头，将春秋战国时期百家争鸣、难分伯仲的学术呈现样态一变而成了文化秩序上的一家独大，这正与中央集权体制的强力性特征相吻合。②

---

① 对于游侠和隐士，我们似乎可以做这样的理解：游侠，突出了个"游"字和"侠"字，实际上是居无定所、四海为家，是现有社会秩序的挑战者和破坏者，这是"大一统"局面下的政府所不能容忍的；隐士，同样是突出了个"隐"字和"士"字，这一种人十分在意自我的独立性价值（彰显了个体主体性与社会体制之间的冲突），是现有体制的潜在批判者，这同样也是中央集权体制下的集权政府所无法允许的。

② 这正如干春松所言："一种思想学说一旦被制度化并上升为意识形态之后，便具有强烈的排他性。"（见干春松：《制度化儒家及其解体》，中国人民大学出版社 2003 年版，第 11 页。）可见，当儒学因与意识形态相结合而取得了官学的地位以后，便顺应了中央集权体制的强力性，从而也就具备了中央集权体制的相应特征。

对于叔孙通这一类的儒家人物是如何的善于时变，在司马迁的笔下曾有过描述，且看《史记·叔孙通列传》① 所记：

> 叔孙通者，薛人也。秦时以文学征，待诏博士。数岁，陈胜起山东，使者以闻，二世召博士诸儒生问曰："楚戍卒攻蕲入陈，于公如何？"博士诸生三十余人前曰："人臣无将，将即反，罪死无赦。原陛下急发兵击之。"二世怒，作色。叔孙通前曰："诸生言皆非也。夫天下合为一家，毁郡县城，铄其兵，示天下不复用。且明主在其上，法令具于下，使人人奉职，四方辐辏，安敢有反者！此特群盗鼠窃狗盗耳，何足置之齿牙间。郡守尉今捕论，何足忧。"二世喜曰："善。"尽问诸生，诸生或言反，或言盗。于是二世令御史案诸生言反者下吏，非所宜言。诸言盗者皆罢之。乃赐叔孙通帛二十匹，衣一袭，拜为博士。叔孙通已出宫，反舍，诸生曰："先生何言之谀也？"通曰："公不知也，我几不脱于虎口！"乃亡去，之薛，薛已降楚矣。及项梁之薛，叔孙通从之。败于定陶，从怀王。怀王为义帝，徙长沙，叔孙通留事项王。汉二年，汉王从五诸侯入彭城，叔孙通降汉王。汉王败而西，因竟从汉。
>
> 叔孙通儒服，汉王憎之；乃变其服，服短衣，楚制，汉王喜。
>
> 叔孙通之降汉，从儒生弟子百余人，然通无所言进，专言诸故群盗壮士进之。弟子皆窃骂曰："事先生数岁，幸得从降汉，今不能进臣等，专言大猾，何也？"叔孙通闻之，乃谓曰："汉王

---

① 班固在《汉书》叔孙通传末尾亦评论道："高祖以征伐定天下，而缙绅之徒骋其知辩，并成大业。……叔孙通舍枹鼓而立一王之仪，遇其时也。"由此对叔孙通的善于时变，亦可略知一二。

方蒙矢石争天下，诸生宁能斗乎？故先言斩将搴旗之士。诸生且待我，我不忘矣。"汉王拜叔孙通为博士，号稷嗣君。

汉五年，已并天下，诸侯共尊汉王为皇帝于定陶，叔孙通就其仪号。高帝悉去秦苛仪法，为简易。群臣饮酒争功，醉或妄呼，拔剑击柱，高帝患之。叔孙通知上益厌之也，说上曰："夫儒者难与进取，可与守成。臣原征鲁诸生，与臣弟子共起朝仪。"高帝曰："得无难乎？"叔孙通曰："五帝异乐，三王不同礼。礼者，因时世人情为之节文者也。故夏、殷、周之礼所因损益可知者，谓不相复也。臣原颇采古礼与秦仪杂就之。"上曰："可试为之，令易知，度吾所能行为之。"

于是叔孙通使征鲁诸生三十余人。鲁有两生不肯行，曰："公所事者且十主，皆面谀以得亲贵。今天下初定，死者未葬，伤者未起，又欲起礼乐。礼乐所由起，积德百年而后可兴也。吾不忍为公所为。公所为不合古，吾不行。公往矣，无污我！"叔孙通笑曰："若真鄙儒也，不知时变。"

在司马迁的笔下，叔孙通善于时变的特质被淋漓尽致地展现了出来。在叔孙通的身上，我们已无法很明显地感受到传统儒家在坚守王道理想和道德立场上那种决然的态度了。与之相反的是，他的察言观色（"二世怒，作色。叔孙通前曰：'诸生言皆非也。夫天下合为一家，毁郡县城，铄其兵，示天下不复用。且明主在其上，法令具于下，使人人奉职，四方辐辏，安敢有反者！此特群盗鼠窃狗盗耳，何足置之齿牙间。郡守尉今捕论，何足忧。'二世喜曰：'善'"）、不讲立场和气节（"及项梁之薛，叔孙通从之。败于定陶，从怀王。怀王为义帝，徙长沙，叔孙通留事项王。汉二年，汉王从五诸侯入彭城，叔孙通降汉王"）、从王所好（"叔孙通儒服，汉王憎之；乃变其服，服短衣，楚制，汉王喜"）以及对于儒者价值和功

能的定位（"夫儒者难与进取，可与守成"①），都表明了他这一类儒家人
物的出现已完全颠覆了那种焦虑、徘徊、俟时的传统儒者形象。② 在他看
来，俟时、等待的时期已经过去，一统时代的来临即已表明这是一个百废
待兴、秩序重建的时代，也是儒家可以大展宏图的时代。因而，在他的眼
中，一统时代便是先儒们所苦苦寻求和等待的最佳时机。于是，原来先儒
们那种"俟时"的焦虑形象便演变成了叔孙通这里的"用时"和"只争朝
夕"、亟不可待的形象。"俟时"与"用时"的冲突以及儒者形象的这种转
变，在司马迁的笔下展现得非常生动、具体：

> 于是叔孙通使征鲁诸生三十余人。鲁有两生不肯行，曰：
> "公所事者且十主，皆面谀以得亲贵。今天下初定，死者未葬，
> 伤者未起，又欲起礼乐。礼乐所由起，积德百年而后可兴也。吾
> 不忍为公所为。公所为不合古，吾不行。公往矣，无污我！"叔
> 孙通笑曰："若真鄙儒也，不知时变。"（《史记·叔孙通列传》）

鲁地本为儒家传统非常浓厚的地方，故而叔孙通在重起朝仪的时候便首先
想到了征用鲁生。但当他到鲁地的时候，虽然征得"鲁诸生三十余人"却
有"两生不肯行"，虽然只有两个人，然而他们提出的问题却是非常尖锐
的。在他们看来，叔孙通没有气节、节操，为了得到权贵的赏识而丢弃了

---

① 盖源于叔孙通的这种定位，美国学者格里德尔在此基础上做了进一步的阐释与发挥，
他说："他们（指儒家学者，笔者注）是传统文学和礼仪的大师，是社会和文化价值符
号的有教养的操作者。因此，他们的作用不是统治，而是证明权力在握的统治者权威
的合理性，并帮助他们管理国家。"诚是。引文见［美］格里德尔：《知识分子与现代
中国》，单正平译，广西师范大学出版社2010年版，第30页。

② 对此，杨鑫亦言："通过叔孙通的政治实践活动可以看出，他进行政治参与时的出发
点、着眼点已不再是儒家的政治理想，而是当下的现实政治状况，所以叔孙通才会为
了更好地参与政治而变儒服、为了适应统治者的需要而调整礼制。"言之有理。见杨
鑫：《叔孙通之"进退与时变化"与汉代儒学的转向》，《孔子研究》2016年第2期。

应有的立场和尊严，已被划归到了俗儒的行列。不仅如此，礼乐制度本是王道政治的载体和表现，是和谐盛世的产物①，因而，在这两个人看来，天下初定本该在民生、生产和安定民心上用力，叔孙通辈却以治礼乐、起朝仪的方式取悦皇帝，是对"道"的扭曲和玷污，所以说道："公往矣，无污我！"面对这两个人的质疑和批评，叔孙通非但没有愧色，还故做洒脱状（叔孙通笑曰："若真鄙儒也，不知时变"），将恪守古礼的这两个人讥为"鄙儒"。从司马迁所记可以看出，"俟时"和"用时"在这里发生了激烈的冲突，这种冲突实际上就是"道"和"势"之间的冲突。在一统时代，既然要参与到权力当中，"道"的减损势难避免，如果在"势"面前不采取一定的妥协、退让策略，儒者则很难真正登上政治舞台，儒学也就不会那么快就能取得官学的地位了。②或许，叔孙通较早就看到了这一点，并据此为儒者在一统时代的角色、身份重新定了位，所以面对鲁生的质问时不会有愧色③，并理直气壮地讥笑他们是鄙儒。与叔孙通不同，这两个

---

① 在这一点上，这两个儒生的看法与后来的贾谊相合，《汉书·贾谊传》载："谊以为汉兴二十余年，天下和洽，宜当改正朔，易服色制度，定官名，兴礼乐。乃草具其仪法，色上黄，数用五，为官名悉更，奏之。"由此看来，贾谊虽亦有干政之心，但他兴礼乐的前提在于"汉兴二十余年，天下和洽"，且主张仁义治国，强调"闻之于政也，民无不为本也。"[《新书·大政（上）》]"与民为仇者，有迟有速，而民必胜之。"[《新书·大政（上）》]，这与先前叔孙通的做法有着很大的区别。

② 在这方面，韩星则以叔孙通为例作出了自己的说明，他说："叔孙通是较早运用儒学为现实政治服务的儒士，他为汉代制定礼仪制度，实现他的以儒家的礼乐建立政治秩序的目的，他的成功说明儒学要成为政治法律制度或意识形态必须讲究策略而不是固执理想。"斯言有理。见韩星：《汉初儒学的思想整合》，载单纯主编：《国际儒学研究》（第十八辑），九州出版社2011年版。

③ 叔孙通心中到底有无惭愧之感，由于相应材料和实际语境的缺失，已是无从考察。但是，如若司马氏所记属实，那么叔孙通之所以能够理直气壮地反击鲁生的质问，其原因应该还有深受荀子思想影响的可能。在《荀子·仲尼》当中，即有"君虽不知，无怨疾之心；功虽甚大，无伐德之色；省求多功，爱敬不倦；如是则常无不顺矣。以事君则必通，以为仁则必圣，夫是之谓天下之行术"。诸语。省，杨倞注曰："省，少也。"

儒生无视外在世界正在发生的巨大变化，或者说，对于他们而言，在一统时代，既然王道理想、道德立场的落实已是遥遥无期，那么坚守就显得尤为可贵。于是，"不肯行"便成了他们对于这一态度的坚决表达，以不妥协、不合作的姿态对抗着整个中央集权体制和高高在上的"势"。可以说，叔孙通辈和这两个儒生对于"势"的反差性较大的态度①，即已表征了在一统时代儒生们的分化。

实际上，当一统时代来临的时候，原先那诸侯林立、争相纳贤的社会政治局面便不复存在，取而代之的则是一国一皇的中央集权式国家体制。在这种体制下面，皇权得到了尽可能的张目，而"臣"则变成了"臣子"、

（见杨柳桥：《荀子诂译》，齐鲁书社 1985 年版，第 147 页。）字里行间到处充斥着臣对君的揣摩之意，而且还将其与圣、术联系了起来，实在是有将儒学作实用化处理的用意。可见，叔孙通善于权变、时变还是有其思想渊源的。关于荀子的这种立场，林存光在与法、道两家的对比中展开了自己的阐述，他说："法家在当时时代表着一种积极参与社会历史变革进程的适应性观点和行动方针，道家则体现了一种鲜明的反文化的精神方向，而儒家能屈能伸的人生态度和行为模式，如荀子所称君子之'与时屈伸'、'以义应变'（《荀子·不苟》）显然是介乎道法二家之间的一种价值取向。"（见林存光：《儒教中国的形成——早期儒学与中国政治文化的演进》，齐鲁书社 2003 年版，第 113 页。）他对于儒家这种能屈能伸的人生态度和行为模式所做的分析仍然是以荀子为主要言说对象的，由此看来，荀子在儒学由"道"向"术"转变过程中所起的作用以及对于后来叔孙通辈的影响都是无法忽略的。而关于"术"思想的渊源，余明光认为，韩非主要是承袭于申不害，而申子主要又是承袭于长沙马王堆汉墓帛书《黄帝四经》，并引其中《经法·六分》"……不知王术，不王天下。知王术者，驱骋驰猎而不禽荒，饮食喜乐而不湎康，玩好娼好而不惑心"的话佐证之，但对"术"与荀子思想之间的关系并未提及。关于余明光的观点，见余明光：《黄帝四经与黄老思想》，黑龙江人民出版社 1989 年版，第 178—179 页。

① 关于叔孙通和鲁地儒生对于"势"所产生的冲突及反差性较大的态度，杨鑫认为，是儒家学派内部于汉初发生分化所致，其主要表现为齐学与鲁学的对立，大致来说，"鲁学是谨守旧义的，齐学是博采众说的"（引号内引文见蒙文通：《经学抉原》，巴蜀书社 1995 年版，第 22 页），而叔孙通则是汉代齐学的早期代表人物。见杨鑫：《叔孙通之"进退与时变化"与汉代儒学的转向》，《孔子研究》2016 年第 2 期。

"民"变成了"子民"。于是，臣、民便被置于了"子"这一伦，而君王则成了父权的最高代言人，是臣、民所需要负责和服从的对象。在这种形势下，儒者已无"合则留，不合则去"的空间和可能，再一味地坚守王道理想而不做任何调整与改变则只能接受政治上失败的命运了。然而，儒家之为儒家就在于其自孔子始就一直难以放弃的对于"德"和"位"的双重渴望与追求，所以，在儒家那里便形成了一种很难动摇和改变的对于自我和现实世界认知的历史传统。在他们看来，正身、修己是对于自身在这个世界秩序当中存在价值的首要肯定，而"位"的获得则是将儒家个体的德性传达给外界必不可缺少的要素，是联系儒家个体与外在客观世界的最佳途径。倘若没有这个"位"，则"名不正言不顺"（《论语·子路》）、"亦不敢作礼乐焉"（《礼记·中庸》），无法制礼作乐便很难以体制化、艺术性的方式将儒家的王道理想、德性价值传播到社会层面（《汉书·儒林传》即云："导民以礼，风之以乐"），因而，"位"的缺失对于儒家价值理想的实现而言是致命的。盖源于此种定位和认知，儒家的内心深处是极不愿意接受政治上失败的命运的，在一统时代，为了"位"、"势"的获得，他们势必要在"道"的层面上作出一定程度的让步与牺牲。于是，在"道"和"势"之间，很多儒者顺势作出了调整，其调整的结果便是"枉道以从势"。①

---

① 对于儒者的这种调整与变化，我们可以结合先秦儒家的情况来做进一步的考察。先秦儒者缺乏使己说见用于君王的有效途径。先秦儒家共同体倾向于将礼视为规整社会、政治及文化生活的重要手段和基本依据，他们对于礼的倡导和重视，为社会秩序的重建和人伦道德的和顺提供了可能，但同时也为自身的社会角色和身份形象划定了相应的界限，让自己在探索干政途径的时候往往囿于道德的理路，从而缺少了相应的灵活与变通（对此，杜维明也认为"儒家知识分子所持的道德理想主义会进一步侵蚀他们参与权力游戏的有效性"。见［美］杜维明：《道、学、政：论儒家知识分子》，钱文忠、盛勤译，上海人民出版社2000年版，第16页），将自己牢牢地限定在了"道德先于政治"的立场上，这与后来汉儒的做法大为不同。有所不同的是，战国以后的儒生们先后经历了秦朝文化高压政策的残酷教训以及一人专制政治体制所带来的巨大政

当然，在中央集权体制下，并不是所有的儒者都作出了这样的调整。

治压力，这一切让他们认识到，一味固守道德立场在进入政治权力、参与政权运作方面非但没有起到助力作用，反而成为了一种潜在的障碍，春秋晚期、战国时期儒者们带有实践色彩的政治性行为（主要包括周游列国积极寻求干政机会和带有传道性、自荐性的游说行为）屡遭碰壁的结果便证明了这一点。或许正是对道德立场基于这样的认识，让汉儒们对于道德和政治之间的关系有了重新定位的机会。当法家人物早已在政治舞台上大施拳脚，甚至黄老思想在汉初也有了用武之地的时候，面对政治体制的转变（对于这种转变，干春松总结说："公元前 3 世纪前后，也就是战国末期到秦汉初，中国社会正由血缘国家转变为地域性的国家，旧秩序的瓦解需要一种新的制度来补充。在秦国的'以吏为师'的模式遭到失败之后，给了儒生阐发自己观念的极好机会。"见干春松：《制度化儒家及其解体》，中国人民大学出版社 2003 年版，第 64 页），向来热衷于参与现实政治的儒生们，也在积极调整着对于自己的角色定位和形象预期。急于参与到新生政权文化建设当中的他们，不再视自己为公共生活的引导者和现实政治的批判者（以这样的身份参政，显然难受当权者待见），而是将自己看作新生政权的支持者、拥护者（对此，陈壁生说："当时习儒术者面对一人专制政治，急切地调整自己，适应新的政治体制，以求在这个体制中获取功名利禄，即便丧失儒者底线也在所不顾。"见陈壁生：《经学、制度与生活——〈论语〉"父子相隐"章疏证》，华东师范大学出版社 2010 年版，第 146 页），所能做的不再是批判而是为其作合理性证明。对于儒生的这种定位和变化，杜维明曾有过一番论述，他说："武帝采用儒学作为官方哲学，表明那些奋起凸出其统治权的儒者取得了胜利，他们是叔孙通精神的真正继承人，为了替自己和门徒在汉代官僚体制里寻求一个合适的位置，他们自贬儒家知识分子的身份，去设计旨在提高帝皇尊严的宫廷礼仪。叔孙通成功地以其实用礼仪的专门知识为职业，暗示了一条使儒家价值迁就政治需求的路径。"（[美] 杜维明：《中国古代儒学知识分子的结构与功能》，《开放时代》2000 年第 3 期。）可见，当汉儒如叔孙通辈那样将儒家价值迁就政治需求的时候，实际上将那原来带有至上性、神圣性色彩的"道"俗化为了带有很强现实性、实用性的"术"。（关于道、术之间的这种转变，彭永捷说："至汉代，儒学一变而为儒术，成为治国的意识形态工具。正是经历由儒学到儒术的转变，儒学的外王功能才得以具体落实，儒学的义理得以落实于社会治理。""儒术是儒学落实于社会的方式"。（彭永捷：《认识儒教》，《社会科学》2011 年第 11 期。可以说，他对于儒术所做的实践性理解，正是基于了其强烈的实用性、现实性。）或许，正因为如此，才受后人的诟病；然而，汉儒不作出这样的调整与重新定位似乎就难逃先秦儒家所面临的政治命运。在道德立场和现实权力之间，自孔子始儒者们就在面临着一次又一次的不无痛苦的焦虑、徘徊与抉择。

当"道"、"势"之间的冲突无法避免的时候，有些儒者走上了注解儒家元典之路，试图在不与"势"直接发生冲突的前提下，以明经、注经的方式来保全和弘扬心中的"道"，于是在汉代便涌现出了一大批明经、注经者，诸如辕固生、赵绾、王臧①、董仲舒②、鲍宣③、眭弘④、卢植、赵岐，等等。

---

① 《汉书·郊祀志》记："赵绾、王臧等以文学为公卿，欲议古立明堂城南，以朝诸侯，草巡狩封禅、改历、服色事，未就。"（事另见《史记·封禅书》《史记·魏其武安侯列传》、《史记·孝武本纪》）赵绾、王臧二人本为鲁申公之高足，通《诗》、明儒学自不待言（《史记·儒林列传》有云："及今上即位，赵绾、王臧之属明儒学，而上亦乡之，於是招方正贤良文学之士"），一有从政机会便试图恢复旧礼古制，终因与窦太后的立场相悖而获罪（事见《汉书·武帝纪》），实是先儒王道理想的坚定维护者和积极践行者。

② 《汉书·董仲舒传》有言："董仲舒，广川人也。少治《春秋》，孝景时为博士。下帷讲诵，弟子传以久次相授业，或莫见其面。盖三年不窥园，其精如此。进退容止，非礼不行，学士皆师尊之。"当然，董子不仅精通《春秋》，而且还常常以"灾异"说解经，自此以后便开启了经师以灾异说解经的传统（事于《汉书·五行志》屡见），盖与此相关，《后汉书·杨秉传》即言"瑞由德至，灾应事生"。实际上，董子以"灾异"说解经，并将灾异视为天之遣告，意使帝王为政须以天意为先，以达到"屈民而伸君，屈君而伸天"（《春秋繁露·玉杯》）之目的。

③ 鲍宣，《汉书·鲍宣传》记载，"字子都，渤海高城人也。好学，明经，为县乡啬夫，守束州丞。""宣每居位，常上书谏争，其言少文多实"。据此可知，鲍宣早年曾习经，并常常引灾异说来上书劝谏皇帝，言谓："窃见孝成皇帝时，外亲持权，人人牵引所私以充塞朝廷，妨贤人路，浊乱天下，奢泰亡度，穷困百姓，是以日蚀且十，彗星四起，危亡之征，陛下所亲见也。……惟陛下少留神明，览《五经》之文，原圣人之至意，深思天地之戒。"

④ 《汉书·眭弘传》载："眭弘字孟，鲁国蕃人也。少时好侠，斗鸡走马，长乃变节，从嬴公受《春秋》。以明经为议郎，至符节令。"可见，眭弘对于《春秋》甚为推崇，故而当在昭帝元凤三年（前78年）正月出现许多异象（如"泰山有大石自立，石后有白乌数千。"昌邑有"枯社木卧复生"，上林苑中有断枯卧地的大柳树自立复生，有虫蚀的树叶形成文字，曰："公孙病已立。"等等）的时候，他便推《春秋》之意，以为"石柳皆阴类，下民之象。泰山者，岱宗之岳，王者易姓告代之处。今大石自立，僵柳复起，非人力所为，此当有从匹夫为天子者。枯社木复生，故废之家公孙氏当复兴者也。"他继而援引古禅让之说，希望汉家天子让位于贤人，结果因与汉政相悖，惹

175

除了以这种方式来保全心中的"道"以外，一旦有合适的机会，他们甚至还希望以经来指导社会生活和国家的治理①，从而将其上升到了绝对真理和根本准则的地步，《汉书·平当传》即云："当以经明《禹贡》，使行河，为骑都尉，领河隄。"颜师古注："《尚书·禹贡》载禹治水次第，山川高下，当明此经，故使行河也。"可见，"与先秦儒学不同，汉代成为经学的新儒学更有强烈的目的性，这就是通经致用"②。在这里，汉儒们将自己的王道理想注入到了经书里面，希望借此来为自己的角色、理想在中央集权体制当中以相对柔和、含蓄的方式找寻到合理、正当性的位置。③ 在这种情形下，汉儒们所倡导的"春秋决狱"、"禹贡治河"和"洪范察变"等直接援儒典作为行为规则和判断是非的标准，便寄予了他们对于以儒家的力量来引导社会生活和国家发展走向的期望，同时他们的这一努力也成了儒家制度化的重要构成部分。④

来杀身之祸（事见《汉书·眭弘传》）。（见孙筱：《两汉经学与社会》，中国社会科学出版社 2002 年版，第 325—326 页。）可见，眭弘虽明经，并对儒家一贯的王道理想深以为然，但实在是拙于权变，在中央集权体制时代希望最高当权者让贤退位无异于自取其祸，但勇气和精神委实可嘉。

① 皮锡瑞说："武、宣之间，经学大昌，家数未分，纯正不杂，故其学极精而有用。以《禹贡》治河，以《洪范》察变，以《春秋》决狱，以三百五篇当谏书，治一经得一经之益也。"（清）皮锡瑞：《经学历史》，周予同注释，中华书局 2008 年版，第 90 页。

② 孙筱：《两汉经学与社会》，中国社会科学出版社 2002 年版，第 88 页。

③ 或许正是由于经典寄托了后儒们的王道理想，所以他们在解经的时候往往非常注重"注不破经"与"疏不破注"，以恪守解经原则的方式来维护经的神圣性和"道"的至上性。可见，对于经学的研究方法与研究态度的固执遵循，无疑是对上古理想社会的迷恋，是对王道政治的尊崇。实际上，孔子"信而好古""述而不作"即已鲜明地表明了这种态度和立场。

④ 对此，干春松有着自己的理解，他说："儒家的制度化在汉代的极端的表现形式就是所谓的'春秋决狱'、'禹贡治河'和'洪范察变'等直接援儒典作为行为规则和判断是非的标准，这当然可以被看作是制度化初期，规则未定时不可避免的现象。"干春松：《制度儒学》，上海人民出版社 2006 年版，第 65 页。

可以说，汉儒们通经致用的这种带有强烈现实指向性的目标，让他们的社会影响力在逐步扩大，而且矛头的转向（先儒们带有政治色彩的诸种行为——授徒讲学、游说、与隐者的相遇，等等，其矛头多对准了当权者；与之不同的是，除了直接从王所好的叔孙通辈以外，其他的汉儒则多采取了明经、注经的方式，矛头指向了社会生活和公共事务，并不直接对准当权者），也为他们获取当权者的赏识与支持提供了可能。《汉书·儒林传》载："（倪宽）初见武帝，语经学，上曰：'吾始以《尚书》为朴学，弗好。及闻宽说可现，乃从宽问一篇。'"对此，孙筱评论说："《尚书》乃旧史，本属朴学，应不错，可这些旧的诰命档案文书，经倪宽解说后，获得新的意义，有了获得实践的价值。"① 可见，在"大一统"的背景下，日趋稳定的局势和百废待兴的社会格局让儒家知识分子又重新看到了自己掌握的礼仪资源和文化传统所带来的优势及从政的希望。于是他们又重拾政治实践的向度，希望通过解释经典，以使经典获得新的价值与意义，并借此来影响帝王的治国纲领与施政政策，倪宽向武帝释《尚书》即是非常明显的一例。②

当然，由于中央集权体制的威力无处不在，再加上汉儒们立场的不同，这让他们在明经、注经的过程中也出现了不同程度的差异和分化。换

---

① 孙筱：《两汉经学与社会》，中国社会科学出版社2002年版，第82页。

② 关于汉儒对帝王在政治方面的影响，孙筱则从解经方式上进行了阐发，他说："两汉经学灾异说与祥瑞说一样，是用来对无限的君权专制进行限制的，以保证帝王的行政符合于经学所要求的德政。从某种意义上完全可以说，汉代的经师是在用一个看似荒诞的手段，做一件并不荒诞的事情。从以上分析可以看出，汉代经学灾异说对实际政治影响是显而易见的。此外，汉代的皇帝，每逢大的灾异，如日食、地震等，多下罪己诏书，并更换三公以迁其罪。故清赵翼说'汉诏多惧词'。[（清）赵翼：《廿二史札记》，'汉诏多惧词'条。]"见孙筱：《两汉经学与社会》，中国社会科学出版社2002年版，第328页。

句话说，明经、注经不仅仅是汉儒们将王道理想、道德立场注入经典当中的重要方式，而且，对于有些儒生而言，还是他们获取功名、步入仕途的重要途径①，即便是对于那些试图将王道理想、道德立场注入经典的儒生们而言，由于中央集权体制的存在，他们的注经、解经也不可能不受其影响。具体来说，中央集权体制的存在让儒生们首先自觉不自觉地提升了帝王的地位。尽管这部分儒生以坚守王道理想为己任，并试图以明经、注经的方式扩大其影响，但是在天下秩序确立的初期，让他们保持足够的清醒和警惕也是不够客观的②，这正如陈壁生所说："正因为有一个绝对权力的君权的存在，导致任何内圣外王的宣传，诱君入道的努力，儒化政权的尝试，从总体上都落入理论为权力所吞噬、改造，进而利用的结果。"③正因

---

① 对此，曾祥旭展开论述道：随着西汉尊儒新文化格局的实现，明经作为一条依靠个人努力而改变自身命运的路子，对于一贯贫穷和"识时务"的广大儒士来说具有很强的实践意义。公孙弘"少时为狱吏，有罪，免。家贫，牧猪海上，年四十余，乃学《春秋》杂说。"（《汉书·公孙弘传》）宣帝时大儒"萧望之世以田为业。"成帝时的大儒匡衡，"父世农夫，至衡好学，家贫，庸作以供资用，尤精力过绝人。"（《汉书·匡衡传》）……张禹儿时，卜者奇其面貌，谓其父曰："是儿多智，可令学经。"（《汉书·张禹传》）成帝时还有随父行医的少年楼护，诵医经、本草、方术十万言，长者咸爱重之，对他说："以君卿之材，何不宦学乎？"于是辞父学经，后为京兆尹。（《汉书·游侠传》）夏侯胜，山东东平人。"胜少孤，好学，从始昌受《尚书》及《洪范五行传》"。（《汉书·夏侯胜传》）儒士们为求仕进而辛勤苦读。（见曾祥旭：《士与西汉思想》，黑龙江人民出版社 2005 年版，第 84 页。）他的这番论述，有助于我们加深理解明经、注经对于儒生命运改变的重要性，故录于此，以供参考。

② 在一统时代，已经没有了先秦时期那种较为宽松的空间。先秦时期，诸侯、君王并不具有绝对的权力，反而往往会出现臣下势大之态势。君王虽有位却势弱，臣下虽强势，但却受礼法的约束。而且，诸侯们常常欲利用儒者的智慧来壮自己的声势，臣子们则欲与其结好来显示自己的贤名。正是这种非常态的权力运行模式，为儒家的干政提供了空间与可能性。到了一统时代，已经没有了可以制衡帝王的持久性力量，因而帝王意志则变成了左右儒生命运的根本性因素，这与先秦时期的政治环境已是有了天渊之别。

③ 陈壁生：《经学、制度与生活——〈论语〉"父子相隐"章疏证》，华东师范大学出版社 2010 年版，第 207 页。

为如此，所以这部分儒生无论怎么坚守王道理想，都会在其注经、解经的过程中显示出尊君的一面，比如董仲舒 ①、陆贾 ②，等等。

---

① 董仲舒在《春秋繁露》中，强调天人感应、以"灾异"说解经 ["屈民而伸君，屈君而伸天"（《春秋繁露·玉杯》)；"凡灾异之本，尽生于国家之失。国家之失，乃始萌芽，而天出灾害以谴告之。"（《春秋繁露·必仁且智》)"国家将有失道之败，而天乃先出灾害以谴告之，不知自省，又出怪异以警惧之，尚不知变，而伤败乃至"（《汉书·董仲舒传》)]，并赞成汤武革命以及禅让所造成的君臣易位（《春秋繁露·尧舜不擅移、汤武不专杀》曰："且天之生民，非为王也，而天立王以为民也。故其德足以安乐民者，天予之；其恶足以贼害民者，天夺之")，甚至还因讲灾异论，险些使其丧生（事见《汉书·董仲舒传》)。同时，吊诡的是，在《春秋繁露》中，他一再强调君权的尊贵和至上，如："受命之君，天意之所予也。故号为天子者，宜视天如父，事天以孝道也。"（《春秋繁露·深察名号》)"故功出于臣，名归于君也。"（《春秋繁露·保位权》)不仅如此，他还"由物必有合的假设出发（内容见《春秋繁露·基义》)，因阳尊阴卑之论立言，最后将基本的人伦关系（父子、夫妻）与政治关系（君臣）固定化为定位不变的尊卑关系。这比之于孔孟的君礼臣忠、父慈子孝、夫仁妻随的对等关系，自然显得不那么合乎人性"。(任剑涛：《伦理政治研究：从早期儒学视角的理论透视》，吉林出版集团有限责任公司 2007 年版，第 104 页。）这种反差性较大思想的出现，自是王道理想传统与中央集权体制相遭遇时最正常不过的反应，也正彰显了"道"、"势"之间所发生的不可避免的冲突，以及儒者在这种冲突面前所做的试图化解之努力。关于这一点，干春松分析说："董仲舒所面临的是一个全新的局面。士人群体不复有孔孟时代的独立性，在秦汉的制度体系之下，社会控制能力得到加强，因而士人更多的是要与权力体系合作。"诚是。由此我们可以看出，"势"对于儒生们在追求"道"的过程中所产生的深刻影响。引文见干春松：《儒家政治思想的连续与转折——徐复观论董仲舒的政治哲学》，《学术研究》2010 年第 5 期。

② 与董仲舒的情况很相似，"陆生时时前说称《诗》、《书》。"（《史记·陆贾列传》)而且，他"坚持认为儒家以仁义为本的制度设计'礼'是国家长治久安的基础"（见干春松：《制度化儒家及其解体》，中国人民大学出版社 2003 年版，第 64 页）。在《新语·明诚》中，他强调"故世衰道失，非天之所为也，乃君国者有以取之也"，在《新语·本行》中，他主张"德为上，行以仁义为本。故尊于位，而无德者黜。富于财，而无义者刑。贱而好德者尊，贫而有义者荣。"在《新语·道基》中，他认为"百姓以德附，骨肉以仁亲。夫妇以义合，朋友以义信。君臣以义序，百官以义承。曾、闵以仁成大孝，伯姬以义建至贞。守国者以仁坚固，佐君者以义不顾，……"同样很吊诡的是，陆贾在《新语·辨惑》还强调："道因权而立，德因势而行，不在其位者，则无以齐其

在本节的最后，我们再谈一谈关于"道"和"术"及两者之间的关系这个比较重要的问题。实际上，这个问题已经关涉到了儒者对于儒学所持有的不同立场和态度。在一统时代来临的时候，急于干政的那部分儒者已将传道、弘道的重要使命放在了次要的位置，而将如何从王所好、如何才能被帝王赏识和重用这一类政治色彩浓厚的问题视为了他们的头等大事。在这种情况下，儒学实际上已由具有至上地位的"道"所统摄的理论学说主要转变为了实用性、灵活性更强的"术"。因而，接下来，我们就要来考察一下"道"和"术"。

在中国传统文化的话语系统中，"道"和"术"虽有联系但又是有区别的。对于道家而言，"道"具有形上价值和地位（兼具宇宙本体论和生成论的双重意义），对于社会生活和人们的精神世界具有指引和导向性作用。① 尽管"道"在先秦儒家那里的地位可能不如道家那样高，但儒家的"道"也同样有着丰富的义涵，含摄了天道、人道和地道。具体来说，儒家的天道既有天体运行的轨道、规律之义，又包含天之赏善惩恶的道德属性；儒家的人道，既包括人与社会交往中的待人接物、洒扫应对（戴震亦云："人道，人伦日用身之所行皆是也"②），又包括其所推崇的礼乐文明与制度；③ 儒家所言的地道则主要集中于《易传》，是对大地厚德载物品性

政；不操其柄者，则无以制其刚。"由此看来，在孔子那里，还强调行孝、治家即是行政，由家政推至国政，是家国同构特质的彰显；而到了陆贾这里，则由于天下一统政治格局的正式形成，家国在政治意义上开始分离，于是便强调"位"对于行政的优先性和唯一性，这与先儒们"道"的立场相比显然已是相去甚远。

① 关于道家视域内的"道"，王中江基于《老子》文本认为："'道'是人类行动的最高指导者，遵循道和合乎道而行动是人类的最好选择。"王中江：《简帛文明与古代思想世界》，北京大学出版社 2011 年版，第 55 页。

② （清）戴震：《孟子字义疏证》，中华书局 1982 年版，第 43 页。

③ 李天虹在其著作《郭店竹简〈性自命出〉研究》中就点明了儒家人道的这层含义，她说：《性自命出》所谓的人道，实指儒家所推崇之礼乐制度，诗、书、礼、乐是人道

的彰显①。另外，儒家的人道在政治文化领域内的表现便是王道理想和王道政治，它既是对三代政治模式和政治实践智慧的理想性回顾和总结，同时又是对混乱、动荡时局的深切观照，并时时以此作为他们四处游说君王以实现政治理想的行动指南和根本动力。

尽管"术"在传统语境中的含义很多，古人对其的理解也不完全一致，但与"道"的理想性和感召性相比较，"术"更具灵活性和现实性。在《逸周书·柔武》篇中，周武王在传授给周公安国胜敌的法宝时就说："故必以德为本，以义为术，以信为动，以成为心，以爵为计，以节为胜。"②《荀子·修身》有言："体恭敬而心忠信，术礼义而情爱人，横行天下，虽困四夷，人莫不贵。劳苦之事则争先，饶乐之事则能让，端悫诚信，拘守而祥，横行天下，虽困四夷，人莫不任。体倨固而心执诈，术顺墨而精杂污，横行天下，虽达四方，人莫不贱；劳苦之事则偷儒传脱，饶乐之事则佞兑不曲，辟违而不悫，程役而不录，横行天下，虽达四方，人莫不弃。"③"术"之所指一致。在这里，"德"与"义"相对、"本"与"术"相应，"德"居内，为"本"；"义"者宜也，则主要用于对人伦日用和社会现实

的具体体现。"（李天虹：《郭店竹简〈性自命出〉研究》，湖北教育出版社 2003 年版，第 136 页。）关于人道，《礼记·丧服》另有仁、义、礼、智之说——"仁、义、礼、知，人道具矣。"实际上，对于人道的种种解读都不离修身正己、人伦日用这两个向度。

① 与老子的"地道原则一般以客观自然现象或客观自然过程为依托，比较突出的是'柔弱胜强''居下安下'和'知雄守雌'原则"（引文见许春华：《天人合道——老子天道、地道、人道思想的整体性与统一性》，《河北大学学报》（哲学社会科学版）2012 年第 6 期。）不同，邓球柏则认为，"通行本《系辞传》中的'地道包括昼夜之道、变化之道'"，进而认为："易道是圣人将天道、地道、人道对象化、符号化、神秘化、系统化、关系化的产物，因而我们说易道是天道、地道、人道合一的结晶"（引文见邓球柏：《论易道与天道、地道、人道合一》，《中国哲学史》1995 年第 3 期）。

② 李民、王健：《尚书译注》，上海古籍出版社 2000 年版，第 98 页。

③ 张觉：《荀子译注》，上海古籍出版社 1995 年版，第 21 页。

的应对，是"术"。以此知之，"术"的实践性、形下义比较突出。①

对于先秦儒家的政治主张和游说行为，我们后人常常以王道理想来定位他们所做种种努力的价值和意义，而对于汉儒，我们则很少用王道理想来定位和评介他们的政治行为和表现。这主要是因为在一统时代的政治压力下，汉儒们失去了先儒所拥有的"合则留，不合则去"的较为自由的生存空间和政治灵活度，王道迟迟无法落实于政权和社会的现实让他们的价值无法得到充分的实现。这种困境和焦虑令他们无法像先儒们那样毫不妥协地坚守王道理想和抨击时政，在这种情况下，他们往往以损害王道的方式（同时又尽可能地发挥"术"的功用），利用自己手中所掌握的传统文化资源来换取当权者的政治支持。他们这种"枉道以从势"的行为被后人定位为"儒术"②，饱受后人的质疑和诟病。③ 实际上，任何脱离社会环境

---

① 李天虹对于"术"和"道"的关系做了明确区分，她说："'术'是'道'的形下概念，是道的具体落实和应用"，所言不虚。见李天虹：《郭店竹简〈性自命出〉研究》，湖北教育出版社 2003 年版，第 147 页。

② 对于"儒术"，彭永捷则站在今天的角度重新作出了自己的评价，他说："在儒家文化早与权力脱钩的今天，所谓儒术就是以政治哲学的眼光观察、理解和诠释儒学和现实的方式，儒学虽然不再是官方意识形态，但儒学对政治的理解以及由此产生的制度安排，其积极合理的意义，既不失观察当代政治的一个独特视角，也不乏建构当代政治生活的一个重要资源。"此种意见可供对政治哲学持有研究兴趣的学者参考。引文见彭永捷：《认识儒教》，《社会科学》2011 年第 11 期。

③ 对于先秦儒家和汉儒的这种区别，胡适先生曾有过精到的评论，他说："儒者在那列国对峙的时代，可以自由往来各国，合则留，不合则去，故他们还可以保存他们的独立精神和高尚人格。……但中国一统之后，便没有自由选择的机会了。'择主而事'已成了一句空话。叔孙通'事十王'，多靠会巴结进身，后来居然……成为'汉家儒宗'。"（胡适：《中国中古思想史长编》，安徽教育出版社 1999 年版，第 259—260 页。）另外，对于汉儒饱受后人诟病的原因，王中江给出了自己的看法，他认为"儒家之所以会受到一些批评，就是体制化下的儒家容易同权势妥协和让步，甚至被权力腐化，这同现代知识人容易被腐化一样。（有关这一方面，请参见萨义德的《知识分子论》，单德兴译，三联书店 2007 年版。）儒家成为正统的意识形态后，产生了一些腐儒、俗儒，这

和历史情境的批判往往都是有失公允的，在当时情形下，如果一味坚守王道理想而不做任何权变，儒家要想得到权力的支持几乎是不可能的。正是因为汉儒的变通才让儒学在西汉取得了官学的地位，而且，即便是在汉儒中出现了一些与先儒根本精神相背离的陋儒、俗儒，但毕竟还有很多坚守王道理想的真儒，如陆贾、贾谊和赵绾、王臧、辕固生、董仲舒等人的存在。可以说，汉儒的做法虽然使"道"的完整性和神圣性受到减损，并使先儒那"从道不从君"的刚毅果敢形象大受损毁，但以今天的视角来看，这种做法是值得的。[①] 正是在儒家的积极寻求权变之下（当然这也是汉儒在巨大的政治压力面前所作出的无奈之举），使其获得了官方的地位，从而使儒家的解释传统和典籍文献得以完整保留，并滋润了中华民族两千余年。而儒家在汉代取得话语权以后，其"道德仁义"立场对于当权者的影

些人往往向现实让步以获得实际上的利益"。见王中江：《先秦儒家的"社会角色"意识》，《国学学刊》2009 年第 2 期。

① 但从先秦儒家的立场来看，汉儒的这种权变和做法无疑是太过了，君子者，多求诸己而非求诸人；君子干禄，亦须持道，正所谓"合则留，不合则去"。《礼记·射义》即有言："射者，仁之道也。射求正诸己，己正而后发；则不怨胜己者，反求诸己而已矣。"由此可以看出，先秦儒家认为在举行射礼的时候，如若"发而不中"则应"反求诸己"而不是埋怨胜己者，以此类推，汉儒如若不为世所用，理应反观内心，从自身寻找原因以求改进之，而先儒就是这么做的（《荀子·宥坐》即云："修身端行以俟其时"）。当然，先儒"反求诸己"的做法本身并没有什么问题，毕竟要改良社会现状就务须从自身诸种条件、素养的完备做起，但仅有这些还是远远不够的，还需要有与权力资源掌握者相沟通的方式与手段，而汉儒的权变行为便在一定程度上开启了积极在当权者那里寻求干政、施展才华的机会（干春松说："汉儒过于实用的态度经常被后世儒生所鄙视。但是如果只知'经'，而不知'权'，不知道变通的道理，儒家便不可能在汉初立足并逐渐扩大势力。"见干春松：《儒学概论》，中国人民大学出版社 2009 年版，第 157 页。另外，见王中江亦说："在现实主义决定政治生活的时代，坚持政治伦理和原则的人，就很难找到政治上的机会。"王中江：《先秦儒家的"社会角色"意识》，《国学学刊》2009 年第 2 期），或许这种愿望过于急切而来不及认真观照自己的内心和王道理想传统，这种缺失也是应该承认的。

响尽管有限，却也使在位者时时感受到了来自这种立场方面的压力，从而使自己的行为不致过于放肆，因而即便是出现了重大的天灾人祸，皇帝们也常常下"罪己诏"来向上天谢罪，这无疑是受了儒家"道德仁义"立场的影响。

第二节　守持或者权变：汉儒的转向与分化

对于先秦儒家，我们向来称赞其所坚守的王道理想与道德立场以及由此所彰显的人文情怀，然而，他们在政治活动中屡遭失败的原因却也恰恰与此相关。我们知道，王道理想寄予了先秦儒家对于上古社会政治模式的推崇和政治实践智慧的理想性总结，而道德立场则是他们基于对自我和外在客观世界认知的基础上，对于自我和他人所做的带有理想性色彩的定位，是自我联系、进入外在客观世界的应然方式与途径。既然儒家的王道理想和道德立场带有浓厚的理想色彩和超拔性，那么当他们在具体的政治活动当中处处以此作为行动的准则与指南的时候，就必然主动地放弃了政治行为所应有的务实性与灵活度。可以说，当先秦儒家心怀出仕、干政之心，并希求从当权者那里获取一定的权力资源的时候，他们的理论学说、游说活动却又往往以当权者为批判的矛头与对象。这种对于王道理想与道德立场的守持便成了他们身份、角色的鲜明标签①，而这对于那些热衷于追逐欲望、利益的当权者们而言则是难以接受的，因而常常唯恐避之而不

---

① 关于道德与角色之间的关系，黄慧英认为"道德的责任源于人所具有的角色"，所言有理。见黄慧英：《儒家伦理：体与用》，上海三联书店 2005 年版，第 84 页。

及。于是，在这种情况下，那些一味固守"道德先于政治"立场而又急于出仕的儒者便在寻求政治机会方面陷入了屡遭失败的命运，而那些愿意作出变化与调整的儒者则由于自身所具备的政治才干和所掌握的文化资源优势让他们在政治舞台上很快便崭露头角了。①

从我们上面对儒家的分析情况来看，不独汉儒，即便是处于诸侯林立、争相纳贤历史时期的先秦儒家，他们在面对并试图介入政治权力的时候也出现了不同程度的分化：或者守持王道理想与道德立场，并以此作为出仕的根本准则；或者积极调整自己的立场，以灵活、权变的态度来对待可能到来的干政机遇。可以说，当他们在面对难得的干政机遇的时候，就不得不在道、势之间作出自己的抉择了。因而，这种基于一定立场、态度的抉择就难以让两者都能得到很好的保全，势必以妥协、退让的方式牺牲或部分地牺牲一方来成就另一方。在这种情况下，实际上在先秦儒家那里就已经出现了守持或者权变的这种转向与分化。只不过，由于先秦时期那种相对宽松的政治环境让先秦儒家在道、势之间所发生的冲突并不如处于一统时代的汉儒那么激烈与无可躲避罢了。诸侯林立的政治局势让先秦儒家除了可以在道、势之间进行抉择以外，还可以有第三种选择——那就是还可以去、还可以隐。不同的是，处于一统时代的汉儒们已别无选择，他们要么一味守持王道理想、道德立场而只能接受政治失败的命运，要么

---

①　对于孔门弟子的从政情况，钱穆曾有过专门的研究，他说："其见于《列传》者，冉求为季氏宰。仲由（子路）为季氏宰，又为蒲大夫，为孔悝之邑宰。宰我为临淄大夫。端木赐（子贡）常相鲁卫。子游为武城宰。子贱为单父宰。高柴为费郈宰。其见于《论语》者，原思为孔父宰。子夏为莒父宰。"（钱穆：《孔子弟子通考》，《先秦诸子系年》，中华书局1985年版。）实际上，在钱氏所列的孔门弟子当中，多数不遵常法，且受过孔子批评的人，恰恰是这部分弟子在政事上取得了一定的成功。从另一个角度来看，这部分弟子都或多或少地偏离了其师的王道理想与道德立场，然而，他们在政事上所取得的成功或许正与这种变化、调整有关。

"枉道以从势"，以在立场、原则上妥协和退让的方式来获取政治上的成功。于是，处于一统时代的汉儒们便不得不在道、势之间作出抉择了，而抉择的这个过程便是在他们身上发生转向与分化的表现。

鉴于上文的研究，我们可以根据汉儒在面对即将到来的出仕机会时候的反应与表现的不同将其大致分为三种类型：第一类儒生，面对即将到来的出仕机会，他们选择了坚守王道理想与道德立场，对于当权者他们采取了不妥协、不合作的态度，以保全儒者尊严和"道"的至上性，这主要发生于中央集权体制确立的初期，尤以鲁地的那两位儒生为典型代表[①]；第二类儒生，诸如叔孙通、公孙弘辈，要么因为经历过秦朝的文化高压政策而调整了对于自身的定位与角色期待，以急于干政、急于获取当权者赏识的心态去拥抱政治权力（以叔孙通及其弟子、所征鲁诸生等人为代表），要么由于对中央集权体制的威严深有体会而选择了以明经、解经作为通往仕途的工具与手段（尤以公孙弘为代表[②]）；第三类儒生，既感受到了中央

① 《史记·叔孙通列传》载：于是叔孙通使征鲁诸生三十余人。鲁有两生不肯行，曰："公所事者且十主，皆面谀以得亲贵。今天下初定，死者未葬，伤者未起，又欲起礼乐。礼乐所由起，积德百年而后可兴也。吾不忍为公所为。公所为不合古，吾不行。公往矣，无污我！"叔孙通笑曰："若真鄙儒也，不知时变。"在中央集权体制确立的初期，当权者多用力于恢复社会生产、稳定政治统治秩序（傅乐成亦谓："由于汉初数十年间，叛乱一直是朝廷最大的隐忧，因此严密防止叛乱遂成为武帝朝的首要之务。"傅乐成：《汉唐史论集》，联经出版公司 1977 年版，第 26、46 页），而在文化控制方面暂时无暇顾及。在这种情况下，出现极少数儒生不合作的行为尚有可能，待到社会稳定、秩序完全确立起来的时候，当权者就很难容忍此类事件的再次发生了。

② 五经博士设置后，的确使不少儒生借径于经术，升上政治的高位［对此，班固亦云："自武帝立五经博士，开弟子员，设科射策，劝以官禄，讫于元始，百有余年，传业者浸盛，支叶蕃滋，一经说至百余万言，大师众至千余人，盖禄利之路然也。"（《汉书·儒林传》）］，这些人物在朝中多半和法家人物一样，为争结帝王之欢而失大臣之风，在实际的贡献上反不及法家人物（傅乐成：《汉唐史论集》，联经出版公司 1977 年版，第 34 页），在当时被尊为"儒宗"的，骨子里头很少具儒家精神，《汉书·匡张孔马传赞》说："自孝武兴学，公孙弘以儒相，其后蔡义、韦贤、玄成、匡衡、张禹、

集权体制与皇权所带来的巨大政治压力，同时又不愿放弃儒家一贯的王道理想、道德立场和尊严气节，在这种情形下，这一类儒生往往通过明经、注经这种较为缓和、含蓄的方式来隐晦地表达自己的立场、主张和王道理想，以尽可能地回避与皇权发生直接的冲突和交锋，包括辕固生①、赵绾、王臧、董仲舒、鲍宣、眭弘、夏侯胜②、卢植、赵岐等人③。④当然，我们

翟方进、孔光、平当、马宫及当子晏咸以儒宗居宰相位，服儒衣冠，传先王语，其酝藉可也，然皆持禄保位，被阿谀之讥。彼以古人之迹见绳，乌能胜其任乎！"（此处引文，多据韦政通：《传统与现代之间》，中华书局 2011 年版，第 111 页。）另外，清人何义门也说："成帝以后，士皆依附儒术，容身固位，志节日微。"（清）王先谦：《汉书补注·杨胡朱梅云传》（列传卷三十七），中华书局 1941 年版。

① 《史记·儒林列传》载：今上初即位，复以贤良征固。诸谀儒多疾毁固，曰："固老，罢归之。"时固已九十余岁矣。固之征也，薛人公孙弘亦征，侧目而视固，固曰："公孙子，务正学以言，无曲学以阿世！"

② 夏侯胜这个人物比较特殊，据《汉书·夏侯胜传》载，夏侯胜虽"为人质朴守正，简易亡威仪"，而且不惧宣帝的诏令而根据武帝实际的功过来反对为其立庙乐，彰显了儒者的立场和气节，但是即便如此，他仍然强调和肯定了治经、明经所具有的工具性的一面。他说："士病不明经术，经术苟明，其取青紫如俯拾地芥耳。学经不明，不如归耕。"在他的身上，既保持了儒家本有的立场和气节，同时又展现了其功利性的一面，实际上，这正集中体现了道、势对于处于一统时代的儒生们所产生的不同程度的影响。

③ 这一类儒生，不独以上所列，还包括张湛、王良（其事分见《后汉书·张湛传》、《后汉书·王良传》），李膺、陈蕃（事见《后汉书·党锢列传》）等人。可以说，东汉时期，出现了许多诸如张湛、王良等人为代表的清廉之士，"他们睦亲族、敬乡里、讲孝悌、责己宽人，对东汉社会风化的敦厚、秩序的安定起了重要的作用"。另外，东汉末年，以李膺、陈蕃等名士为代表的"党人"，"皆以举孝廉而出仕，以天下为己任，是希望用儒家学说济世的学者"。在国家政治昏暗、宦官当道之际，儒生们以自己的力量，"振拔污险之中，蕴义生风，以鼓动流俗。激素行以耻威权，立廉尚以振贵势，使天下之士奋迅感慨，波荡而从之，幽深牢破室族而不顾，至于子伏其死而母欢其义，壮矣哉！子曰：'道之将废也与，命也！'"（《后汉书·党锢列传》）引文见李玉洁：《儒学与中国政治》，科学出版社 2010 年版，第 118、121 页。

④ 与我们的这种划分标准不同，曾祥旭则根据儒生们从事职业、事务的不同，对其作出了自己的划分，他说："汉初的儒士实际由三类人构成，第一类是儒学实践型，以叔孙

对于汉儒所做的这种划分，主要是基于其所表现出来的立场、态度及具体的行为方式而言的，而对于他们内心深处的焦虑、徘徊甚至挣扎，由于没有相应的文献材料我们无从考察。如果回到当时的时代背景与历史情境来看的话，实际情况可能还要复杂一些。不过，就思想史的角度而言，我们对于儒者类型所做的这种划分已基本反映出了当时的历史情形。

可以说，尽管由于相应文献材料及实际话语情境的缺失使我们的这种划分方法难以观照到汉儒的心理状态与精神世界，但是这种方法却能比较清晰地将其在面对即将到来的出仕机会的时候的不同反应与行为表现呈现出来。具体来说，这三种类型的儒者即已充分地表征了身处中央集权体制当中的汉儒对于自身的身份、角色及其使命所做的不同的定位与理解，而且，他们所呈现出来的这种对于自身不同的定位与理解，即已说明了汉儒在面对崭新而又强大的一统时代的时候，先儒们没有取得多少成功的政治智慧与行为模式并不能给他们提供更多而有效的可资借鉴的经验①。在这种情况下，他们更多地要依赖个人的经验、智慧以及对于现实政治和客观世界的认知。不仅如此，中央集权体制囊括一切的强力性也不允许儒者有着更多的思考时间与反省余地，这就使得他们在试图登上政治舞台的时候

通及其弟子为代表，他们着重继承和改革先秦儒家礼仪为汉立法；第二类是理论型，以陆贾、贾谊为代表，他们居官为政，直接从事政治和理论文化的思想建树；第三类是教师型，主要从事儒家学术义理的研究，并开门授徒，薪火相传，以专门的学术集团为代表。"见曾祥旭：《士与西汉思想》，黑龙江人民出版社 2005 年版，第 38 页。

① 对于先儒们的政治实践情况，杜维明曾有过评价，他说："作为权力游戏的参与者，他（指儒家知识分子，此处尤指先秦儒家，笔者注）所持的道德理想主义更进一步侵蚀了他的有效性。……孔子的丧家感，以及孟子无法和掌权者保持长久关系，都清楚地表明儒家知识分子，同时也暗示了儒家的方法，在政治舞台上并不灵验。"（[美] 杜维明：《道、学、政：论儒家知识分子》，上海人民出版社 2000 年版，第 16 页。）他的这一阐述可以让我们更好地来理解先秦儒家为什么在政治实践方面难以获得较大的成功。

缺少了应有的理性和从容。所以，当儒者试图在一统时代施展政治抱负的时候，就必然面临着在道与势之间难以回避的焦虑、痛苦与抉择①。由此看来，他们这种抉择的过程，实际上就是儒家共同体产生分化的过程。

对于儒家共同体在汉代社会所产生的这种分化，固然有其自身定位、角色期待以及对于政治权力理解与认知不同的问题，但文化对其的影响也是一个不容忽视的重要原因。根据自己的研究，李锦全认为"古代知识分子主要受儒、释、道三家文化的影响，改其立身处世多牵于对此三种文化的不同理解和接受程度。先秦时主要受儒学影响，主张'从道不从君'；秦汉以后，知识分子兼受儒、释、道三种思想的濡染，其辞受进退则呈现出多样性和复杂性。"②结合当时的历史情境来看，从文化的角度来分析知识分子的思想变化与行为方式无疑是比较深刻的。尽管李锦全的说法是针对当时整个知识分子群体而言的，但对儒家尤其适用。在先秦时期的大多数时间里，儒学并非显学（《孟子·滕文公下》即言："圣王不作，诸侯放恣，处士横议，杨朱墨翟之言盈天下。天下之言，不归杨则归墨"），其时杨朱、墨翟的思想风头正劲，一时盖过了儒家（《孟子·滕文公下》亦有言："杨墨之道不息，孔子之道不著"），可谓是前有杨朱、墨翟之言盈天下，后有激进、务实的法家思想大施拳脚，在显学夹缝当中艰难生存的儒家其地位略显尴尬。尽管如此，但儒学思想毕竟一直存在，而且儒家知识分子的游说活动和寻求出仕机会的努力就从未停止过，因而儒家的思想、

---

① 当然，早在先儒那里，由于他们在面对并试图介入政治权力的时候即已出现了不同程度的分化，那么在道与势之间的这种焦虑、痛苦与抉择便不自汉儒始。对此，有学者就说："士阶层自春秋崛起以来，他们个人则始终在'志于道'和辅佐君王为职事的夹缝中艰难地生活。"诚是。引文见曾祥旭：《二与西汉思想》，黑龙江人民出版社 2005 年版，第 86 页。

② 李锦全：《中国传统文化对知识分子人生道路选择的影响》，《南京化工大学学报》（哲学社会科学版）2000 年第 1 期。

主张在先秦时期依然有着不容小觑的影响，所以儒家"从道不从君"的主张除了影响儒家群体以外，还影响到了游侠以及带有道家色彩与立场的隐者、高洁之士。实际上，儒家这种略显尴尬的境遇直到汉代才有了得到彻底改变的机会。自武帝朝及其以后，儒学在文化秩序当中的地位可谓是一家独大，原来的杨朱、墨翟思想在中央集权体制之下已是式微甚或销声匿迹，而法家思想虽然因为有着强调尊君、务实的一面而仍获帝王的重用，但在很大程度上已经受到了儒家思想的影响①，而且在文化阵地上显然已是难以与儒家比肩了。即便如此，由于历史传统的因素，急于干政的儒者们也自觉不自觉地接受了法家灵活、务实特质的影响，从而成了带有法家色彩的儒家人物。② 对于这种显著的政治现象，余英时说："汉初儒学的法家化，其最具特色的表现乃在于君臣观念的根本改变。汉儒抛弃了孟子的'君轻'论、荀子的'从道不从君'论，而代之以法家的'尊君卑臣'论。"③当然，尽管法家思想对于儒家的影响并不局限于此，但从君臣观念的变化方面来考察儒家的法家化还是带有一定的典型性意义的。④ 从这个意义上

---

① 对此，陈壁生则重点探讨了法家政权的儒化问题，他说："西汉历史中，贯穿着儒化一个法家政权的过程。这种儒化，既表现为五经博士制度的建立，一系列儒家礼仪的施行，也表现为社会结构从暴秦遗留的什伍连坐到家族的壮大、家国同构的再次实现。"他的这一观点可视为是对于儒家学说在汉代占据重要地位的注解。引文见陈壁生：《经学、制度与生活——〈论语〉"父子相隐"章疏证》，华东师范大学出版社 2010 年版，第 120 页。

② 对于以叔孙通、公孙弘等为代表的强调"进退与时变化"的事功之儒，余英时先生将其称之为"法家化的儒家"（见余英时：《反智论与中国政治传统——论儒、道、法三家政治思想的分野与汇流》，《中国思想传统的现代诠释》，江苏人民出版社 2003 年版，第 66—74 页）。可见，余先生的这种观点也看到了法家思想对于儒家人物所带来的重要影响，其见解无疑是可取的。

③ 余英时：《反智论与中国政治传统——论儒、道、法三家政治思想的分野与汇流》，《中国思想传统的现代诠释》，江苏人民出版社 2003 年版，第 66 页。

④ 除了叔孙通辈，公孙弘也非常注重"君尊臣卑"，他"常称以为人主病不广大，人臣

来讲，由于受了黄老道家以及法家、阴阳家等派别思想的影响，汉儒在心理适应、自我定位及行为调节诸方面已与先秦儒家有了很大的不同①，他们无论是坚守王道理想还是积极出仕都留有了别派思想对其影响的痕迹。

可以说，在一统时代，儒家群体的情况比原来要复杂得多，而且由于对儒家原有立场认同程度、受其他派别思想影响程度的不同，在汉儒内部产生了不同程度的转向与分化是必然的②，也是儒家知识分子登上政治舞

病不俭节。……每朝会议，开陈其端，令人主自择，不肯面折廷争。于是天子察其行敦厚，辩论有余，习文法史事，而又缘饰以儒术，上大悦之。……尝与公卿约议，至上前，皆背其约以顺上旨”（《史记·平津侯主父列传》）。于此，“人主病不广大，人臣病不俭节”，公孙弘公然把武帝穷奢极欲的生活正当化、合理化；“不肯面折廷争”、“皆背其约以顺上旨”，是枉道从势、阿谀人君之举，已完全背离了先儒那“从道不从君”的坚定立场。见刘国民：《董仲舒的经学诠释及天的哲学》，中国社会科学出版社2007年版，第204—205页。

① 我们这样说，并不意味着先秦儒家就不受其他派别思想的影响。实际上，在先秦时期，百家争鸣，各派之间不可能毫无干系，儒家也不可能不受其他思想的影响。但是，受制于门户之见以及卫道的立场，儒家与其他各家之间的辩论、笔伐占据了主要的地位，不似处于一统时代的各家思想其界限早已不如往昔那样的泾渭分明了。另外，法家、纵横家及名家当中的许多人对于现实政治采取的态度和立场是现实主义的，这种灵活而又积极寻求从政机会的态度和立场极有可能会对汉儒有所启发，进而让他们对先秦儒家出仕的立场、态度及行为方式进行了一定程度的调整，以期更好地获取施展政治才能的机会。

② 即便是守持王道理想、强调“屈民而伸君，屈君而伸天”（《春秋繁露·玉杯》）并赞成汤武革命以及禅让所造成的君臣易位（详见《春秋繁露·尧舜不擅移、汤武不专杀》）的董仲舒，也还强调“君不名恶，臣不名善，善皆归于君，恶皆归于臣”（《春秋繁露·阳尊阴卑》），强调“功出于臣，名归于君”（《春秋繁露·保位权》），强调“为人臣常竭情悉力，而见其短长，使主上得而器使之”（《春秋繁露·离合根》），等等，这无疑带有浓厚的法家色彩（《韩非子·主道》即云：“有功则君有其贤，有过则臣任其罪，故君不穷于名。是故不贤而为贤者师，不智而为智者正，臣有其劳，君有其成功，此之谓贤主经也”）。而且，他还通过阴阳之道来解释“三纲”，以论证君尊臣卑的合理性，这同样也受到了阴阳家思想的影响。见刘国民：《董仲舒的经学诠释及天的哲学》，中国社会科学出版社2007年版，第205—209页。

台、儒家学说在政治和社会方面真正产生效用所必需的。① 换句话说，如果儒家在立场、态度及行为方式等方面不做任何的调整与改变的话，那么在强调中央集权的一统时代，汉儒要想在政治舞台上发挥重大作用几乎是难以实现的。② 可能正是基于这样的考虑，干春松对汉儒的政治行为给予了同情性的理解，他说："我们只能以求乎上而取乎中的眼光来看待儒家参与政治的标准，而不能以孔孟的标准来要求儒生的实际行为。"③ 确实是这样，理想主义可能会在精神层面起到激励、鼓舞人们的认知欲望与探索热忱的作用，但在人们的行为、行动方面，尤其是当儒者试图寻求出仕机会的时候，它所起的作用就很小 ④，而且在很多时候反而变成了儒者出仕

① 对此，孙筱则以今文经学为例，作出了说明，他说："今文经学通过'致用'，开拓了一条从书面理论走向社会实践的道路；并通过对自身功能的不断开发，使这条道路逐渐宽大而畅通无阻。自西汉中期以后，经学对社会政治、社会生活的影响也日益加强。"（见孙筱：《两汉经学与社会》，中国社会科学出版社 2002 年版，第 304 页。）可见，从学理与致思取向上看，今文经学无疑是先秦以来儒者直面社会现实的继续。只不过，在国家统一、局势稳定的社会情境下，今文经学家们所面对的就不再是社会伦常秩序的重建问题了，而更多的则转向了对于汉政权合理性、正统性的论证，以及对于天下一统局势下君王权力膨胀的隐忧。在这种情况下，汉儒们为了更好地论证汉政权的合理性与正统性，将战国时期便已流行的方士数术、阴阳卜筮也利用了进来。

② 当然，即便是在一统时代，儒者对于政治和王权的态度也不是一成不变的。秦朝时，针对新设立的郡县制度，持崇古立场的丞相王绾、博士淳于越等人不惜冒犯龙颜而力倡恢复封邦建国之古制以巩固秦的统治。这样做的结果是，"焚书"事件的发生直接导致了民间收藏的儒家典籍遭到毁灭性的打击，儒家所曾拥有的部分话语权也被完全压制。到了汉代，"焚书坑儒"事件让儒生们清醒地认识到了王权的压力和政治的残酷性，再也不能保持像先秦儒家那样"以道抗势"、"以德抗位"的高姿态了，反而是"道因权而立，德因势而行"（《新语·辨惑第五》）。于是，若要寻求干政的机会就不得不以牺牲掉部分王道理想为代价来换取与当权者的合作了。

③ 干春松：《制度化儒家及其解体》，中国人民大学出版社 2003 年版，第 83 页。

④ 林存光说，"儒家道德目标的真正实现也只有在它切实具体地介入到现实社会生活方式的建构与完善的过程中去时才能达到"（见林存光：《儒教中国的形成——早期儒学与中国政治文化的演进》，齐鲁书社 2003 年版，第 20 页），而儒家在政治观念、社会思

时的一种潜在性的障碍与束缚，而先秦儒家那种焦虑、徘徊与俟时的形象便多源于此。

与先秦儒家有所不同的是，汉儒中的多数人其思想观念、行为方式及政治表现已远非过去那种单一、纯粹的儒者形象了。在汉儒那里，随着华夏文明的持续发展，各派思想、学说的交流与碰撞也在不断深入，这种文化现象对于儒者的影响无疑是丰富、多元而又深远的。以公孙弘为例，《汉书·公孙弘传》载：公孙弘"少时为狱吏，有罪，免。家贫，牧豕海上，年四十余，乃学《春秋》杂说"。由此看来，他实为《公羊》学派中的重要一员，虽然"治《春秋》不如董仲舒"（《汉书·董仲舒传》），但他还是"以治《春秋》为丞相，封侯，天下学士靡然乡风矣。"（《汉书·儒林传》）不仅如此，公孙弘还"能用儒家的学说装饰政府管理中的法制和官吏作风"（《史记·平津侯主父列传》曰："习文法吏事，而又缘饰以儒术"）。可见，"汉武帝之所以喜欢公孙弘这位前任狱吏，是因为公孙弘事实上在很多地方也表现了法家的作为，但他的真正被看重，是因为他名义上还是儒生"①。由此看来，公孙弘虽名为治《春秋》的儒生，但在他的身上还兼具着法家的浓厚气息，这让他在具体的政治活动当中便多了几分圆滑与务实，处处以维护帝王的威严为要务，因而他"常称以为人主病不广大，人臣病不俭节"，而且"每朝会议，开陈其端，令人主自择，不肯面折庭争。"（《史记·平津侯列传》）当然，不独公孙弘，在其他儒生诸如董仲舒、鲍宣、谷永等人②身上也体现出了思想、观念及行为表现等方面的复杂性与

想方面所彰显出来的理想主义情怀恰恰是其作为理论形态在试图切入现实政治生活的时候缺失了应有的有效性，这就很难对一再寻求出仕机会的先秦儒家起到很大的帮助作用。

① ［美］顾立雅：《孔子与中国之道》，高专诚译，大象出版社 2000 年版，第 290—291 页。

② 董仲舒、鲍宣、谷永等人虽为儒生，但又深受阴阳家思想的影响，他们不但将其吸纳进自己的学说、思想当中，而且还试图以灾异思想来批评时政、臧否人物，将政治善

多元性。正因为在汉儒身上出现了这种大不同于先儒的显著变化，所以杜维明对于汉代的儒学作出了如下的评价，他说："从知识史的角度来看，儒学在逐渐变成占主导地位的宫廷学说之后，不再是孔孟学说了。它更是荀子的崇礼主义和法家观念、阴阳宇宙学说、道家思想以及当时一大堆其他信仰的大杂烩了。"①杜维明的这个论断，实际上还是从文化、学术的角度来较为深刻地揭示了处于一统时代的儒学、儒者所发生的巨大变化。

从整体上来看，在汉儒身上所发生的这种变化，让他们离儒家传统的理想、立场及行为方式②已是渐行渐远，但他们却以此换取了儒学在其后

恶的裁判权紧紧握在了自己的手里。鲍宣在斥责哀帝和董贤时说："窃见孝成皇帝时，外亲持权，人人牵引所私以充塞朝廷，妨贤人路，浊乱天下，奢泰亡度，穷困百姓，是以日蚀且十，彗星四起。危亡之征，陛下所亲见也，今奈何反复剧于前乎？朝臣亡有大儒骨鲠、白首耆艾、魁垒之士，论议通古今、喟然动众心、忧国如饥渴者，臣未见也。敦外亲小童及幸臣董贤等在公门省户下，陛下欲与此共承天地，安海内，甚难。"（《汉书·鲍宣传》）另外，谷永在批评成帝时则说："汉兴九世，百九十余载，继体之主七，皆承天顺道，遵先祖法度，或以中兴，或以治安。至于陛下，独违道纵欲，轻身妄行，当盛壮之隆，无继嗣之福，有危亡之忧，积失君道，不合天意，亦已多矣。为人后嗣，守人功业，如此，岂不负哉！"（《汉书·谷永传》）相关内容，见曾祥旭：《士与西汉思想》，黑龙江人民出版社 2005 年版，第 80 页。

① 见［美］杜维明：《道、学、政：论儒家知识分子》，钱文忠、盛勤译，上海人民出版社 2000 年版，第 22 页。

② 先秦儒家强调，无论国家有道与否，都要坚守自己一贯的操守和气节而不变动（《礼记·中庸》云："国有道不变塞焉，强哉矫；国无道至死不变，强哉矫。"）而且，作为君子，即便是处境穷窘、患难临头，也不能苟且偷安，更不能违失道义（《荀子·大略》云："君子隘穷而不失，劳倦而不苟，临患难而不忘细席之言。"对此，杨柳桥解曰："君子处境穷窘，而不违失道义；操劳困倦，而不苟且偷安；患难临头，而不忘掉平生所发下的誓言。"见杨柳桥：《荀子诂译》，齐鲁书社 1985 年版，第 776 页）。与此相比，处于中央集权体制当中的汉儒则往往容易同权势妥协和让步，这与美国学者爱德华·萨义德（Edward. W. Said, 1935—2003 年）所理解的知识分子的独特精神相距甚远，按照他的理解，知识分子在生存本体论上应当具有"流亡性"，成为"流亡者和边缘人"，需要"一种反对（opposition）的精神，而不是一种调适（accommodation）的精神"。（［美］爱德华·萨义德：《知识分子论》，单德兴译，三联书店 2002 年版，第

的大盛，亦部分地实现了自己出仕、干政的政治目标。然而，对于在汉儒身上所发生的这种调整与变化，后人却有着种种不同的解读与评价。但无论如何，汉儒对于推动儒学的发展，以及在试图制衡皇权过分膨胀方面都有着不容抹杀的功绩。关于这一点，是应当给予承认和肯定的。

23、44—57 页。）但是，由于儒家与权力所具有的密切联系（前详），已让他们很难保持如萨义德所说的"流亡性"、"反对性"的独立精神了。

余　论

正如我们在前面的"导论"中所一再强调的，本书的撰写是以从社会到思想为写作路径和主旨立场的，当然这也属于知识社会学的立场。然而，由于笔者本人出身哲学专业，可能在概念、思想方面用力甚勤，而难以避免在写作过程中出现从概念到概念知识性的阐发之弊病，从而在一定程度上有可能影响到学术视野的开阔性。囿于早已形成的致思理路，自己在社会史分析的素养方面有所欠缺，从而在本书当中可能会出现有些论点在阐述上和其时的社会历史联系不够紧密的问题。在今后的研究、工作当中，这也是笔者所要尽量克服的，要不断加强对中国古代历史特别是社会史的研究，以使自己的研究思路更为开阔，尽量避免单一的、从概念到概念的治学方法。

就本书内容而言，尽管难言完美，但的确凝聚了自己的心血，或许对他人的学术研究有一定的参考价值。本书的研究主题是"传道与出仕：共同体理论视野下的先秦儒家及其多重面向"，这里面既涉及传道、出仕和先秦儒者形象三个维度，同时又于传道、出仕内外两个层面充分彰显了先秦儒者那多元、丰富、复杂的形象。事实上，先秦儒者形象即是在传道（包括儒者的言传身教、著书立说以及政治性的游说活动等）和出仕（包括以出仕为目的的辩论、游说，以及达至出仕目的以后的种种政治性行为）的种种行为、活动当中得以呈现出来的。当然，传道和出仕尽管表征了儒者价值理想与日常行为的两种向度，但它们并不是截然对立的，更不是相互隔绝的，而是交叉的，甚至在儒家的理想感召下可以成为一个不可分割的统一体，是一而二、二而一的。

为了更好地对"传道与出仕：共同体理论视野下的先秦儒家及其多重面向"这一主题展开研究，在行文的过程中，我们是按照社会生活（以共同体理论来观照）——儒家立场下的"家"精神与文化——政治文化建构——儒者的价值理想与实践取向——先秦儒者的形象这一理路进行的。同时为了使先秦儒者的形象更加突出，我们还相应地关涉到了汉儒的价值理想与政治行为，以便在这种前后的对照性研究中凸显研究主题。

在章节安排上，本书的第一章是"先秦儒家：家伦理影响下的道德共同体"。在这一章，我们试图通过对先秦儒家早年所经历的生活场域和伦理秩序进行相应的探讨，并以西方的共同体理论为观照的视角和维度，以为接下来的研究奠定基础，这主要是社会学、知识社会学的写作路径。第二章是"先秦儒家对'家'的执守、突破及依归"。基于前一章的研究，在这一章，我们以儒家立场下的"家"精神与文化以及公、私领域之不同为入手处，对先秦儒家在处理和应对带有一定伦理性的公共事务时所受"家"精神与文化的影响展开研究。于此，我们认为，当公领域事务与私领域之伦理情感相遭遇之时，先秦儒家往往在突破和依归"家"精神与文化之间徘徊，从而集中彰显了血缘亲情维护与社会公义伸张之间存在的张力与复杂性，以及儒家视野当中政治与伦理之间的纠缠，致使两者之间在价值、功能及边界等方面呈现出了含混、杂糅的历史特点。在第三章，由于有了前面对儒者早年生活场景的探讨，我们的研究便主要集中于先秦儒家在政治文化领域的建构努力，并从"政治的伦理化和伦理的政治化"两个方面进行展开。这主要是先秦儒家在政治文化领域所做的努力，是儒家文化焦虑情感的典型性投射。在第四章，我们的研究已由对相应的社会、文化的研究转向了儒者的实践性行为、行动，并以先秦儒家的"传道与出仕"为研究的两个角度。在这一章，我们重点关注了儒者带有政治色彩的游说活动以及颇富实践色彩的历史事件。在此基础之上，我们才着力展开了对于先秦儒者形象的研究，这便是第五章的内容。在这一章，通过相应的分析和阐发，我们得出了先秦儒者具有自信、焦虑与俟时的群体形象的结论。既然先秦儒者具有这样的群体形象，那么在秦汉时期，尤其是在汉代，儒者又有着怎样的形象呢？他们是仍旧保持了共同体的特征还是已经产生了明显的转向与分化？这便是我们在第六章所要着力解决的问题。在努力解决的过程当中，我们又在本书的最后附录了笔者关于道家道教的最新研究成果，进而试图通过这种带有比较性的研究以及"由道（家）入儒（家）"、"由道（家）观儒（家）"的理论视角来使先秦儒者的形象更为鲜明、丰满和富有生命力。

在论点、观点方面，在前人、时贤研究的基础之上，我们进而认为：

（1）儒家的立场可以说是一种伦理立场，个人的生命意义和价值也只有在家庭、家族和宗族共同体的参照下才能得到充分彰显。

（2）当先秦儒家努力将维系基层社会的价值观念、伦理情感与行为方式推广至国家和社会层面的时候，同时也就开启了政治对于伦理的拒斥化过程；先秦儒家在对政治作伦理化的构建的时候，往往同时又开启了对于伦理的政治化构建过程。

（3）基于由私领域给人们生活所带来的稳定性与安全感，儒家在进入公领域的时候，往往以情感性、体验性的思维方式来认知和应对较之私领域更为复杂的社会事务与人群构成，呈现出了对"家"精神与文化的执守之特点。但是，由于公、私领域之间的较大差异性，先秦儒家在处理和应对带有一定伦理性的公共事务时，往往在突破和依归"家"精神与文化之间徘徊，从而集中彰显了血缘亲情维护与社会公义伸张之间存在的张力与复杂性，以及儒家视野当中政治与伦理之间的纠缠，致使两者之间在价值、功能及边界等方面呈现出了含混、杂糅的历史特点。

（4）先秦儒家以生成于基本生存共同体（主要是指家庭、家族和宗族村落）的情感体验与管理智慧来观照、比附现实政治运作模式及相应的政治关系。在这种情况下，先秦儒家思维的经验性和立场的理想性，让伦理和政治在他们那里是难以分得很开的。

（5）对于言语修饰、说话技巧的强烈排斥，也很有可能是孔子在政治上不得志的重要原因。可以说，孔子在很大程度上摒弃了政治上妥协的可能性，从而也就更加剧了王道理想与现实政治之间的矛盾。

（6）当先秦儒家将现实世界做道德化理解的时候，他们便将心中所持的王道政治不再视为理想，反而认为是一种历史的必然，认为现实世界必能实现王道政治，从而极大地消解了理想与现实之间本有的差距，也就忽视了三代社会与现实世界之间政治土壤的不同。

（7）"子见南子"在儒者的心目中并不仅仅是一桩发生于过去的历史事件，由于在历代儒者的反复阐述之下使其被注入了文化活力，从而也就成了儒家精神世界当中所难以忘却的焦虑情感的典型性投射。

（8）作为共同体的先秦儒家给后人留下了自信、焦虑与俟时的群体形象，而这种多元、丰富、复杂的儒者形象到了中央集权政制形成之后的汉代则又有了新的变化。在汉代，既有依然守持道德立场者，亦有在"俟时"过后的积极事功者，实际上，儒家群体在中央集权体制压力下的这种抉择与分化已是历史发展的一种必然。

（9）当儒者试图在"大一统"时代施展政治抱负的时候，就必然面临着在道与势之间难以回避的焦虑、痛苦与抉择。由此看来，他们这种抉择的过程，实际上就是儒家共同体正在产生分化的过程。

当然，上述的种种观点，有的可能更多的是对前人观点的一种综合，有的可能是在前人研究思想上所做的一点推进，还有的也可能是老生常谈，但不管怎么说，在观点的阐述过程中我们尽量分析得更为客观和合理一些。

对于研究选题，本来我们还有对近代知识分子和现代新儒家进行相关研究的计划，以期通过这种带有一定比较性质的研究，使先秦儒家的儒者形象更为鲜明、丰满和富有生命力，但是因为受制于自己的学力和精力问题，只有留待来日再弥补这一缺失了。

尽管立意是好的，写作的预设目标也有一定的想法，但是实受限于学力未逮和其他种种原因，自己的专著的确会存在种种不如意的地方。对于"中国先秦儒家是在什么样的条件下阐述他们的思想，进而造成了他们所特有的儒者形象"这一问题（关于这个问题，是博士后合作导师张岂之先生在审读完笔者的出站报告以后，给笔者所写的一封信中提出来的），虽然自己试图从"社会的生存模式"与先秦儒家的种种活动、行为来作出合理性的解释，但是这种努力还不够，对于这一问题亦没有作出令自己十分满意的解答。对此，我们也只有留待来日再做进一步的研究和阐发了。

另外，需要作出说明的是，从行文逻辑和思想框架来说，对于先秦儒家共同体及儒者形象的研究，至此本已基本自洽，并无另加附录的必要。但是，为了让读者朋友更好地了解和把握先秦儒家，笔者将新近对道家道教的比较性研究成果附录于此，里面包含有"道"、"德"等理论范畴在先秦时期所发生的重大变化，这就包括在儒家身上发生的变化在内。希望读者朋友在阅读完这篇附录于后的研究成果以后，能够从道家的视角或者说"由道（家）入儒"、"由道（家）观儒"来发现一个更为立体、丰满与多元的先秦儒家群体和儒者形象。

参 考 文 献

一、古籍与材料

1.（唐）孔颖达：《周易正义》，《十三经注疏》（标点本），北京大学出版社 1999年版。

2.（宋）朱熹：《四书章句集注》，中华书局 1983 年版。

3.（明）王阳明：《王阳明全集·卷三十四·年谱二》，上海古籍出版社 2011 年版。

4.（清）戴震：《孟子字义疏证》，中华书局 1982 年版。

5.（清）王先谦：《汉书补注·杨胡朱梅云传》（列传卷三十七），中华书局 1941年版。

6.（清）王先谦：《荀子集解》，中华书局 1988 年版。

7.（清）黄景仁：《两当轩集》，李国章校点，上海古籍出版社 1983 年版。

8.（清）王聘珍：《大戴礼记解诂》，中华书局 1983 年版。

9.（清）焦循：《孟子正义》，中华书局 1987 年版。

10.（清）刘宝楠：《论语正义》，中华书局 1990 年版。

11.（清）皮锡瑞：《经学历史》，周予同注释，中华书局 2008 年版。

12.杨伯峻译注：《论语译注》，中华书局 1980 年版。

13.程树德：《论语集释》，中华书局 1990 年版。

14.皮锡瑞：《孝经郑注疏》，上海古籍出版社 1993 年版。

15.马王堆汉墓帛书整理小组编：《马王堆汉墓帛书·老子》，文物出版社 1976 年版。

16.刘钊：《郭店楚简校释》，福建人民出版社 2003 年版。

17.李零：《郭店楚简校读记》，中国人民大学出版社 2007 年版。

18.濮茅左：《性情论》，马承源主编：《上海博物馆藏战国楚竹书（一）》，上海古籍出版社 2001 年版。

19. 濮茅左：《季庚子问于孔子》，马承源主编：《上海博物馆藏战国楚竹书（五）》，上海古籍出版社 2005 年版。

20. 李朝远：《中弓》，马承源主编：《上海博物馆藏战国楚竹书（三）》，上海古籍出版社 2003 年版。

21. 李朝远：《内礼》，马承源主编：《上海博物馆藏战国楚竹书（四）》，上海古籍出版社 2004 年版。

22. 张光裕：《弟子问》，马承源主编：《上海博物馆藏战国楚竹书（五）》，上海古籍出版社 2005 年版。

23. 濮茅左：《甲骨文常用字汇》，上海书店出版社 2007 年版。

24. 许建平：《敦煌经部文献合集》之《孝经》之属，中华书局 2008 年版。

二、研究著作

1. 王明：《太平经合校》，中华书局 1960 年版。

2. 梁漱溟：《中国文化要义》，集成图书公司 1963 年版。

3. 冯友兰：《新事论》，商务印书馆 1967 年版。

4. 冯友兰：《中国哲学史》，华东师范大学出版社 2000 年版。

5. 傅乐成：《汉唐史论集》，联经出版公司 1977 年版。

6. 梁启雄：《荀子简释》，中华书局 1983 年版。

7. 杨柳桥：《荀子诂译》，齐鲁书社 1985 年版。

8. 钱穆：《先秦诸子系年》，中华书局 1985 年版。

9. 费孝通：《乡土中国》，三联书店 1985 年版。

10. 王明：《抱朴子内篇校释》，中华书局 1985 年版。

11. 钟泰：《庄子发微》，上海古籍出版社 1988 年版。

12. 俞伟超：《中国古代公社组织的考察——论先秦两汉的单—僤—弹》，文物出版社 1988 年版。

13. 余明光：《黄帝四经与黄老思想》，黑龙江人民出版社 1989 年版。

14. 杜正胜：《编户齐民：传统政治社会结构之形成》，联经出版事业公司 1990 年版。

15. 陈丽桂：《战国时期的黄老思想》，联经出版事业公司 1991 年版。

16. 陈丽桂：《近四十年出土简帛文献思想研究》，中华书局 2015 年版。

17. 陈丽桂：《汉代道家思想》，中华书局 2015 年版。

18. 崔大华：《庄学研究》，人民出版社 1992 年版。

19. 蒙文通：《经学抉原》，巴蜀书社 1995 年版。

20. 张觉：《荀子译注》，上海古籍出版社 1995 年版。

21. 卿希泰主编：《中国道教史》（第一卷），四川人民出版社 1996 年版。

22. 阎步克：《士大夫政治演生史稿》，北京大学出版社 1996 年版。

23. 郑家栋：《当代新儒学史论》，广西教育出版社 1997 年版。

24. 李泽厚：《论语今读》，安徽文艺出版社 1998 年版。

25. 胡适：《中国中古思想史长编》，安徽教育出版社 1999 年版。

26. 汤一介：《昔不至今》，上海文艺出版社 1999 年版。

27. 李学勤主编：《周易正义》，北京大学出版社 1999 年版。

28. 李学勤主编：《新出简帛研究丛书·总序》，湖北教育出版社 2003 年版。

29. 李学勤主编，李民、王健著：《尚书译注》，上海古籍出版社 2000 年版。

30. 李学勤主编，马积高著：《荀学源流》，上海古籍出版社 2000 年版。

31. 刘泽华、葛荃主编：《中国古代政治思想史（修订本）》，南开大学出版社 2001 年版。

32. 徐复观：《西汉知识分子对专制政治的压力感》，《两汉思想史：第 1 卷》，华东师范大学出版社 2001 年版。

33. 韩德民：《荀子与儒家的社会理想》，齐鲁书社 2001 年版。

34. 金耀基：《金耀基自选集》，上海教育出版社 2002 年版。

35. 孙筱：《两汉经学与社会》，中国社会科学出版社 2002 年版。

36. 钱穆：《孔子传》，三联书店 2002 年版。

37. 杨宽：《西周史》，上海人民出版社 2003 年版。

38. 顾德融、朱顺龙：《春秋史》，上海人民出版社 2003 年版。

39. 林存光：《儒教中国的形成——早期儒学与中国政治文化的演进》，齐鲁书社 2003 年版。

40. 干春松：《制度化儒家及其解体》，中国人民大学出版社 2003 年版。

41. 干春松：《制度儒学》，上海人民出版社 2006 年版。

42. 干春松：《儒学概论》，中国人民大学出版社 2009 年版。

43. 李天虹：《郭店竹简〈性自命出〉研究》，湖北教育出版社 2003 年版。

44. 陈咏明：《儒学与中国宗教传统》，宗教文化出版社 2003 年版。

45. 孙隆基：《中国文化的深层结构》，广西师范大学出版社 2004 年版。

46. 余英时：《现代儒学的回顾与展望》，三联书店 2004 年版。

47. 季乃礼：《三纲六纪与社会整合——由〈白虎通〉看汉代社会人伦关系》，中国人民大学出版社 2004 年版。

48. 谢路军：《中国道教源流》，九州出版社 2004 年版。

49. 王博：《庄子哲学》，北京大学出版社 2004 年版。

50. 郭齐勇主编：《儒家伦理争鸣集——以"亲亲互隐"为中心》，湖北教育出版社 2004 年版。

51. 黄慧英：《儒家伦理：体与用》，上海三联书店 2005 年版。

52. 曾祥旭：《士与西汉思想》，黑龙江人民出版社 2005 年版。

53. 王中江：《视域变化中的中国人文与思想世界》，中州古籍出版社 2005 年版。

54. 罗安宪：《虚静与逍遥——道家心性论研究》，人民出版社 2005 年版。

55. 王浦劬：《政治学基础》（第二版），北京大学出版社 2006 年版。

56. 韩维志：《上古文学中君臣事象的研究》，上海古籍出版社 2006 年版。

57. 任继愈：《老子绎读》，北京图书馆出版社 2006 年版。

58. 金景芳：《周易通解》，长春出版社 2007 年版。

59. 詹石窗：《道教与中国养生智慧》，东方出版社 2007 年版。

60. 刘国民：《董仲舒的经学诠释及天的哲学》，中国社会科学出版社 2007 年版。

61. 任剑涛：《伦理政治研究：从早期儒学视角的理论透视》，吉林出版集团有限责任公司 2007 年版。

62. 丛日云：《西方政治文化传统》，吉林出版集团有限责任公司 2007 年版。

63. 陈鼓应：《黄帝四经今注今译——马王堆汉墓出土帛书》，商务印书馆 2007 年版。

64. 陈鼓应：《老庄新论》（修订版），商务印书馆 2008 年版。

65. 陈鼓应：《老子注译及评介》（修订增补本），中华书局 2009 年版。

66. 刘笑敢：《道教》，上海古籍出版社 2008 年版。

67. 刘笑敢：《老子古今》，中国社会科学出版社 2009 年版。

68. 刘笑敢：《庄子哲学及其演变》，中国人民大学出版社 2010 年版。

69. 张德胜：《儒家伦理与社会秩序——社会学的诠释》，上海人民出版社 2008 年版。

70. 梁涛：《郭店竹简与思孟学派》，中国人民大学出版社 2008 年版。

71. 杨国荣：《庄子的思想世界》，华东师范大学出版社 2009 年版。

72. 瞿同祖：《中国法律与中国社会》，商务印书馆 2010 年版。

73. 陈壁生：《经学、制度与生活——〈论语〉"父子相隐"章疏证》，华东师范大学出版社 2010 年版。

74. 王光松：《在"德"、"位"之间》，华东师范大学出版社 2010 年版。

75. 李玉洁：《儒学与中国政治》，科学出版社 2010 年版。

76. 王中江：《简帛文明与古代思想世界》，北京大学出版社 2011 年版。

77. 王中江：《儒家的精神之道和社会角色》，中华书局 2015 年版。

78. 韦政通：《传统与现代之间》，中华书局 2011 年版。

79. 何怀宏：《世袭社会——西周至春秋社会形态研究》，北京大学出版社 2011 年版。

80. 郝长墀：《政治与人：先秦政治哲学的三个维度》，中国政法大学出版社 2012 年版。

81. 王威威：《韩非思想研究：以黄老为本》，南京大学出版社 2012 年版。

82. 牟钟鉴：《新仁学构想——爱的追寻》，人民出版社 2013 年版。

83. 李友广：《先秦儒家人性论的演变——以郭店儒简为考察重点》，陕西人民出版社 2014 年版。

84. 许抗生：《道家思想与现代文明》，中华书局 2015 年版。

85. 王中江：《道家学说的观念史研究》，中华书局 2015 年版。

86. 曹峰：《近年出土黄老思想文献研究》，中国社会科学出版社 2015 年版。

87.《中国思想史》编写组：《中国思想史》，高等教育出版社 2015 年版。

88. 林光华：《〈老子〉之道及其当代诠释》，中国人民大学出版社 2015 年版。

89. 汤一介：《汤一介哲学精华编》，北京联合出版公司 2016 年版。

90. 张茂泽：《道论》，人民出版社 2016 年版。

91. 景海峰：《儒学的现代转化：景海峰学术论集》，孔学堂书局 2016 年版。

92. [日] 仁井田陞：《中国社会的法和伦理》，弘文堂 1954 年版。

93. [日] 谷川道雄：《中国中世社会和共同体》，国书刊行会 1976 年版。

94. [德] 马克思、恩格斯：《马克思恩格斯全集》（卷八），人民出版社 1961 年版。

95. [法] 孟德斯鸠：《论法的精神》（上册），张雁深译，商务印书馆 1987 年版。

96. [美] 爱德华·希尔斯：《论传统》，傅铿、吕乐译，上海人民出版社 1991 年版。

97. [美] 杜维明：《儒家思想新论——创造性转换的自我》，曹幼华、单丁译，周文彰等校，江苏人民出版社 1996 年版。

98. [美] 顾立雅：《孔子与中国之道》，高专诚译，大象出版社 2000 年版。

99. [美] 杜维明：《道、学、政：论儒家知识分子》，钱文忠、盛勤译，上海人民出版社 2000 年版。

100. [英] 莱斯诺夫：《二十世纪的政治哲学家》，商务印书馆 2001 年版。

101. [英] 齐格蒙特·鲍曼：《流动的现代性》，上海三联书店 2002 年版。

102. [英] 齐格蒙特·鲍曼：《共同体：在一个不确定的世界中寻找安全》，江苏人民出版社 2003 年版。

103. [德] 卡尔·曼海姆：《意识形态与乌托邦》，黎鸣、李书崇译，商务印书馆 2002 年版。

104. [美] 爱德华·萨义德：《知识分子论》，单德兴译，三联书店 2002 年版。

105. [英] 葛瑞汉：《论道者：中国古代哲学论辩》，张海晏译，中国社会科学出版社 2003 年版。

106. [德] 罗哲海：《轴心时期的儒家伦理》，陈咏明、瞿德瑜译，大象出版社 2009 年版。

107. [日] 池田知久：《道家思想的新研究（下）——以〈庄子〉为中心》，王启发、曹峰译，中州古籍出版社 2009 年版。

108. [日] 尾形勇：《中国古代的"家"与国家》，张鹤泉译，中华书局 2010 年版。

109. [美] 格里德尔：《知识分子与现代中国》，单正平译，广西师范大学出版社 2010 年版。

110. [美] 杜维明：《儒家传统与文明对话》，彭国翔编译，人民出版社 2010 年版。

111. [德] 斐迪南·滕尼斯：《共同体与社会——纯粹社会学的基本概念》，林荣远译，北京大学出版社 2010 年版。

112. [德] 汉斯－格奥尔格·梅勒：《〈道德经〉的哲学》，刘增光译，人民出版社 2010 年版。

113. [英] 戴维·米勒：《政治哲学与幸福根基》，李里峰译，译林出版社 2013 年版。

114. [加] 威尔·金里卡：《当代政治哲学》，刘莘译，上海文艺出版社 2015 年版。

115. See F. M. Keesing: "The Science of Custom" *Cultural Anthropology*, N.Y: Holt, Rinthart and Winston, 1958.

116. Charles A Moore, "Introduction: The Humanistic Chinese Mind," in C.A. Moore, ed., *The Chinese Mind*, Honolulu: University of Hawaii Press, 1967.

117. Weber, *Max. The Religion of China*, Tr. By Hans H. Gerth. New York: Free Press, 1968.

118. Vitaly A. Rubin, *Individual and State in Ancient China*, New York: Columbia University Press, 1976.

119. Tu Wei-ming, "Confucian Humanism in a Modern Perspective", in Joseph P.L.Jiang, ed., *Confucianism and Modernization*: A Symposium, Taipei: Freedom Council, 1987.

三、相关论文：

1. 柳诒征：《中国礼俗史发凡》，《学原》（第一卷）1947 年第 1 期。

2. 向达:《南诏史论略》,《历史研究》1954 年第 2 期。

3. 顾颉刚:《禅让传说起于墨家考》,《古史辨》七,上海古籍出版社影印 1982 年版。

4. 余英时:《群己之间——中国现代思想史上的两个循环》,《明报月刊》1993 年 8 月号。

5. [英] H.P. 里克曼:《解释学和生命哲学的创始人——威廉·狄尔泰》,《哲学译丛》1985 年第 4 期。

6. 刘笑敢:《庄子人生哲学中的矛盾》,《文史哲》1985 年第 2 期。

7. 刘笑敢:《"反向格义"与中国哲学研究的困境——以老子之道的诠释为例》,《南京大学学报》(哲学·人文科学·社会科学) 2006 年第 2 期。

8. 刘蔚华、苗润田:《黄老思想源流》,《文史哲》1986 年第 1 期。

9. 冯国超:《析道教生命哲学》,《哲学研究》1991 年第 10 期。

10. 邓球柏:《论易道与天道、地道、人道合一》,《中国哲学史》1995 年第 3 期。

11. 丁为祥:《个体与群体:道德理性的定位问题》,《陕西师大学报》(哲学社会科学版) 1995 年第 4 期。

12. 白奚:《〈黄帝四经〉与百家之学》,《哲学研究》1995 年第 4 期。

13. [美] 史华慈:《全球主义意识形态与比较文化研究》,《二十一世纪》1999 年 2 月号 (第 51 期)。

14. 李学勤:《郭店楚简与儒家经籍》,《中国哲学》(第二十辑),辽宁教育出版社 1999 年版。

15. 李学勤:《郭店简与〈乐记〉》,《中国哲学的诠释与发展——张岱年先生九十寿庆纪念论文集》,北京大学出版社 1999 年版。

16. 李存山:《读楚简忠信之道及其他》,《中国哲学》(第二十辑),辽宁教育出版社 1999 年版。

17. 陈璧生:《乡土中国中的"孝"——对〈论语〉中"孝"的观念的人类学考察》,2007 年 5 月 20 日,见 http://www.confucius2000.com/confucius/Xtzgzdxdlyz xgndrlxkc.html。

18. 严正:《汉代经学的确立与演变》,《经学今诠初编》(《中国哲学》第二十二辑),辽宁教育出版社 2000 年版。

19. 李锦全:《中国传统文化对知识分子人生道路选择的影响》,《南京化工大学学报》(哲学社会科学版) 2000 年第 1 期。

20. 罗新慧:《从郭店楚简看孔、孟之间的儒学变迁》,《中国哲学》2000 年第 2 期。

21. 罗新慧:《孔子的历史观、入仕观及其它——从上博楚竹书〈仲弓〉篇谈起》,《史学史研究》2005 年第 3 期。

22. [美] 杜维明：《中国古代儒学知识分子的结构与功能》，《开放时代》2000 年第 3 期。

23. 孔令宏：《易学时空整体观的三个层次》，《河北大学学报》（哲学社会科学版）2001 年第 1 期。

24. 彭林：《再论郭店简〈六德〉"为父绝君"及相关问题》，《中国哲学史》2001 年第 2 期。

25. 黄钊：《关于研究出土简帛文献的方法论思考——回顾简、帛〈老子〉研究有感》，《中国哲学史》2001 年第 3 期。

26. 张增田：《〈黄老帛书研究〉综述》，《安徽大学学报》（哲学社会科学版）2001 年第 4 期。

27. 于振波：《近三十年大陆及港台简帛发现、整理与研究综述》，《南都学坛》2002 年第 1 期。

28. 蒙培元：《人是情感的存在——儒家哲学再阐释》，《社会科学战线》2003 年第 2 期。

29. 陈恩林：《论孔子的"仁义礼"思想及其本质》，《逸斋先秦史学术论文集——陈恩林自选集》，吉林文史出版社 2003 年版。

30. 余英时：《反智论与中国政治传统——论儒、道、法三家政治思想的分野与汇流》，《中国思想传统的现代诠释》，江苏人民出版社 2003 年版。

31. 邓晓芒：《文化的传授、学习和反思——略评杜维明的中西文化比较方法》，《吉林大学社会科学学报》2003 年第 5 期。

32. 谢桂华、沈颂金、邬文玲：《二十世纪简帛的发现与研究》，《历史研究》2003 年第 6 期。

33. 齐学红：《研究者的立场问题——一个知识社会学的视角》，《上海教育科研》2003 年第 8 期。

34. 吴根友：《上博简〈容成氏〉政治哲学思想探析》，《上博馆藏战国楚竹书研究续编》，上海书店出版社 2004 年版。

35. 李锐：《"气是自生"：〈恒先〉独特的宇宙论》，《中国哲学史》2004 年第 3 期。

36. 张耀南：《论中国现代哲学史上的"知识社会学"》，《哲学研究》2004 年第 7 期。

37. 董平：《庄子与葛洪——论道家生命哲学向宗教信仰的转变》，《浙江社会科学》2004 年第 4 期。

38. 陈来：《郭店楚简与儒学的人性论》，庞朴主编：《儒林》（第一辑），山东大学出版社 2005 年版。

39.陈来:《史料困境的突破与儒家系谱的重建——郭店楚简与先秦儒学研究》,《竹帛〈五行〉与简帛研究》,三联书店 2009 年版。

40.陈来:《论"道德的政治"——儒家政治哲学的特质》,《天津社会科学》2010年第 1 期。

41.康中乾:《庄子"道"的技术性》,《哲学研究》2005 年第 12 期。

42.马贵侠:《"共同体"的解构与重建——由滕尼斯的"共同体"与"社会"引发的思考》,《长春工业大学学报》(社会科学版)2006 年第 3 期。

43.秦晖:《"杨近墨远"与"为父绝君":古儒的国—家观及其演变》,《人文杂志》2006 年第 5 期。

44.[日]池田知久:《郭店楚简〈眚自命出〉篇中的"道之四术"》,曹峰译,《池田知久简帛研究论集》,中华书局 2006 年版。

45.[美]赫云·霍克斯曼:《柏拉图和孔子的爱与国家》,姜志辉译,《经学、政治与现代中国》(《思想史研究》第三辑),上海人民出版社 2007 年版。

46.赵汀阳:《身与身外:儒家的一个未决问题》,《中国人民大学学报》2007 年第 1 期。

47.郭沂:《〈性自命出〉对子思人性论的扬弃》,刘大钧主编:《简帛考论》,上海古籍出版社 2007 年版。

48.卢秋萍:《试析比较思维的科学发现功能》,《中国科技奖励》2007 年第 5 期。

49.曹峰:《出土文献可以改写思想史吗?》,《文史哲》2007 年第 5 期。

50.曹峰:《〈恒先〉研究综述——兼论〈恒先〉今后研究的方法》,《中国哲学史》2008 年第 4 期。

51.曹峰:《价值与局限:思想史视野下的出土文献研究》,《中国哲学与文化》(第六辑),广西师范大学出版社 2009 年版。

52.曹峰:《睡虎地秦简所见对"孝"的重视》,《国学学刊》2009 年第 3 期。

53.曹峰:《〈恒先〉的气论——一种新的万物生成动力模式》,《哲学研究》2012年第 5 期。

54.曹峰:《出土文献视野下的黄老道家研究》,《中国社会科学》2013 年第 2 期。

55.曹峰:《〈恒先〉研读》,《国学学刊》2014 年第 2 期。

56.张丰乾:《思孟学派与"民之父母"》,杜维明主编:《思想·文献·历史——思孟学派新探》,北京大学出版社 2008 年版。

57.王国雨:《论孔子的生命焦虑与晚年抉择》,《云南民族大学学报》(哲学社会科学版)2008 年第 5 期。

58. 王中江：《〈恒先〉宇宙观及人间观的构造》，《文史哲》2008 年第 2 期。

59. 王中江：《先秦儒家的"社会角色"意识》，《国学学刊》2009 年第 2 期。

60. 林桂榛：《关于"亲亲相隐"问题的若干辨正》，《哲学动态》2008 年第 4 期。

61. 裘锡圭：《是"恒先"还是"极先"?》，2009 年 6 月 2 日，见"复旦大学出土文献与古文字研究中心网"。

62. 杜维明：《儒家人文思想中的社会性、个体性及天人一体观》，邵润平、张娟芳译，梁涛校，《国学学刊》2009 年第 2 期。

63. 李友广：《对"由天及人"传统思维模式的重新探讨》，《理论月刊》2009 年第 8 期。

64. 李友广：《郭店儒简心、性、物关系研究》，《邯郸学院学报》2010 年第 1 期。

65. 李友广：《"俟时"与"用时"——先秦儒家与汉儒政治态度之比较》，《人文杂志》2013 年第 7 期。

66. 李友广：《理想化与存在性的交织："禅让制"刍议》，《长安大学学报》（社会科学版）2015 年第 3 期。

67. 吴玉军：《共同体的式微与现代人的生存》，《浙江社会科学》2009 年第 11 期。

68. 田海燕：《刍议乡村公民共同体构建进路》，《中国矿业大学学报》（社会科学版）2010 年第 2 期。

69. 李慧凤、蔡旭昶：《"共同体"概念的演变、应用与公民社会》，《学术月刊》2010 年第 6 期。

70. 余英时：《反智论与中国政治传统——论儒、道、法三家政治思想的分野与汇流》，何俊编：《余英时学术思想文选》，上海古籍出版社 2010 年版。

71. 刘悦笛：《儒家政治哲学当中的"情之本体"——从费孝通的"差序格局"谈起》，《中国文化研究》2010 年第 4 期。

72. 干春松：《复仇、暴政与暴民》，《文化纵横》2010 年第 5 期。

73. 干春松：《儒家政治思想的连续与转折——徐复观论董仲舒的政治哲学》，《学术研究》2010 年第 5 期。

74. 谢阳举：《论比较原理与比较思想史》，《湖南大学学报》（社会科学版）2010 年第 6 期。

75. 韩星：《汉初儒学的思想整合》，单纯主编：《国际儒学研究》（第十八辑），九州出版社 2011 年版。

76. 彭永捷：《认识儒教》，《社会科学》2011 年第 11 期。

77. 梁涛：《"亲亲相隐"与"隐而任之"》，《哲学研究》2012 年第 10 期。

78. 田超：《公义语境下的儒家社会正义原则——与黄玉顺教授商榷》，《学术界》2012 年第 11 期。

79. 许春华：《天人合道——老子天道、地道、人道思想的整体性与统一性》，《河北大学学报》（哲学社会科学版）2012 年第 6 期。

80. 廖名春：《〈论语〉"父子互隐"章新证》，《湖南大学学报》（社会科学版）2013 年第 2 期。

81. 彭永海：《试论〈孟子〉中舜"窃负而逃"》，《湘南学院学报》2013 年第 3 期。

82. 梁涛、顾家宁：《超越立场，回归学理——再谈"亲亲相隐"及相关问题》，《学术月刊》2013 年第 8 期。

83. 王晓洁、李友广：《郭店楚简与学术研究前沿综论》，《华夏文化》2014 年第 1 期。

84. 张志强：《线性思维、化约主义与高台"说教"——评梁涛等学者对"亲亲相隐"及相关文本的误读》，《学术月刊》2014 年第 2 期。

85. 刘伟：《论政治生活的有限性——以孟子"窃负而逃"为核心的考察》，《现代哲学》2014 年第 5 期。

86. 俞荣根：《私权抗御公权——"亲亲相隐"新论》，《孔子研究》2015 年第 1 期。

87. 杨国荣：《政治哲学论纲》，《学术月刊》2015 年第 1 期。

88. 杨鑫：《叔孙通之"进退与时变化"与汉代儒学的转向》，《孔子研究》2016 年第 2 期。

89. 罗祥相：《庄子"命"与"逍遥"思想辩证》，《哲学研究》2016 年第 4 期。

90. 秦双星：《情理法视阈下中国古代复仇现象研究》，硕士学位论文，黑龙江大学，2009 年。

91. 白奚：《论范蠡对黄老道家的理论贡献》，"黄老道家研究的新拓展"学术研讨会论文，2015 年 11 月。

92. 崔基勋：《由"自然"以明道之心性论》，"黄老道家研究的新拓展"学术研讨会论文，2015 年 11 月。

93. 李祥俊：《儒家思想中的内与外》，"国际儒学论坛·2016：儒家视域中的家国天下"论文，2016 年 12 月。

94. 傅伟勋：《儒道二家的生死观》，张广保、杨洁主编：《儒释道三教关系研究论文选粹》，华夏出版社 2016 年版。

附录　自然与益生之间：道家、道教生命态度比较的一个重要向度

道家倡自然，道教重益生。从中国哲学史的角度来看，对于人生命、生死所持的立场与态度，在道家与道教之间确实是发生了重大变化的。那么，在他们身上发生这种变化的原因、表现及影响到底是怎样的一种情况呢，这是本文所要着力解决的重要理论问题。

要对道家、道教生命态度进行比较性研究，势必首先要对"道"这一核心范畴进行理论探讨，进而在这种探讨中考察"道"分别在道家和道教思想体系中的地位、功能和影响，以为接下来的研究奠定基础。

一、"道"在哲学体系中地位的下降 ①

从春秋晚期到战国时期，在天人关系这一重大思想视域与理论背景

---

① 本部分曾于发表后不久，在西北大学做过全校性的学术讲座。在讲座结束互动环节，笔者的同事陈战峰副教授提出，应在文中对"道"做一个比较清晰的界定，另外对于文献的征引从时间上看多属战国时期，应重视春秋时期的文献和《易传》。于此，笔者认为，因"道"是非对象性之存在，对"道"进行清晰界定实属困难，无论"正的方法"还是"负的方法"均难如愿，再加上文章的问题导向和写作方向，故暂时放弃了努力作出澄清和界定的企图，亦未在文献征引上着力太多。当然，他提出的问题是很

下，诸子在文献中对"道"或多或少均有关注与探讨，虽然关注的重点与中心有所不同。在《周易》尤其是《易大传》对天道、地道和人道均有关注（《说卦传》有云："立天之道，曰阴与阳；立地之道，曰柔与刚；立人之道，曰仁与义"），呈现出一种整体性思维和整体观①。

　　与《周易》的这种整体性思维有所不同，孔门人物在文本中侧重关注人道，天道则多成为其言说与行动的理论背景与价值依据。道家人物虽以明人事为目的，但对道以及人如何合乎道方面的理论探讨更有兴趣。黄老道家虽对老学多有借鉴与吸收，注重博采众家之长，但其对老子"道"的形上性、超越性甚或神秘性做了不同程度的弱化处理，并着重突出了"道"的社会性倾向，"表现为道与社会制度尤其是与法的结合"②，体现了对社会制度与政治秩序上的价值诉求。法家人物，以韩非的《解老》、《喻老》为例可以看得比较清楚，在文本中韩非虽亦不乏对"道"之本体论意义的探讨（如《韩非子·解老》云："道者，万物之所然也，万理之所稽也"），但更关注的是"道"观念所衍生出的"理"和"术"，是为"治道"。

　　可以说，从"道"观念的演变史来看，在春秋晚期、战国时期这个历

有价值的，值得重视。另外，对于笔者在文中所用的"下降"一语，笔者的研究生赵梓桐同学提出："文中所讲的'道的下移'，不应是其地位的下降，而是道作为一种境界的体现逐渐落实为一种社会和政治工具。所以，在我看来，道表现了先秦子学由一种价值理性到工具理性的演变；逐渐由无言的，不可言说的道之为体转向实用理性。"此说不无道理，指出了"道"在天地宇宙间价值与地位的变化，但恐陷于道之二分之虞。故列于此，备为一说。笔者于此以"下降"界定之，主要着眼于诸子人物思想体系而言，然亦有拘泥文字之弊，值得省思。另外，需要指出的是，本部分在发表后出版前，还曾与宋玉波、王晓洁等学者有过交流，并在探讨的基础之上，对本部分做过相应的修正与完善。在此，对于他们所提出的宝贵建议与意见，一并表示感谢。

① 　参见孔令宏：《易学时空整体观的三个层次》，《河北大学学报》（哲学社会科学版）2001 年第 1 期。

② 　王威威：《黄老学思想特征新证》，《管子学刊》2004 年第 3 期。

史阶段，诸子之学中的"道"在各自哲学思想体系和天人关系当中的地位均出现了不同程度的下降① 趋势，而"道"地位的这种下降，又为"道"与"理"、"术"及人身的结合在理论理路和思想视域上铺平了道路。"道"地位的这种变化，显然与这一历史时期天下秩序和政治格局日渐走向统一的大势密切相关。接下来，我们主要以道家、儒家、法家和黄老道家为考察对象，具体探讨"道"在各自思想体系中发生的这种变化，以便于后文展开对"道"与人生死之间关系的探讨。

1. 道家之"道"：从形上超越性向世俗性、功利性的转进

道家的"道"在老子那里，兼具超越性和普遍性，是一种超条件性的存在。关于这一方面，《老子》屡言之，如："视之不见名曰夷，听之不闻名曰希，搏之不得名曰微。此三者不可致诘，故混而为一。其上不皦，其下不昧，绳绳兮不可名，复归于无物。是谓无状之状，无物之象，是谓惚恍。迎之不见其首，随之不见其后。"(《老子·十四章》)"有物混成，先天地生。寂兮寥兮，独立而不改，周行而不殆，可以为天地母。"(《老子·二十五章》)"大道泛兮，其可左右。"(《老子·三十四章》)，等等。在这里，老子之"道"虽是无形抽象的，但又无处不在，无时不在，天地和万物皆从之出，因而是"事物存在之根据，是事物之共同本质"②。从我们并不完全的文献征引中可以发现，老子所言之"道"具有浓厚的本体性、生成性和超越性，再加上"道"在老子那里的实质内容是自然，强调事物存在的自然而然之本质与常态，因而"道"之社会性和世俗性的因素或理

---

① 本文所言的"下降"，从另一个角度讲，主要是指"道"的形上性、超越性甚或神秘色彩日渐淡化，而"道"的条件性、社会性及世俗性则被愈加凸显。出现这种变化，应该说，与春秋战国时期政治对社会、文化等方面的影响日益加剧有关，叶树勋对此则称之为"政治中心主义的文化氛围"。叶树勋：《老子对"德"观念的改造与重建》，《哲学研究》2014 年第 9 期。

② 罗安宪：《虚静与逍遥——道家心性论研究》，人民出版社 2005 年版，第 42 页。

论向度并不显著①。

庄子，作为道家的另一位代表性人物，在理论学说上有继承和延续老子思想的一面。就"道"而言，庄子的"道"同样也具有一定的宇宙论意义和本体性意义，对"道"的超越性和普遍性亦不乏讨论。在老子"道"论的基础上，庄子进一步探讨"道"的自然性与无条件性，并与"气"的学说相结合来讨论"道"的存在方式，从而使其具备了一定的可体认性。②在庄子看来，道是无须任何条件而永恒存在的，这在《庄子·大宗师》中有集中讨论："夫道有情有信，无为无形，可传而不可受，可得而不可见，自本自根，未有天地，自古以固存。神鬼神帝，生天生地。在太极之先而不为高，在六极之下而不为深。先天地生而不为久，长于上古而不为老。"道的"不可受"，"不可见"，"自本自根"，以及"在太极之先"，"在六极之下"，"先天地生"，"长于上古"，等等，都充分彰显了道的超越性和无条件性，是一种永恒性的绝对存在。既然"道"在庄子这里如此高深和重要，那么人如果合于道而在，那就是最大的合理性，正如庄子后学在《庄子·天道》中假借老子和孔子的对话所言的"夫子亦放德而行，循道而趋，已至矣；又何偈偈乎揭仁义，若击鼓而求亡子焉？"在这里，庄子后学所言的"循道而趋"，简单说就是"合于道而在"。为什么要"合于道而在"呢？因为"道"是世界万物生成的根源和得以存在的最后依据，如果不以合乎道的方式存在，就如同《庄子·应帝王》中所批判的"儵"和"忽"一样。

① 当然，老子之"道"的社会性与世俗性因素虽不显著但并不意味着全然没有，因为他的"道"本身还与天地万物的生成密切相关，自然就逻辑地包含着一定的社会性和世俗性，虽然因老子的理论兴趣和关注重点在道、天道和自然方面而有意弱化或忽略这一方面。

② 对于老、庄言"道"方式之不同，谢阳举认为："老子论道是从形上下行，而庄子从形下上行，贯通了形而上和形而下，完善了老子的道论。"言之有理。见《中国思想史》编写组：《中国思想史》，高等教育出版社 2015 年版，第 60 页。

值得注意的是，在庄子这里，"道"除了具有超越性和无条件性以外，还具有可体认性的一面，正如《庄子·知北游》所讲的："东郭子问于庄子曰：'所谓道，恶乎在？'庄子曰：'无所不在。'东郭子曰：'期而后可。'庄子曰：'在蝼蚁。'曰：'何其下邪？'曰：'在稊稗。'曰：'何其愈下邪？'曰：'在瓦甓。'曰：'何其愈甚邪？'曰：'在屎溺。'东郭子不应。庄子曰：'夫子之问也，固不及质，正获之问于监市履狶也，每下愈况。'"正如征引文献所言，庄子所言之"道"非在物外，而是"道"在物中，彰显了"道"有可体认性的一面。按此思想理路，"道"不仅在一般物当中，也在人当中，因为庄子所言之"物"实已将人涵盖在内（《庄子·达生》即言："凡有貌象声色者，皆物也"）。自然地，《庄子》一书对与人密切相关的诸如人的根本性质、人的存在方式以及人如何合于道等问题有着特别的探讨，并提出了真人、至人、神人、圣人等重要概念与存在标准，将老子所开创的以道论为基础的宇宙论哲学①转向了对人生哲学的关注与重视。

庄子的人生哲学追求虚静与逍遥，强调外化内不化，实则是以内在合于道的方式来试图克服或超越人的种种有限性；庄子后学则从道的层面下落为术，处处以避害全生为要，实则是"以天下为之笼"（《庄子·庚桑楚》），将精神探究让位于个体生命在社会中如何保全，是以社会为笼牢的做法，个人终将无所逃。可以说，庄子后学已将庄子那种超脱、逍遥的精神追求转向了对如何避害全生、长生不死方面的理论探求，呈现出了浓厚

---

① 在这个意义上，康中乾亦认为"老子的'道'虽然有本体意、生成意、权术意、境界意之分，但'道'所呈现出的基本的哲学性质和旨趣却在本体意和生成意上，尤其在本体意上，因为'道'的权术意和境界义主是从其本体义中引申而来的。……庄子的'道'虽然有本体意、生成意、境界意这几种含义，但就'道'的哲学性质和旨趣而言，其最基本、最主要的含义是境界意，而本体意和生成意只是'道'的附加性意义。"诚是。见康中乾：《庄子"道"的技术性》，《哲学研究》2005 年第 12 期。

的世俗化倾向。对于庄子后学的这种功利性、世俗化倾向，崔大华将其归纳为，"修养的目标：养生、长生，处世的态度：避患全生，道之用：治身、治世"①。在这种世俗化的理论探求过程中，庄子后学将"道"之用的应用范围由治身发展到了治世，因而《庄子·在宥》有言："得吾道者，上为皇而下为王。"正因为庄子后学那里有着如此显著的世俗性与功利性色彩，所以目前有不少学者都倾向于认为它应当属于早期黄老之学的重要组成部分，不无道理。

作为汉代道家道教的经典著作，《老子河上公章句》（以下简称《河上公章句》）和《老子想尔注》虽均以注解《老子》为务，且皆重视和推崇"道"，但却与庄子后学处理"道"的方式一样，都试图体认"道"进而落实到治国、治身及养生种种现实层面的社会事务上，从而在世俗化与功利性的方向上将"道"推得很远。② 具体而言，《河上公章句》在注解《老子》的过程中，在强调天道自然无为的同时，还强调元气化生万物，认为天人相通、国身相同："天道与人道同，天人相通，精气相实。"（《老子·四十七章》）"说圣人治国与治身同也"（《老子·三章》）那么，天人何以相通，而国身又

---

① 崔大华：《庄学研究》，人民出版社 1992 年版，第 199—204 页。

② 关于道家与道教之间的关系，同事夏绍熙老师在讲座完成之后没几日便和笔者进一步交流了自己的看法。他认为，道教于早期在民间可能经历了一个较为漫长的相对独立的发展时期，且与其时的少数民族不无关系（于此，他主要举羌族为例，用以说明羌族文化中的宗教信仰对道教在西蜀初创和传播时期所产生的重要影响。而向达则明确提出道教起源于氐羌族的宗教信仰："我疑心张陵在鹤鸣山学道，所学的道即是氐羌的宗教信仰，以此为中心，而缘饰以《老子》之五千文。"见向达：《南诏史论略》，《历史研究》1954 年第 2 期），而老子思想在这一时期则更多的起了"缘饰"作用（如《老子想尔注》），故道教与道家的关系可能并不密切。只是到了魏晋以后尤其是唐朝，出于道教理论建构的需要，才启用或运用了老庄思想资源。对于他的这一看法，笔者是认同的，在文中对于道家道教的关系也略有探讨，但因为主要用力于道家、道教生死态度的比较研究，故而在对道教思想的疏解方面确有不够精密之处，值得自己反思。

何以相同呢？从文本内容来看，无疑深受庄子后学尤其是《庄子·知北游》中"通天下一气耳"（"气"为构成世界万物的始基）和"道无所不在"（"道"的普遍性与具体化）思想的影响。既然"气"是构成世界的基本质素 ①，"道"又是无所不在的，那么天人之间就不是截然两分而毫不相干的 ②，而《易传》在以取象说 ③、阴阳相应、三才说、爻位变化等诠释体例来对《易经》进行的诠解便鲜明地彰显了天人相通的哲学精神。另外，在道家的视域中，圣人往往是"道"的化身和"道"用的理想践行者，所以在"道法自然"和"因任自然"精神的指引下而使其形象在道家那里有着去道德化或者说超道德化 ④ 的一面。抑或者说，即便是有德性亦非一般意义上的道

---

① 陈丽桂将道家"气"的这种特性称为"遍在弥漫特性"。见陈丽桂：《近四十年出土简帛文献思想研究》，中华书局 2015 年版，第 54 页。

② 受庄子后学的影响，《老子河上公章句》在强调"道"的遍在性的同时，尤其强调道在身中，所以非常重视保身中之道和求道于身（它在注第五十九章"有国之母，可以长久"时，即云："人能保身中之道，使精气不劳，五神不苦，则可以长久"），从而"首次把在道家中作为自然衍化的'道'引入了人体内部，并把它看作是人所以能长生不死、获得神通的客观基础"。引文见冯国超：《析道教生命哲学》，《哲学研究》1991 年第 10 期。

③ 唐人孔颖达有云："或取天地阴阳之象以明义者，若《乾》之'潜龙'，'见龙'，《坤》之'履霜坚冰'，'龙战'之属是也。"（唐）孔颖达：《周易正义》，《十三经注疏》（标点本），北京大学出版社 1999 年版。

④ 笔者按：此处所谓的"超道德化"，意味着道家的自然并不必然排斥与反对道德与人伦秩序，而是要对其有所超越。关于这一问题，刘笑敢曾以老子之自然与孔子之仁学为对比视角作出了自己的阐发，他说："老子之自然与孔子之仁学中确有一致之处，在一定范围内，老子不必然反对儒家之道德，而孔子也不必然反对老子之自然。从社会生活实践的角度来看，老子之自然有利于孔子之仁发挥影响，而儒家之仁德也有利于实现老子所向往的自然之秩序。"所言非虚。（见刘笑敢：《孔子之仁与老子之自然——关于儒道关系的一个新考察》，《中国哲学史》2000 年第 1 期。）另外，徐梵澄亦认为，老子之学亦"超道德论"（Super-moralism），因为《老子》宣称"道常无名"，犹如赫拉克特利特说上帝"双超善恶"。见徐梵澄：《玄理参同》，《徐梵澄文集》（第 1 卷），华东师范大学出版社 2006 年版，第 147—148 页。

德，而是能与道同的"玄德"①，从而在处理社会事务上圣人"处无为之事，行不言之教"（《老子·二章》），行为中处处透着合乎道的自然精神，在对待万物的过程中表现出"万物作而弗始，生而弗有，为而不恃，功成而弗居"（《老子·二章》）的自然态度。② 基于此种精神理念，圣人在治国与治身的时候，往往在处理方法和精神上是一样的，因而才会强调"说圣人治国与治身同也"（《老子·三章》）。

固然道教产生的思想资源庞杂且多元，但从道家的角度而言，从道家向道教的理论演进，无疑黄老道家在这当中所起的作用是不容忽视的。如果我们认同有些学者将庄子后学视为黄老道家构成部分的观点的话，那么就更容易看清楚黄老道家在这当中所起的作用。如上文所言，庄子后学将"道"作了功利性、世俗化处理，道是遍在的，道用可以治身，也可以治世。顺此，汉代道家学术著作《河上公章句》进一步强调身中有道，并认为人在体会和把握身中之道的过程中，就能获得道化生万物、不生不灭的特性，进而实现生命长生不死的目标。从这里可以看出，尽管《河上公章句》虽非严格意义上的道教著作，但它强调道、身体与长生之间的关联，处处透着养生、求道的色彩，从而"为后世道教注重自身修炼，努力从自

---

① 许抗生则认为："圣人与道同体，超越了具体的事物，不受具体事物的限制，所以他的德性能与道同（'玄德'）。"笔者认为，圣人虽与道本身非常接近，但毕竟还是属于为"道"所生的"物"的范畴，实难等同，视两者为同体，亦可存疑。引文见许抗生：《老庄道家哲学与中国传统文化》，载《道家思想与现代文明》，中华书局2015年版，第119页。

② 与道家视域中圣人形象有所不同的是，儒家的圣人观往往多强调在人道上用力。《礼记·中庸》言谓："诚之者，人之道也"，"诚之者择善而固执者也"，就鲜明地彰显了这一点。另外，持有儒家基本立场的荀子也多主张仁心需要"养"，需要"积"，不能一蹴而就，进而强调"积善而全尽者，谓之圣人；故圣人也者，人之所积也"（《荀子·儒效》）。见牟钟鉴：《新仁学构想——爱的追寻》，人民出版社2013年版，第5—6页。

身生命中寻求成仙之途奠定了基础"①，这在客观上也为早期道教的产生提供了理论基础。②

2. 儒家之"道"：由推阐王道到渐次强调权、时、术

与老庄道家"推天道以明人事"的思维路径不同，尤其与庄子发端于个体生存"困境"的理论思考不同，儒家对于天地、社会的思考往往立足于"人性"③，而其对社会秩序、政治事务的推阐则往往与"王道"紧密结合在一起。在先秦，儒家和道家都关注"命"，并都意识到了其有非人力所能干预的必然性的一面④。《庄子》（内篇尤为显著）文本中屡有"死生，

---

① 见冯国超：《析道教生命哲学》，《哲学研究》1991 年第 10 期。至于黄老道家为何没有在西汉中期继续在政治舞台上发挥主流性作用，反而"朝着神仙方术和宗教迷信的方向加速发展，终于在东汉经由黄老道形成了中国的本土宗教——道教"（引文见刘蔚华、苗润田：《黄老思想源流》，《文史哲》1986 年第 1 期），其原因，笔者以为是由于黄老道家博采众家之长（司马谈《论六家要旨》言谓："与时迁移，应物变化，立俗施事，无所不宜"）的文化立场与其时文化一统观念相悖离，因而难以继续在政治舞台上充分发挥作用，便只能更多地以神仙方术和宗教的方式向民间和社会发展与渗透了。

② 当然，抛却东汉末年为人所熟知的社会政治背景不谈，道教的产生除了与《河上公章句》一类的道家思想资源关系甚大以外，还离不开在这一历史时期儒家思想的衰落和佛教的传入。见汤一介：《道教的成因与建立》，《汤一介哲学精华编》，北京联合出版公司 2016 年版，第 176—178 页。

③ 参见崔大华：《庄学研究》，人民出版社 1992 年版，第 142 页。不仅如此，儒家的"道"还不离人伦日用，"道"就在我们每个人的身边，故而《孟子·离娄上》云："道在迩而求诸远，事在易而求诸难。人人亲其亲、长其长，而天下平。"《荀子·儒效》亦有云："道者，非天之道，非地之道，人之所以道也。"这同样也强调了在儒家（尤其是在荀子那里）的思维、视野框架内，人道的重要价值与意义。

④ 关于"命"，在《庄子》中是否有着对"必然性"的指涉，我的同事路传颂老师提出了自己的观点。他认为，《庄子》认为没有谁必然是显达的，没有谁必然是困顿的，也没有什么方式让人能够必然得到名誉、地位和财富。夭寿穷通、富贵等显然都是偶然的，没有必然的一定之规，同样的行为方式也可能会招致截然相反的结果，一切都是无可奈何的，依赖于太多的偶然因素。全部偶然因素称之为命，它是盲目的，是没有必然性可寻的。于此，对他所讲的《庄子》所言的"命"充满了太多的不确定性与偶然性因素，我非常认同。但要说《庄子》文献中的"命"全是偶然性而毫无必然性之

命也"（《庄子·大宗师》）、"死生存亡，穷达贫富，贤与不肖毁誉，饥渴寒暑，是事之变，命之行也"（《庄子·德充符》），等等，强调生命、形体的生住坏灭是一种不可更改的必然，在这方面带有一定的宿命论色彩，故以"齐生死"、"破对待"、"吾丧我"诸方式进达"逍遥游"的达观① 境地。

对于生死问题，儒家并不愿意做过多纠缠②，其原因恐怕也与其对"命"的认知有关，在此我们以孔子为例来略做考察。"命"在孔子那里虽有可以被理智体认的一面，如"五十而知天命"（《论语·为政》）、"不知

_____

因素，我则持保留意见（《庄子·天运》即云："命不可变，时不可止。"据此，陈丽桂认为"'命'是自然的定限"。见陈丽桂：《汉代道家思想》，中华书局 2015 年版，第167 页）。关于《庄子》所谓的"命"，笔者比较认同傅伟勋和刘笑敢二位先生的观点。傅伟勋说："'死生，命也'的'命'字，既有必然之义，又有偶然之义。我们终究不得不死，无可避免，因此我们的'命'有其本来的必然性……但具体地说，我们何时生到人间，何时遭遇死难，却是命运的偶然（我们常说'命运捉弄我们'），我们只有感到无可奈何。"（傅伟勋：《儒道二家的生死观》，张广保、杨洁主编：《儒释道三教关系研究论文选粹》，华夏出版社 2016 年版，第 328 页。）刘笑敢则说："命不仅包括必然，而且包括偶然。一切都应归之于命，亦即一切都应归于必然（本书所谓必然多用必然的一般意义，即指无可改变、不得不然的趋势，并非专指客观规律）。"（见刘笑敢：《庄子哲学及其演变》，中国人民大学出版社 2010 年版，第 131 页。）另外，与此相似，罗祥相亦认为，《庄子》所说的"命"，"实包括天命、生命、性命和运命四方面的含义"，这四个方面"虽然有必然性的成分，但亦有偶然性的因素。'死生，命也，其有夜旦之常，天也。'（《庄子·大宗师》）指出了命的必然性。'游于羿之彀中，中央者，中地也；然而不中者，命也'（《庄子·德充符》），则揭示了命的偶然性。"他进而指出："必然性并不是庄子命论最基本的方面和特色，与其以'必然性'解说庄子之所谓'命'，不如以'自然性'来解说。""天道自然之变化，既有常又无常，故'命'之变化既包括必然性，也包括偶然性。"（见罗祥相：《庄子"命"与"逍遥"思想辩证》，《哲学研究》2016 年第 4 期。）诚然，《庄子》所言的"命"确有其多义性与复杂性，此盖与"道"之多义性与复杂性关系甚大。

① 晋人罗含所著《更生论》即有云："达观者所以齐死生，亦云死生为寤寐，诚哉是言！"见（东晋）罗含：《更生论》，《弘明集》卷五，光绪丙申年春三月，金陵刻经处。

② 对此，张岱年先生也认为，儒家不以死为意，而注重得其正而死，既将死则安于死。见张岱年：《中国哲学大系》，中国社会科学出版社 1982 年版，第 481 页。

命，无以为君子也"（《论语·尧曰》），等等，但同时"命"还是人的力量
所无法左右的客观必然性（《论语·颜渊》有云："死生有命"），是人所能
行动的边界，人不得不停止之处，故而孔子强调要敬畏天命，并将其置
于"三畏"之首（《论语·季氏》云："君子有三畏：畏天命，畏大人，畏
圣人之言"）。《论语·雍也》所载夫子对伯牛悲惨命运的惋惜之叹："亡之，
命矣夫！"即为典型例证。① 很显然，关于生死这类问题非人力所能控制，
当属于命之客观必然性和限制性的范畴。既然生死不可把控，那么当然就
只能在内省自修和外在事功上用力了，故而夫子云："未知生，焉知死？"
（《论语·先进》）其用意主要在于此。顺此思想理路，后儒将其进一步扩
展为修、齐、治、平的人生哲学（语见《礼记·大学》），南宋大儒朱熹甚
至将此概括为三纲领、八条目，从而被天下读书人奉为为人处世之圭臬。

对生死问题的悬置让儒家主要用力于内省自修和外在事功（这使他们
在追求身后之名、精神不朽方面持有强烈愿望，如《左传·襄公二十四
年》中有"三不朽"之说，《论语·卫灵公》则云："君子疾没世而名不称
焉"，等等），从而使其具有强烈的淑世意识。他们往往并不满足于个人德
性的操持，而且还希望将此投射到国家和社会。因而，基于此，先秦儒家
将修身、正己作为处世、为政等具有强烈实践性指向行为的基点，一再强
调"君子不可以不修身"（《孔子家语·哀公问政》），并时时以王道理想
和仁义立场为标尺来衡量权贵们的政治表现（《孟子·离娄上》，曰："尧、
舜之道，不以仁政不能平治天下。""惟仁者宜在高位。不仁而在高位，是
播其恶于众也"），高扬王道理想之旗帜。在他们看来，王道理想本身所具
有的超越性为自己的为学、干政等一系列行为赋予了不容置疑的真理性和

---

① 参见李友广：《先秦儒家人性论的演变——以郭店儒简为考察重点》，陕西人民出版社
2014 年版，第 58—60 页。

正当性，所以才会让儒家人物（尤以孔孟为典型）在寻求干政机遇之时虽一再碰壁亦无惧无悔，从而为后世留下了"用舍行藏"、"合则留，不合则去"刚毅果敢的儒者形象。①

进入战国中期以后，随着社会动荡的加剧和统一战争的愈加激烈，基于经济和军事基础之上的综合实力日益受重视，成为衡量与支配各国实力格局的最重要因素②，而宗法血缘关系在国际关系和国家内部权力结构中所起的作用愈加被削弱，故而儒家高标仁义德政的治国理论得到权贵阶层赏识的机会愈加困难与渺茫。这让他们在继续坚守王道理想的同时，不得不加以思考王道理想落实到现实政治层面的途径及其可能性。自孔孟强调"权"开始（语见《论语·子罕》、《论语·微子》和《孟子·离娄上》等），郭店儒简强调"时"、"势"③（见于《穷达以时》、《唐虞之道》、《性自命出》等），荀子强调"术"④（见于《荀子·非相》、《荀子·仲尼》、《荀子·不苟》

---

① 参见李友广：《"俟时"与"用时"——先秦儒家与汉儒政治态度之比较》，《人文杂志》2013 年第 7 期。

② 在这一历史时期，诸侯国的大小往往以兵车的多少来作为重要的衡量标准，比如《孟子·梁惠王上》即云："万乘之国，弑其君者，必千乘之家；千乘之国，弑其君者，必百乘之家。"可见，经济、兵车与人口（尤其是那些能征战沙场的兵士）已经成为衡量一个国家在国际间地位与话语权的不可缺少的综合因素。

③ 上博简《三德》亦多次提到"时"，如"卉木须时而后奋"（简 1），"骤夺民时，天饥必来"（简 15），等等。当然，《周易》当中"时"字亦不鲜见，诸如："与时偕行"（《易传·乾·文言》），"变通者，趣时者也。"（《易传·系辞下》），"时止则止，时行则行，动静不失其时，其道光明。"（《易传·艮·彖》），等等。

④ 在《荀子·仲尼》当中，即有"君虽不知，无怨疾之心；功虽甚大，无伐德之色；省求多功，爱敬不倦；如是则常无不顺矣。以事君则必通，以为仁则必圣，夫是之谓天下之行术。"诸语。省，杨倞注曰："省，少也"（引自杨柳桥：《荀子诂译》，齐鲁书社1985 年版，第 147 页）。字里行间到处充斥着臣对君的揣摩之意，而且还将其与圣、术联系了起来，实在是有将儒学作实用化处理的用意。对于荀子的这种立场，林存光在与法、道两家的对比中展开了自己的阐述，他说："法家在当时代表着一种积极参与社会历史变革进程的适应性观点和行动方针，道家则体现了一种鲜明的反文化的精神

等）。① 从中我们可以看到，从春秋晚期到战国时期，儒家在对"道"进行推阐的过程中，越来越强调"道"实现的条件性②，是对"道"所做的务实化和具体化处理。③ 先秦儒家在"道"上发生的这种变化，除了受多元政治格局社会历史大环境的影响以外，还与在这一历史阶段华夏文化、诸子之学交流、碰撞乃至融合的持续深入密切相关，而且单一的文化主张和政治立场已不足以应对日渐复杂的政治局势和社会困境了。

方向，而儒家能屈能伸的人生态度和行为模式，如荀子所称君子之'与时屈伸'、'以义应变'（《荀子·不苟》）显然是介乎道法二家之间的一种价值取向。"（见林存光：《儒教中国的形成——早期儒学与中国政治文化的演进》，齐鲁书社 2003 年版，第 113 页。）他对于儒家的这种能屈能伸的人生态度和行为模式所做的分析仍然是以荀子为主要言说对象的，由此看来，荀子在儒学由"道"向"术"转变过程中所起的作用以及对于后来叔孙通辈的影响都是无法忽略的。

① 对于在战国中期儒家"道"发生的这种变化，笔者曾有一系列研究与论述，此处不赘述。笔者如下论著可供参见：《先秦儒家人性论的演变——以郭店儒简为考察重点》，陕西人民出版社 2014 年版；《经与权的统一：孟子之礼再考察》，《中南大学学报》（社会科学版）2010 年第 4 期；《"俟时"与"用时"——先秦儒家与汉儒政治态度之比较》，《人文杂志》2013 年第 7 期。

② 关于"道"实现的条件性，除了我们于文中所谈到的儒家诸种思想，道家与黄老道家还非常强调"因"。对此，白奚说："'因'这个范畴的出现和'因'论的提出，是老子'道'的思想从形而上的层面向社会政治与人生的形而下层面落实过程中的一个极为重要的环节，它甚至可以说是道家理论转向的标志，是道家理论在新的历史条件下的拓展。"他的论点正反映了，在道家向黄老道家思想转化的过渡阶段，范蠡在这一过程当中对"道"所进行的理论改造。见白奚：《论范蠡对黄老道家的理论贡献》，"黄老道家研究的新拓展"学术研讨会论文，2015 年 11 月。

③ 与儒家对"道"所做的务实化与具体化处理相比，以韩非为代表的法家则显得更为务实和功利，从而把老子之"道"下降为了实际政治领域的治道。对于韩非在"道"上的这种变化，乔健认为是"把具有'形上'超越性质的老子思想'形下'化和实用化，把老子之'道'确定化和法术化"（引文部分见乔健：《论韩非对老子的修正》，《思想战线》2008 年第 3 期）。虽然在某种程度上，韩非也关注"道"的本体论意义，如"道者，万物之所然也，万理之所稽也"（《韩非子·解老》），等等，然而他关注的重点却是由"道"所衍生出的"理"和"术"，"'道'不过是论证'法'的合理性的工具"。引文部分见王威威：《韩非的道法思想与黄老之学》，《兰州学刊》2008 年第 6 期。

3. 黄老帛书之"道"：对社会制度与结构的诉求 ①

黄老帛书（学者对之另有《黄帝四经》、《黄帝书》、《经法》等四篇诸种命名，为便于行文，本文暂用最前者），指的是 1973 年长沙马王堆三号汉墓出土《老子》乙本卷前的四卷古佚书，分别为《经法》《十大经》（后经张政烺、裘锡圭、高亨等学者的考证和研究而改称为《十六经》)《称》《道原》。关于黄老帛书的产生时间主要有战国早中期之际说、战国中期末说、战国末年说（含秦汉之际说）、战国时期说和汉初说五种；而关于帛书产生的地域，则有郑国说、楚地说、齐国说和越国说等。② 由此我们可以看出，黄老帛书产生过程和传播地域的复杂性，折射出了其"因阴阳之大顺，采儒墨之善，撮名法之要，与时迁移，应物变化"（司马谈《论六家要指》）的文化会通、融合之特质与趋势，而这种会通、融合则主要是以采撮各家道术和道用的方式进行的，充分彰显了黄老道家在社会制度与政治治理方面的价值诉求。

---

① 颇富黄老道家色彩的上博简《恒先》篇除了对宇宙生成论有所陈说外，后半部分则重点阐述了政治哲学方面的内容，同样有着对于社会秩序与政治治理方面的价值诉求（王中江称为"人间观"。见王中江：《〈恒先〉宇宙观及人间观的构造》，《文史哲》2008 年第 2 期）。对此，曹峰也说："《恒先》带有强烈的政治目的性，是一部运用黄老道家理论指导政治实践的、具实用主义色彩的文献。"（曹峰：《〈恒先〉研读》，《国学学刊》2014 年第 2 期。）当然，虽然"道"在《恒先》中并没有出现，但它确实有"道"的意识和道论的内容，尽管学界对于《恒先》及"恒先"的定位有所不同：如有学者认为，"恒先"或"恒"、"恒、先"即为"道"的另外一种表达方式；另有学者认为，《恒先》可能是在有意识地回避"道"，而另立一新名来指称宇宙的根源。（参见曹峰：《〈恒先〉研究综述——兼论〈恒先〉今后研究的方法》，《中国哲学史》2008 年第 4 期。）所以，这并不妨碍我们探讨《恒先》中的道论内容及其黄老道家色彩。另外，对于"恒"，裘锡圭先生提出质疑，认为当读为"极"，并从多方面做了论证，但由于关于"恒"的识读问题对本文的理论阐述构不成根本性影响，故而此处不予展开讨论。裘先生的观点，可见裘锡圭：《是"恒先"还是"极先"?》，2009 年 6 月 2 日，见"复旦大学出土文献与古文字研究中心网"。

② 参见张增田：《〈黄老帛书研究〉综述》，《安徽大学学报》(哲学社会科学版)2001 年第 4 期。

如前文所言，老子之"道"具有极强的超越性，是整个天地构架存在和运转的终极价值依据，但正因为如此，老庄道家理论往往给人以幽渺难寻之感，缺乏效法、落实的有效途径与方案。随着时间的推移，自历史进入战国时代以来，政治问题就越来越成为整个社会和文化格局中突出的、迫切需要认真对待的重大理论和现实问题，这在文化上便逐渐成为诸子思考问题和理论探讨的重要导向。在这种情况下，老庄道家理论在这方面的弱点和短板表现得非常突出，因而道家思想在战国时期的转向（主要表现为黄老道家的兴起）便成为一种历史的必然。与老庄道家相比，曹峰认为黄老道家是一种极具操作性的政治思想，它"既以道家思想为主干，又援名、法入道，借用阴阳家之框架，重视儒家的伦理教化，不否定固有的文化传统，同时着眼于建构现实的价值和秩序，从而完成了道家思想的现代化"①。在这里，曹峰将黄老道家视为道家思想的现代化，无疑是看到了其在解决社会现实政治问题上的有效性，这是符合社会历史发展的趋势与潮流的，是对老庄之"道"所做的"术"化处理，在这个意义上可以视为是对老庄道家理论的"更新"。正因为如此，黄老道家才在战国中晚期到秦汉之际极为盛行，影响甚大。

可以说，黄老道家能够在战国中晚期盛行，从理论根源上讲，是对"道"的本根性和超越性做了弱化处理②，陈鼓应先生将这种理论转向界定为将老

① 曹峰：《出土文献视野下的黄老道家研究》，《中国社会科学》2013年第2期。
② 对"道"本根性和超越性所做的弱化处理，在上博简《凡物流形》中表现得尤为显著："是故一，咀之有味，嗅［之有臭］，鼓之有声，近之可见，操之可操，握之则失，败之则槁，贼之则灭。"对此，根据曹峰的研究，这里的"一"虽然保有"道"的至高地位，但却已脱离了"道"玄远、虚无的特征。同时，他还认为，这段话极为鲜明地反映出，到了黄老道家这里，"道"已完全从感官无法感知、语言无法表达、知识无法论证的对象变成人人可以触摸、亲近的对象了。参见曹峰：《近年出土黄老思想文献研究》，中国社会科学出版社2015年版，第17页。

子的"道"向"社会性倾斜"。① 黄老道家在"道"上的这种处理，实际上是与对其实用性和操作性的关注与重视有关，并终将"道"下落为"术"。② 这在黄老帛书当中表现得尤为显著，它多次强调"时"、"法"和"形名"，凸显了理论实现的条件性，从而使其带有浓厚的"术"的色彩，因而它对"文"与"武"、"刑"与"德"的重视亦是题中之义。既然是"术"，必对政治权力结构与政治权力运作机制或方式具有必然的理论和行为关联。

二、"德""法"等次级概念日渐受重视

与诸子之学中的"道"在各自哲学理论体系和天人关系当中地位的下降相应，作为整个哲学理论体系当中次一级的概念则日渐受重视，限于文章篇幅和便于行文，在此我们以道家（包括黄老道家）及其中的"德""法"概念为主要探讨对象。

德，甲文🖼、金文🖼③、小篆𢛳。由字形可知，甲文德字其字形中间表

---

① 参见陈鼓应：《黄帝四经今注今译——马王堆汉墓出土帛书》，商务印书馆 2007 年版，"序"第 6 页。与此类似，王中江也认为"《老子》的思想在黄老学中主要是向社会化、政治化方向发展"。参王中江：《道家学说的观念史研究》，中华书局 2015 年版，第 284 页。

② 参见陈丽桂：《战国时期的黄老思想》，联经出版事业公司 1991 年版，"序"第 4、65 页。笔者按：实际上司马谈在《论六家要旨》中认为六家皆归治道，此论固有其立场及汉代政局之影响，但其对六家之判断，无疑也切中了六家之道渐下至治术之理论事实。至于原因，可以用陈丽桂的看法来作为解释："汉代是个大时代，汉人不习惯玄思，而习惯将高深的哲理转到实际人生、政治、社会上来应用。他们不尚道而崇术，习惯将'道'转化成'术'来操作和运用，汉代的思想家因此各个能论政，长于政论。"引文部分见陈丽桂：《汉代道家思想》，中华书局 2015 年版，第 209 页。

③ 根据濮茅左的研究，"德"字在金文中有六种写法，尽管其字体并不尽相同，但写法最多的是左半部分为"彳"，右半部分上为一竖，中间为一眼睛，下面为一心。见濮茅

示道路和方向①，用眼睛直视的样子表示正直；在金文中，其字形加上了个"心"字，表示用正直的心去做事；而在小篆中，其字形与金文并无太大差异，"彳"是形符，"惪"是声符。从德字字形的演变过程可以看出，其最大变化便是字体渐渐脱离了图画形象的特点，从甲文到金文、小篆，其字体亦增加了个"心"字。德字从无"心"到有"心"，这就说明在殷商时期"德"字并无明显的道德倾向与评判功能②。与此相应，王弼本《老子》中虽多次出现"德"字（凡四十余见），其道德倾向同样并不显著，往往有"得"之义。何以如此？这是因为《老子》中的"德"并非儒家伦理色彩浓厚之"德"，而是以"道"观之之"德"，是"道"在物事上的具体呈现③，强调与"道"的一致性（如《老子·二十一章》即云："孔德之容，惟道是从"），故而老子称为"孔德"（《老子·二十一章》）、"常德"（《老子·二十八章》）、"上德"（《老子·三十八章》、《老子·四十一章》）、"广德"（《老子·四十一章》）、"玄德"（《老子·十章》、《老子·五十一章》、《老子·六十五章》）、"不争之德"（《老子·六十八章》），等等，其自然、无为之色彩显著。于此可以看出，《老子》中的"德"与一般意义上人们

左：《甲骨文常用字汇》，上海书店出版社 2007 年版，第 10、39、46、70、77 页。

① 古文"行"字的甲文字形为，与甲文"德"字的偏旁近似。

② 据孟世凯的研究，在这些甲骨刻辞中，目前还没有看出哪些字或词是属于概念性的，尤其是反映道德、伦理方面的。甲骨刻辞中最多的便是人名、地名（一部分方国名）、祭名和气象方面的各种名称。见孟世凯：《甲骨文中的"礼""德""仁"字的问题》，《齐鲁学刊》1987 年第 1 期。

③ 对于这个问题，王中江说："'道'是普遍之道，而德则是普遍之道在具体事物上的特殊表现和不同规定。"谢阳举则说："老子讲的'德'，本意为'得'，指的是万物从'道'那里分享道性，成就个体本性。"诚是。分见王中江：《道家形而上学》，上海文化出版社 2001 年版，第 35 页；谢阳举：《论老子的伦理思想》，载《哲学与文化》（第四十二卷第七期），2015 年 7 月，第 161 页。与此两者略有不同的是，高亨先生则认为，《老子》所谓的"德"其实就是"性"。见高亨：《重订老子正诂》，古籍出版社 1956 年版，第 8—14 页。

所理解的"德"不同，它非但绝少道德色彩，而且还具有极强的抽象性、超越性和永恒性。故而往往在"德"之前缀以"孔"、"常"（马王堆汉墓帛书《老子》甲本、乙本写作"恒"）、"上"、"玄"等哲学意味深厚的语词，以示其不同以及和"道"关系的密切性，可以说是"道"能够在物身上发挥作用的桥梁，是"万物能够返于整体之道的内在依据"①。当然，尽管"德"在《老子》那里备受重视，并且具有极强的抽象性、超越性和永恒性②，但这些属性毕竟还是由"道"所赋予和决定的，并不具有独立无待性。所以，就这点而言，较之"道"，"德"是《老子》哲学理论体系当中次一级的概念。

不过，需要指出的是，就《老子》文本所显示的而言，"道"既然是自然的、无为的，那么人们想要与"道"发生联系，进而以此指导现实存在和社会生活无疑是困难的。换句话说，如果"道"难以与人们的现实生活发生显著可见的联系，那么其合理性和有效性就不能不会引起人们的怀疑，尽管它可能真实存在或者的确对人们的某些方面发挥切实的作用。③

---

① 引文见崔基勋：《由"自然"以明道家之心性论》，"黄老道家研究的新拓展"学术研讨会论文，2015 年 11 月，第 213 页。

② 对于"德"所具有的这种抽象性、超越性和永恒性的特性，杨国荣则以庄子哲学思想中的"德"为对象给予了相应说明，他认为，庄子是"从本体论上注重'德'"的，比如，"通于天地者，德也。"（《庄子·天地》）"以德为本"（《庄子·天下》）等等。由此来看，庄子的"德"同样具有一定的本体论色彩的。见杨国荣：《庄子的思想世界》，华东师范大学出版社 2009 年版，"导论"第 17 页。

③ 关于这一点，后来的道教理论家葛洪则有着清醒的认识，并明确指出："道家之言，高则高矣，用之则弊，辽落迂阔，譬犹干将不可以缝线，巨象不可使捕鼠，金舟不能凌阳侯之波，玉马不任骋千里之迹也。若行其言，则当燔桎梏，堕囹圄，罢有司，灭刑书，铸干戈，平城池，散府库，毁符节，撤关梁，掊衡量，胶离朱之目，塞子野之耳。泛然不系，反乎天牧；不训不营，相忘江湖。朝廷阒若无人，民则至死不往来。可得而论，难得而行也。"（《抱朴子·用刑》）"五千文虽出老子，然皆泛论较略耳"。（《抱朴子·释滞》）。

概因为如此，所以老子特意拈出了一个"德"字，用以弥合形上之"道"与形下之"器"的缝隙。可以说，这是他的一大创举。① 当然，从另外的角度来说，老子拈出"德"字用以加强"道""物"之间的联系，实际上可能已经意识到了玄渺之"道"与经验世界发生切实联系的困难，非需中间途径或桥梁不可，这在理论上预示着"道"在将来必然以某种方式弱化其形上性和超越性，凸显其世俗性和功利性，预示着"道"会在将来于道家（包括黄老道家）哲学理论体系中的地位、价值和作用发生重大转向与变化。

与"道"相比，"法"也是处于次一级的概念，"法"的内涵和外延虽在各个历史阶段有所变化，但其规律性、可把握性和可操作性显然会越来越显著。然而，由于"道"地位的重要性和固有的思维方式，黄老道家在探讨"法"的时候，往往以前者为价值依据和理论背景。深受稷下黄老之学影响而成或曰稷下黄老之作的《管子》即云："故事督乎法，法出乎权，权出乎道。"（《管子·心术上》）在这里，《管子·管子》试图从"道"的高度来推阐和论证"法"的合理性与有效性。正因为"法"的价值依据源于"道"，所以"法"还有着公正无私的价值诉求②，故而《管子·法法》在强调法令制定和推行的时候，人君自身首先要遵行。《管子·法法》说：

---

① 关于"德"在形而上之"道"与形而下之"器"两者之间的功能与作用，杨国荣亦持有类似看法。对此，他说："在解决如何由形而上的'道'过渡到形而下的'物'这一问题时，《老子》提出了'德'的范畴：'道生之，德畜之，物形之，势成之。是以万物莫不尊道而贵德。'（《老子》第五十一章）"引文部分见杨国荣：《庄子的思想世界》，华东师范大学出版社 2009 年版，第 179 页。

② 对于"道"与"法"之间的这种关系，王中江也有着较为详尽的阐述。对此，他说："道是绝对的，通过它可以建立起法律的绝对权威；道是客观和普遍的，通过它可以强化法律的普遍有效性。""从'道'获得的普遍法律，之所以对每一个人都是适用的，这因为内在于每个人的'德性'，最终是来源于共同的'道'。"引文见王中江：《道家学说的观念史研究》，中华书局 2015 年版，第 287 页。

"明君……置法以自治，立仪以自正。""（法）信而不行，则不以身先之也。故曰：'禁胜于身，则令行于民矣。'"对此陈丽桂评论说："在三晋与秦法家的法论中，人君是立法者，却不见纳入法令的管辖中。在夹糅黄老的齐法家中，人君却是法令所要规范的第一个对象。"①诚是。从"道"的高度来看，万物莫不在其支配之下，人君自是不能例外，当然也要受"道"的约束，"法"既源于"道"，人君亦当属于"法"所规范和统辖的范围之内。

除了《管子》，黄老帛书中对"法"的讨论也比较多，而且多与"道"结合起来言说，在这当中"道生法"是比较有代表性的命题。在《经法·道法》一开始即云"道生法"，继而用大量篇幅谈论道、法和刑名，故而陈丽桂认为这里的"法"指的是"'刑名'所赖以源生的自然律则与恒度"，"'法'与'刑名'都是道在政治层面的体现"。②由黄老帛书注重申论"法"及"道""法"之间的关系来看，其实则意在彰显道的社会性与政治性，从而可以以具体化和规定性的"法"的方式来把握和运用原本抽象、形上的"道"。而且从道本有的先在性、生成性与遍在性而言，自然就逻辑地包含着相应的社会性与政治性，只不过随着战国以来时势的变化和政治影响的日益扩大而有意凸显了"道"这方面的功能而已。故而，与对道的社会性与政治性的关注相应，黄老帛书还注重对儒家德治思想的吸纳，在强调"法"和"法治"的同时还强调"德"和"德治"，"将德与刑统一成一个有机体，提出了刑德并用的主张"③，在《十六经·姓争》中有"刑德皇皇"、"刑德相养"诸语，《十六经·观》中则有"先德后刑"等思想，对刑德关系有着比较集中的阐述。

正因为"法"与"德"一样，都不是独立无待和完满自足的，才需要"道"

---

① 陈丽桂：《汉代道家思想》，中华书局 2015 年版，第 46 页。

② 陈丽桂：《汉代道家思想》，中华书局 2015 年版，第 37、43 页。

③ 白奚：《〈黄帝四经〉与百家之学》，《哲学研究》1995 年第 4 期。

作为背后的价值依据和形上根源，所以《管子·心术上》和黄老帛书《经法·道法》都将"道"视为"法"产生的根源和存在的依据。关于这种思维理路的意义，王威威认为"一方面使'道'具有了社会性，可以在社会中发挥其作用，另一方面也使现实的法具有了不可侵犯的权威性"①。换句话说，黄老道家对"道"和"法"在理论上的这种转化，既可以使形上之"道"落实在现实政治社会层面成为可能，也可以使现实之"法"具有了一定的普遍性和超越性，从而"终使老子之学两千多年来不论在中国政治或养生思想与文化上，都真正成为有体有用的学说"②。

以上，我们先后探讨了"道"在诸子哲学理论体系中地位的下降，以及诸子人物对于次一级概念、命题的关注与理论分析，这当然与社会历史由春秋逐渐进入战国时期有关。随着诸侯势力的崛起，周天子日渐式微，天下政治社会秩序流于失序与混乱状态，在这种动荡的大背景下国与国之间的关系往往集中呈现为政治、军事以及谋略方面的往来博弈。可以说，日益恶化的国际关系和愈加严峻的生存环境，让处于这一历史阶段的社会群体在思想和行动上或多或少地受到功利主义导向的影响。因而，思想界也受此影响，对"道"形上性、超越性的弱化和对"德""法"等次一级概念的重视，无疑是社会历史发展在思想文化上的必然表现。

就道家道教自身的发展流变而言，我们采取学界比较认同的观点，将其重要文本文献按照形成的时间顺序作一简单排列：《老子》——《庄子》、稷下道家——《黄帝四经》——《河上公章句》——《老子想尔注》——《太平经》——《抱朴子》……由道家道教重要文献所构成的发展链条来看，随着历史的发展和时间的推移，"道"在哲学理论体系中的地位一步步下

---

① 王威威：《韩非思想研究：以黄老为本》，南京大学出版社 2012 年版，第 93 页。
② 陈丽桂：《汉代道家思想》，中华书局 2015 年版，第 295 页。

降，其形上性与超越性越来越被弱化，"德""法"等次一级概念越来越被重视，而且多与"道"结合起来言说。这在文本内容上的表现便是道家道教与政治、社会、人事的联系越来越密切，进而影响到了道家道教人物对政治态度所发生的变化，他们原本排斥、批判、甚或主动与政治权力相隔离而逐步走向了肯定、认同甚或赞扬和支持。这从一个方面彰显了中央集权政治权力对于社会思想文化和每个人的生活所产生的影响无与伦比，另一个方面也意味着生命个体介入政治生活（尤其是中央集权政治生活）进而改善世界的良善愿望在某种程度上的失败和终结。在这种情况下，如果个人难以改变世界现状的话，那么只能去调整或者完善自我，或者从德性的进路去完善或者从延长肉体生命的路径去入手。说到道家道教延长肉体生命的路径，就很自然地衍生出了养生的问题，对此，王博评论说："当生命的问题由于人世间的险恶，因此取代救世而成为思想关注的核心的时候，围绕养生进行的讨论也就成为自然而然的了。"① 诚是。由于"道"在道家道教哲学理论体系那里的重要性与巨大影响力，他们谈论养生、生死问题的时候往往以"道"为最终依据，因而"真正的养生最后总是要自己融入到宇宙大化之中"②，这与儒家将生死问题更多地与人文教化联系在一起来谈有很大的不同（《孟子·梁惠王上》即云"养生丧死无憾，王道之始也"）。

在上述思想理路影响下，道家道教在探讨养生问题的时候，就既很自然地依据"道"来谈论，也不拒绝甚至自觉地将生命养生与道德修为结合在一起来展开论述。具体而言，道家道教依据"道"来谈论，在《淮南子》中主要表现为将人体与整体宇宙相比附，肯定了"人体与宇宙有对应

---

① 王博：《庄子哲学》，北京大学出版社 2004 年版，第 46 页。
② 王博：《庄子哲学》，北京大学出版社 2004 年版，第 58 页。

性、统一性、相似性"①,如:"天地宇宙,一人之身也;六合之内,一人之制也。"(《本经训》)"孔窍肢体,皆通于天。天有九重。人亦有九窍。天有四时,以制十二月,人亦有四肢,以使十二节。"(《天文训》)"故头之圆也象天,足之方也象地。天有四时、五行、九解、三百六十六日,人亦有四支、五藏、九窍、三百六十六节。"(《精神训》),等等。这既体现了道家"人法天地"(文见《老子·二十五章》)的精神,也体现了《周易》所蕴含的整体观。顺此,《淮南子》还将国家治理与身体养生结合了起来,这说明政治对道家道教的影响日渐加深,而且在道家道教看来儒家以道德介入政治的方式并非完全合理有效,因而其在关注养生的同时也在试图以自己的立场与思想资源来介入政治治理。在此基础之上,《淮南子》进而认为:"人身是一个小宇宙,同时也是一个小国家,因此可将人身视作国家的模型,可以人身为准绳去衡量国家之事。凡适合于治身的,也就适合于治国。"② 故而《淮南子》屡云:"故心者一身之本也;身者,国之本也。"(《泰族训》)"身者,事之规矩也。"(《诠言训》),等等。不仅如此,道教文献《抱朴子》还大量吸纳了儒家的德性因素来阐述养生成仙③,"积善事未满,虽服仙药,亦无益也。若不服仙药,并行好事,虽未便得仙,亦可无卒死之祸矣","以忠孝和顺仁信为本","人欲地仙,当立三百善;欲天仙,立千二百善。若有千一百九十九善,而忽复中行一恶,则尽失前善,乃当复更起善数耳。故善不在大,恶不在小也"④,等等。在这里,《抱朴子》将行善与修行果位联系起来,而且积善行德竟然成为长生成仙的决定

① 胡乳湘:《〈淮南子〉的人体观和养生思想》,《孔子研究》1992 年第 2 期。
② 胡乳湘:《〈淮南子〉的人体观和养生思想》,《孔子研究》1992 年第 2 期。
③ 关于《抱朴子》的养生思想,可见徐刚、寇凤凯:《〈抱朴子内篇〉的养生思想》,《西南民族大学学报》(人文社会科学版)2013 年第 3 期。
④ 王明:《抱朴子内篇校释》,中华书局 1985 年版,第 53—54 页。

性因素，服用仙药反而降为了次要因素。这说明，在《抱朴子》文本形成的东晋时期，儒道文化之间冲突与融合的历史特点显露无遗，儒家文化自前汉上升为官学以来对社会思想文化的影响就在不断深入，道教在阐述养生成仙思想的时候很难不受其影响。另外，道教自觉吸纳儒家德性因素也正说明了，处于这一历史阶段的道教已经充分认识到以完全舍离社会秩序和群体生活的方式而达到求长生成仙的目的，是不现实的，也是难以去践行的。

在这一部分的最后，我们再以逆向理路来简单总结一下。道家道教注重养生成仙而不舍离社会秩序与群体生活，同时又自觉接受了儒家的德性伦理立场；不仅如此，他们还将养生治身与治国理政相沟通。道家道教所呈现出的这种思想特质，无疑与"道"在哲学理论体系中地位的下降以及对其形上性、超越性的弱化有关，相应地，道家道教也呈现出了对"德""法"等次一级概念的重视。顺此思维理路，道家和道教在对待生死问题与生命态度上也有了一个比较大的转向和变化。

三、自然与益生：关于道家、道教生命态度的一个比较向度

在对道家和道教生命态度进行比较研究之前，我们先简单考察一下其对人的来源的看法。关于人的来源问题，儒家在《礼记·中庸》有过集中表述，是谓"天命之谓性"，郑玄解释为："天命，谓天所命生人者也，是为性。"[①] 于此，儒家将人生命产生的根源上推至天命，认为人的生命之所以会存在是由于感受天命而成。郭店简《性自命出》亦有言："眚（性）自命出，命自天降。"（简 2—3）同样将天和天命视为人生命本质存在的

---

① 郑玄注，孔颖达疏：《礼记正义》（下），北京大学出版社 1999 年版，第 1422 页。

根源和依据。顺此理路，作为"百家争鸣"学术理论成果集大成者的荀子在吸收和转化其他子学人物（如道家、墨家和阴阳家等）思想为己所用的基础上，他对于人的来源问题也提出了带有综合性意义的观点。对此，他说："列星随旋，日月递炤（照），四时代御，阴阳大化，风雨博施，万物各得其和以生，各得其养以成，不见其事而见其功，夫是之谓神。皆知其所以成，莫知其无形，夫是之谓天。"（《荀子·天论》）于此，荀子将天视为日月星辰自然运行之规律，以及寒暑化物、风雨润物莫大之功用，对天做了自然性的理解。虽然他也认为"目好色，耳好声，口好味，心好利，骨体肤理好愉佚"（《荀子·性恶》）乃是"皆生于人之情性者也"（《荀子·性恶》），但实际上此皆是天之大功所赐而成的［"凡性者，天之就也"（《荀子·性恶》）］。因而，天之大功不仅能够让"万物各得其和以生，各得其养以成"，而且当这种功用下落到人身上的时候，便最终化为了人那自然而然之性。所以说，在荀子这里，人的生命和人性同样也是由天而成的。

在人生命来源的问题上，道家与儒家的看法有所不同。在《老子》那里，天地万物皆根源于道，由道而生，①"有物混成，先天地生。寂兮寥兮，独立而不改，周行而不殆，可以为天地母。吾不知其名，强字之曰道，强为之名曰大。"（《老子·二十五章》）"万物恃之以生而不辞"，"衣养万物而不为主"（《老子·三十四章》）"道生一，一生二，二生三，三生万物。万物负阴而抱阳，冲气以为和。"（《老子·四十二章》）"道生之，德畜之，物形之，势成之。"（《老子·五十一章》），等等。既然道生万物，那么对于人而言最为合理的生存方式便是要效法道、合乎道，因而《老子》反复

---

① 不独《老子》，《庄子》亦是如此，并在《大宗师》里有过集中表述："夫道有情有信，无为无形；可传而不可受，可得而不可见；自本自根，未有天地，自古以固存；神鬼神帝，生天生地；在太极之先而不为高，在六极之下而不为深，先天地生而不为久，长于上古而不为老。"

强调，"天乃道，道乃久，没身不殆"（《老子·十六章》）"人法地，地法天，天法道，道法自然。"（《老子·二十五章》）由此来看，在道家的哲学理论体系当中，"道"显然是要高于"天"的，在《老子·二十五章》中虽言"域中有四大"，但道无疑是最高和最重要的，故而被放在最前面来加以凸显（"道大，天大，地大，王亦大"），所以《老子》告诫我们人不仅要效法地和天，最终还要效法道之自然。

而在人的生命构成问题上，道家人物老子和庄子都是认为人的生命形体是由气构成的。[①]《老子·四十二章》有云："万物负阴而抱阳，冲气以为和"。《庄子·知北游》则更明确地说："人之生，气之聚也。聚则为生，散则为死。若死生为徒，吾又何患？故万物一也……'通天下一气耳'。"[②]既然人的生命形体是由气构成的，那么人的生死便与气的存在形式密切相关，故而气在人身上的盛衰、聚散便直接影响到了人生命的存在状态与生死，换句话说，人的生死本身就是自然一气的不同变化形态。[③]

---

① 当然，除了老庄，《管子》也大量探讨了气（精气）与人之生死之间的关系，比如："有气则生，无气则死，生者以其气"（《管子·枢言》）；"凡物之精，此则为生"（《管子·内业》）；"精也者，气之精者也。气，道乃生，生乃思，思乃知，知乃止矣"（《管子·内业》）；"凡人之生也，天出其精，地出其形，合此以为人。和乃生，不和不生"（《管子·内业》）；等等。

② 不独老庄思想在强调"气"及"气"的作用，上博简《恒先》也特别注重对"气"的探讨，并提出了一种完全不见于传世文献的"气是自生"的"气论"观点，而且后者的这种观点与《恒先》的宇宙论以及政治哲学有着密切的关系。见曹峰：《〈恒先〉的气论——一种新的万物生成动力模式》，《哲学研究》2012 年第 5 期；李锐：《"气是自生"：〈恒先〉独特的宇宙论》，《中国哲学史》2004 年第 3 期。

③ 除了老庄，《管子》四篇更将"道"与"气"等同起来，用"气"来诠释"道"的生成（《内业》云："夫道者所以充形也"），"道"不只位阶下降，范围也缩小了（《心术上》说："道在天地之间也""虚之与人无间"）。"道"由超越天地、高于天地、超现象，变成了天地间、现象世界的存在。见陈丽桂：《近四十年出土简帛文献思想研究》，中华书局 2015 年版，第 44 页。

　　既然作为有限性的存在，人是有生死的，而道则是超越时空的无限性存在（《庄子·秋水》即云："道无终始，物有死生"），那么人想要解决"生之负累、境遇之坎坷、衰老之病痛，甚而死亡之怖惧"种种问题，就不得不在精神上试图超越"物"的层面，以与"道"合一，进而寻求超越生死的可能。正是在这个意义上，"庄子试图从道的无限性来加以超越及转化"①。但是，作为有限性的存在，人是无法直接把握作为无限性存在的"道"的，必须经由中间环节和桥梁才能把与"道"合一变成可能，而这个中间环节和桥梁便是气②，《抱朴子》便强调了"气"对于天地万物和人的重要性："夫人在气中，气在人中，自天地至于万物，无不须气以生者也。善行气者，内以养身，外以却恶，然百姓日用而不知焉。"③正因为道家道教多认为人是由道经气化而成的，所以他们在探讨养生和生死问题的时候往往与"气"结合起来言说。只是有所不同的是，道家更关注"道"及由"道"所显发的自然本真之样态，故其对人之生死的看法多立足于"道"，并以合乎"道"之自然本真样态的存在方式为人之本然合理存在方式。由于气是人生命形体的基本构成，较之"道"的形上性与超越性，气与人身之间的关系更为具体切实，故而道教虽然也尊崇"道"，但其在应

---

① 陈鼓应：《论道与物的关系问题（下）——中国哲学史上的一条主线》，《哲学动态》2005 年第 8 期。

② 关于"气"在物（包括人）和道之间的定位问题，许抗生则以老子的话为例："道生一，一生二，二生三，三生万物。万物负阴而抱阳，冲气以为和。"（《老子》41 章）认为，这一过程一般可解释为道生气的过程：道先生出阴阳未分化之气（"道生一"），阴阳未分化之气再分化出阴阳二气（"一生二"），阴阳二气互相作用形成阴阳和谐之气（"二生三"），这种阴阳和谐之气就能产生出各种万物来（"和实生物"）。关于这一过程，许先生亦将"气"视为了"道"与万物之间的中间环节与桥梁，并总结说："道生气，气生万物，这就是无形的宇宙本原向有形的万物演化的整个过程。"引文见许抗生：《老子的逆反式思维与道论》，《道家思想与现代文明》，中华书局 2015 年版，第 11 页。

③ 王明：《抱朴子内篇校释》，中华书局 1985 年版，第 114 页。

对社会和解决个体生命问题的时候，往往将目光下移，多关注气之样态、功能与身体生命之间的关系，从而在对待个体生死问题的时候则将道家的"自然"之立场与态度转向了"益生"。

1. 道家、道教如何看待生死

关于人的生死问题，《老子·五十五章》有云："益生曰祥。心使气曰强。物壮则老，谓之不道，不道早已。""祥"，此处指不祥，殃祸。意思是说，贪生纵欲就会遭殃，欲念主使精气就叫作逞强。事物过于壮盛就会变衰老，这就叫不合于"道"，不合乎常道就会很快死亡。于此，老子与"道"结合在一起来谈生死，他认为人要预防外界的各种伤害和免遭不幸就应该效法道，以合乎"道"之自然样态生活，否则就容易危害自身和他人的生存（《老子·七十五章》即云："夫唯无以生为者，是贤于贵生"）。

顺此理路，《庄子》（笔者注：《庄子》一书不独为庄子之思想，亦含后学思想与言论，如文中所论包括外、杂篇之内容，将以《庄子》统称之。下同，不再注明。）在以"道"的高度来审视人之生命与生存状态的同时，又非常关注人存在的有限性与悲剧性①，而且常常会将有限性的人投放到无限性的道和无穷尽的天地、时间之中（《庄子·盗跖》云："天与地无穷，人死者有时。"《庄子·则阳》则云："吾观之本，其往无穷；吾求之末，其来无止"），这种做法就更凸显了人的悲剧性和无可奈何性。可以说，由于人自身存在的种种局限性②，人们对于生死这一类问题是无法做到自我

---

① 《庄子·齐物论释》有云："一受其成形，不忘以待尽。与物相刃相靡，其行尽如驰，而莫之能止，不亦悲乎！终身役役而不见其成功，茶然疲役而不知其所归，可不哀邪！人谓之不死，奚益！其形化，其心与之然，可不谓大哀乎？"在这里，庄子集中表达了人秉承天地之气形成形体后所带来的包括形骸衰竭、最终死亡等种种束缚、局限与悲剧性。

② 在种种局限性当中最直观和最具体的便是人处于变化之中，天地万物莫不变化："天地虽大，其化均也。"（《庄子·天地》）"万物皆化"（《庄子·至乐》）。因而，在庄学一

主宰的，对于这种不可更改的必然命运（《庄子·达生》云："生之来不能却，其去不能止"），我们除了接受它别无选择。故而《庄子》为了化解或超越死亡的悲剧性，它在对待和处理生命问题上持有自然式的立场（《庄子·至乐》即认为，生命的生死"是相与为春秋冬夏四时行也"），认为人的生死是气聚散的结果。而气的聚散是自然的（《庄子·知北游》云："人之生，气之聚也。聚则为生，散则为死。若死生为徒，吾又何患"），气的聚和散并无好坏、高下之分，人的生与死自然并无质的差异（《庄子·大宗师》云："死生，命也，其有夜旦之常，天也。"《庄子·至乐》亦云："死生为昼夜"），因而人们不应该好生恶死。既然人们不应该好生恶死，那么就不应该惧怕死亡，更不应该通过种种外在行为而试图改变命运，而是要安于命运的安排，正如《庄子·德充符》所言："知不可奈何而安之若命，唯有德者能之。"人世间总有诸多无可奈何之事，很少有人明知如此却仍能安于这种境遇，并视其为必然命运的安排，只有有德的人才能做到这一点。根据庄子的思维理路，文本中的"德"显然并非一般意义上的"德"，而是"玄德"①，承"道"而来，与"道"相合。在这个意义上可以说，得道之人才能"安命""安时而处顺"，故而庄子认为"死生存亡，穷达贫富，贤与不肖毁誉，饥渴寒暑，是事之变，命之行也"（《庄子·德充符》）。在此认知基础之上，《庄子·大宗师》进一步认为："且夫得者，时也，失者，顺也；安时而处顺，哀乐不能入也。此古之所谓悬解也。"当然，既然人本身存在着种种有限性，那么仅靠对生命的自然式理解来加以化解是远远不够的，毕竟这并不具有多少方法论意义。因而，在如何消解人生命的有限性对人存在价值所产生的冲击这一问题上，庄学一派最终不得不归之于

　　派看来，人的生死也是天地变化的一种具体表现，终无所逃。
① 　《老子·十章》云："生而不有，为而不恃，长而不宰，是谓玄德。"《庄子·天地》亦有云："其合缗缗，若愚若昏，是谓玄德，同乎大顺。"

道。① 他们发现，人的生命虽然有限，但道却是恒在的，人只要以合乎道的方式存在，便能超越生死的束缚进而获得内在的逍遥与自由，尽管这更多的是精神意义上的。至于怎么样才能与道相合，庄子所谈论的"心斋"、"坐忘"、"吾丧我"等内容多少具有一定的方法论意义，尽管在具体如何去做上还是比较含混②，这恐怕与"道"本身所具的抽象性、含混性有关。

　　实际上，由于《庄子》对生命问题采取的是"以'道'观人"、"以'道'察物"这种独特的推阐路径，故而尤其是在庄子本人的思想框架内并没有给人的社会价值留下多少空间，反而更注重个体生命价值与精神自由，他

---

① 王中江认为，庄子哲学中的最高概念是道："在道中，一切界限，一切区别，都已不复存在；大小、短长、是非、贵贱、寿夭等所有的彼此差别，都被化解，合而为一，这是一个圆融无碍的世界，是一个无任何符号、无任何名言分别的'大全'，有的只是'一'，只是'万物一齐'，也就是'道通为一'。作为万物之一部分的生死，也不例外，它在道中达到了绝对的统一。"（王中江：《道家形而上学》，上海文化出版社 2001 年版，第 273 页。）可见，在经验世界中人们往往视生、死为具有重大差异的事物，而从"道"的高度来看，生死是合一无别的。因而在消解人生命的有限性对人存在价值所产生的冲击这一问题上，庄学一派最终试图从"道"入手来进行超越与化解了。至于庄学为何将其不得不归之于道，其原因亦可在黄老道家那里一窥端倪，长沙马王堆汉墓帛书《黄帝四经·经法》有云："故同出冥冥，或以死，或以生；或以败，或以成。祸福同道，莫知其所从生。"《韩非子·解老》亦云："道者，万物之所以成也。……以为明乎？其物冥冥……万物得之以死，得之以生；万物得之以败，得之以成。"《管子·内业》亦云："道也者，……人之所失以死，所得以生也；事之所失以败，所得以成也。"对此，余明光认为，事物的死、生、败、成与祸福之因皆出于"道"，都是由"道"决定的。由此可见，不独人，就连万物，其生、死都是归因于"道"的，故而要消解人生命的有限性，寻求某种意义上的永恒性势必离不开对"道"的体悟与合一。见余明光：《黄帝四经与黄老思想》，黑龙江人民出版社 1989 年版，第 241 页。

② 对于这种含混性，陈鼓应先生则从工夫论角度进行了阐述。对此，他说："我们了解庄子不重感觉之知与推论之知，而重内观之知。而内观之知，有其内在独特性、特殊性、超言说性。它不靠实验或证明去获取，而透过自觉与自证去把握。"（陈鼓应：《老庄新论》（修订版），商务印书馆 2008 年版，第 410 页。）很显然，陈先生所谈的内观之知，从根本上说，与"道"本身所具的抽象性、含混性是密切相关的。

认为后者更能成就生命尊严与意义。在这种立场之下，他对于政治权力对人之自然性的伤害有着特别的警惕，进而产生了与政治政权主动隔离的种种思想。庄子对政治与社会的这种态度，在很大程度上恐怕与这一历史时期人的德性无法有效介入社会现实政治有关。① 在这种历史背景和思想视域下，庄学一派将人之困境和悲剧性置于恒久之道和天地之中来加以凸显，从而彰显了生命个体因任自然而合于道的重要意义。顺此，庄子后学将外在之形骸视为命运的范围，只能随顺而无法把握，他们称其为"外化"（文见《庄子·知北游》）②，看到了肉体的有限性与悲剧性，认为内合于道便可化解或超越这种有限性。

后来的道教也意识到了这种悲剧性，所以它除了使自己的养生修炼方法更为精致化以外，还融入了传统道德、儒家伦理和佛教教义以及事功等因素③，以试图消解和克服人的这种有限性及由此所衍生的悲剧性。同时，道教认为命运在我，道在体内，基于在社会面前的避害保全的目的，他们认为经由种种努力肉体可长生乃至成仙（《抱朴子·地真》即云："生

---

① 笔者按：在战国时期，与法家、纵横家等派别相比，持有道德理想主义立场的儒家学派在有效介入和引导现实政治权力方面确实收效不够显著。诸种思想立场时常与政治权力相碰撞或融通的社会现实，无疑给庄子以莫大启示。

② 庄学之所以强调"外化"，实际上与生死属于命运的领域有关（《庄子·大宗师》谓："死生，命也；其有夜旦之常，天也。人之有所不得与，皆物之情也"），王博认为"这是一个人所不能参与的领域"（见王博：《庄子哲学》，北京大学出版社 2004 年版，第204 页）。既然人们无法控制生死，那么就只能随顺了。

③ 根据周可真的研究，他认为"始创于东晋中期的新道派——上清派的成立和南、北天师道的改革，使道教从教义、修行道术到组织制度都发生了显著变化，这突出地表现在新问世的道经大量吸收佛教教义，如涅槃轮回、因果报应等等，加以改造，成为道教教义的一部分，相应地在生死观上不再强调爱身养生，而以有生为空幻，在修仙途径上则从追求肉体不死，即世成仙，变为积功累德，死后升入仙堂，或来世成仙，并因此强调济世度人"。周可真：《追求自然生命过程的正常进行——老庄生命哲学论要》，《学术界》2013 年第 1 期。

可惜也，死可畏也。然长生养性辟死者，亦未有不始于勤，而终成于久视也"），将庄子的内在式超越与解脱变成了对外在形体与生命无限性的执着追求，具有浓厚的功利性与世俗性。如果以庄子的理路来看，这无疑是将肉身形体置于社会笼牢乃至天地笼牢之内，加剧了人本身无法克服其有限性之悲剧性，无形中也消解了人的内在超越性和存在的哲学意味。由此看来，庄学所言"以天下为之笼，则雀无所逃。"（《庄子·庚桑楚》）应该也可用于对道教汲汲于全生避害、长生成仙这类事情的评判吧。

2. 道家道教：从自然顺生到养生益生

从春秋战国时期的历史文献来看，在这一历史阶段天人关系是诸子从事学术思考的共同理论视域，再加上这一时期人文理性主义思潮的深入发展和持续不断的战争对人生命的危害，都让诸子们普遍关注与思考人在天地之间存在的合理性及其价值性问题。从道家对"命"的理解来看，形体寿命、生死皆属命运的领域（在这方面，儒家人物亦有类似看法，比如《孟子·尽心上》即有云："莫非命也，顺受其正"①），是不可更改的。既然如此，那行走于人世间的人们其存在的合理性何在呢？对于这个问题，老子是以对"道"的言说为起点的，他说："道，可道，非常道。"（《老子·一章》）那么老子的"道"为什么是不可道的？② 实际上，老子的"道"具有抽象性与普遍性，让人难以充足把握，因为人的主观意志与知识智慧是有局限性的，以人的种种有限性自然难以把握"道"的无限性，或者说

---

① 对此，朱熹注曰："人物之生，吉凶祸福，皆天所命。"同样认为，人之生死、吉凶祸福之类皆属命运之范畴。引文见（宋）朱熹：《四书章句集注》，中华书局1983年版，第349页。

② 《庄子·齐物论》有云："大道不言。"《庄子·知北游》亦云："道不可言，言而非也。道不当名。"同样彰显了"道"的不可言说性，陈鼓应先生则将"道"的这一特点称之为"超言说性"与"超概念性"。语见陈鼓应：《老庄新论》（修订版），商务印书馆2008年版，第395页脚注。

有限性的人是无法完全把握无限性的"道"的。① 对于"道"的这种无限性，康中乾则从本体论的角度做了论述，他说："正因为'道'没有实体性，所以才保证了它的不生不灭的本体性。倘若'道'是一种实体，它必然会有形有象，就会存在于时空之中，它就不可能与物不一不异了；同时，有形有象的东西必有生有灭，必会在时空中存在或以时空方式而存在，它就不会既不去不来而又去又来了。"② 诚是。可以说，正因为"道"不是实体性的存在，所以作为实体性存在的人是无法充足把握"道"的③；相比于"道"的恒久性存在，人的生命存在则是非常短暂的，以短暂的生命去追求恒久的"道"注定要体乏神伤。不仅追求"道"是如此，追求无穷的"知"也是如此，故而庄子在《养生主》中有云："吾生也有涯，而知也无涯。以有涯随无涯，殆已！"

既然"道"是不可把握的，而道家又主张人的生命展开要合乎道，这不是矛盾吗？实际上，这确实在老庄那里体现了一定的矛盾性，而这种矛盾性实际上就是有限性的人与无限性的道及天地之间所彰显的矛盾，而这种矛盾正又凸显了人的悲剧性和无可奈何性，这在庄子那里表现得尤为明显。人既然是无可奈何的，那就不要过分作为，因为任凭你如何作为终究

---

① 《庄子·则阳》有言："言之所尽，知之所至，极物而已！睹道之人，不随其所废，不原其所起，此议之所止。"在庄子后学这里，同样对人的言论和认知能力所能达到的界限范围做了明确限定。对此，陈鼓应申论说："我们的言论和认知能力所能达到的，只在现象界（'物'）的范围，我们不必枉费心机去探求超乎现象界范围的究极事因"，"语言和知识限于现象世界的范围，超出这个范围，就'议之所止'，不加讨论了。"见陈鼓应：《老庄新论》（修订版），商务印书馆2008年版，第387、388页。

② 康中乾：《成玄英"重玄"论的道教思想》，《陕西师范大学学报》（哲学社会科学版）2003年第3期。

③ 熊十力先生亦从本体论的角度对道的本体性与言语的有限性做了精准的申说，对此，他说道："体不可说，言说所表示，是有封畛的。体无封畛，故非言说所可及。"熊十力：《新唯识论》，中华书局1985年版，第301页。

都是有限性、悲剧性的存在，只有"法道""法自然"（文见《老子·二十五章》）才能接近"道"甚至合乎"道"，只有合乎"道"了才能在某个层面上实现对人本身所具有的有限性和悲剧性的消解与超越。故而道家往往主张人们应以自然本真的态度去生活，换句话说，在道家眼中，抱持自然主义式的生命态度、人生态度才是最为合理的，所以《庄子·马蹄》云："马，蹄可以践霜雪，毛可以御风寒。龁草饮水，翘足而陆。此马之真性也。"于此，庄学强调"只有保存这种真性的生，才是有意义的生，否则养形再好，亦无生可言"①。

当然，仅凭自然主义式的生命态度、人生态度还不足以应对人与道之间的这种矛盾性，所以《庄子》在强调"以天为宗""以道为门"（《庄子·天下》）的同时，还强调内外的问题。对此，《庄子·知北游》说："古之人，外化而内不化；今之人，内化而外不化。与物化者，一不化者也。"所谓"外化"，实际强调外在世界（包括天地）的变化是必然的，作为有限性的人只能随顺外界的这种必然性，"任何脱离和抗拒命运之必然的企图都是徒劳的"②。不过，光一味地随顺命运是不能彻底解决问题的，人的悲剧性反而更被凸显了。因而，庄子后学在《庄子·知北游》中对人的生命态度做了划分与区别性对待，故有了内外之别。他们强调在随顺命运的同时，还要内合于道之自然本真之特性，只有"不以好恶内伤其身"，"常因自然而不益生"（《庄子·德充符》），才能不执着于生（因为"生"也是一种有情），才能"无情"，才能"常因顺着世俗以尽其天年"③。在做了这种区分以后，人的生命形体虽然随着时间的推移而终将无可奈何的走向终老和毁灭，但人的内在却可以与"道"相合，借以超脱生死对人的束缚。另外，《庄子·知北游》

---

① 王亚鸽：《〈庄子〉养生思想之我见》，《中国文化研究》2012 年冬之卷。
② 见刘笑敢：《庄子人生哲学中的矛盾》，《文史哲》1985 年第 2 期。
③ 王博：《庄子哲学》，北京大学出版社 2004 年版，第 192 页。

明言"今之人，内化而外不化"，已经暗含着庄子后学对战国中晚期所盛行的君王、术士追求长生成仙风气的批判，如果以此为衡量标准，那么追求肉体长生成仙的道教实际上也在庄子后学的批判之列。

如上文所言，在对待生死问题的态度上，从道家到道教经历了一个非常重大的转向与变化。当然，对于这种转向与变化，虽然可以用"从自然顺生转向养生益生"来简单概括，但鉴于问题的重要性，我们还是要做一番理论分析。老子对于万物的变化规律（自然也逻辑地包含着对于生命的态度）有着自己独特的看法："夫物芸芸，各复归其根。归根曰静，静曰复命。复命曰常，知常曰明。不知常，妄作，凶。"（《老子·十六章》）在老子看来，天地万物的变化往往是循环往复的，各自要回到出发点和变化开始的地方，而这个出发点和变化开始的地方实际上就是"道"。世事无论如何纷繁，终归是要归于道，从而呈现为自然本真之样态。作为万物当中的人也是如此，应该效法道之自然，不能胡乱作为，否则就离道越来越远，从而遭受祸患。换句话说，作为人，只有"循着道向前发展的方向反向而行，才能接近道、回归道"①，而不能像道教那样在人的生命和身体上附加很多人为和世俗的东西（比如传统道德与儒家伦理②、房中术③、炼丹术、行气④，等等），这种做法无疑是老子眼中"日益"的行为举动，

---

① 冯正伟：《道教养生理念及其现代意义》，《中国宗教》2009 年第 2 期。

② 道教长生成仙，追求生命的长度，虽也关注道德伦理规范，但毕竟是以外在的生命长度为目标的，因而其对道德的关注便沾染了不少的功利性色彩。诚如汤一介和卿希泰两位先生所言，求得长生，得道成仙，是道教的目标，而且是最高的目标。分见汤一介：《昔不至今》，上海文艺出版社 1999 年版，第 152 页；卿希泰主编：《中国道教史》（第一卷），四川人民出版社 1996 年版，第 197 页。

③ 在《抱朴子》中有不少内容都谈到了房中之术对于养生的价值与意义，这主要集中在《微旨》、《释滞》等篇章，不赘述。

④ 《抱朴子·释滞》有云："欲求神仙，唯当得其至要，至要者在于宝精行炁，服一大药便足，亦不多用也。"《抱朴子·杂应》亦有云："朝夕导引，以宣动荣卫，使无辍阂。"

并不是回归"道"的有效方法与途径（《老子·四十八章》有云："为学日益，为道日损"），也难以与"道"的自然本真精神相符，因而只能与"道"渐行渐远。从文本语境上看，老子应该是不赞成道教诸如此类的做法的。

在对待生命和生死的态度上，道家因"自然"而强调"顺生"，而道教则以"益生"的方式去追求"长生"。① 那么，在两者之间为何会有这种变化呢？这应该从道教的兴起谈起。如前文所言，道教的产生和形成过程，其原因纷繁驳杂，并非一语可以道尽，也并非本文探讨的重点。在此，我们想说的是道教的兴起过程实际上就是道家的"道"地位下降、世俗性特征不断增强的过程。② 根据刘笑敢的研究，道教是多神教，祭祀的对象包括了诸多的鬼神精灵，此外，"它还吸收了中国古代人们所知道的种种礼俗方术，诸如祖先奉献牺牲，乞求风调雨顺，五谷丰登，禳灾避祸。与其他宗教不同，道教并不关心死后的生活，较之中国其他宗教，它的独特之处在于追求长生不老和肉体的不朽。因此，它具有很强的世俗特征"③。由此来看，道教所持"益生"的生命态度无疑与其形成根源的驳杂性以及所具有的浓厚的世俗性特征是密切相关的，与道家的生命态度正好

---

① 对此，陈丽桂也说："《老子》的体道是要'损'，要'俭'，要'啬'，要放下一切的刻意与有为，无善无恶，去除一切心灵的杂质与精神负担，做一个完全没有牵挂、重量与色彩的人。《想尔》虽也撷取了《老子》清俭不好荣华的精神特质……却又给信徒增加许多宗教性的心灵负担，即所谓的行善、积福、诚信、炼形、长生、仙寿。将《老子》所力求放下的'形身'问题，重新重重地扛了起来，不但在乎'生'、'寿'，还要求'长'、'仙'，这便背离了《老子》'损'的体道要诀，走向了'益'的仙道之路。"所言甚是。引文见陈丽桂：《汉代道家思想》，中华书局 2015 年版，第 269 页。

② 日本学者池田知久先生将此称为"'道'的形而下化"。见 [日] 池田知久：《道家思想的新研究（下）——以〈庄子〉为中心》，王启发、曹峰译，中州古籍出版社 2009 年版，第 531 页。

③ 刘笑敢：《道教》，陈静译，上海古籍出版社 2008 年版，第 5 页。

相反。可以说，道家是以合乎"道"、反向复道的方式来超越生死，故而认为人们没有必要追求长生，老子说："吾所以有大患者，为吾有身，及吾无身，吾有何患。"（《老子·第十三章》）"夫唯无以身为者，是贤于贵生。"（《老子·第七十五章》）庄子也说："古之真人，不知说生，不知恶死。""死生，命也。其有夜旦之常，天也。人之有所不得与，皆物之情也。"（《庄子·大宗师》）显然，道家哲学的奠基者认为，人不能也不应该在生死之间厚此薄彼，相反的，人应该超越生死的差别。与此相反，道教却把长生不死的可能性与重要性视为其核心的原则，是一种悦生恶死的态度，从这个角度来看，可能是对道的背离。① 正因为道教悦生恶死，具有浓厚的世俗性与功利性，所以就导致了其很强的吸纳性和包容性，规定了其对君王的尊崇（《抱朴子·良规》云："夫君，天也，父也。君而可废，则天亦可改，父亦可易也"）和对儒家伦理道德的吸纳（《抱朴子·对俗》即云："欲求仙者，要当以忠孝和顺仁信为本。"②《抱朴子·微旨》亦云："览诸道戒，无不云欲求长生者，必欲积善立功，慈心于物"），对医术修习的重视（《抱朴子·杂应》云："古之初为道者，莫不兼修医术，以救近祸焉"），以及对炼制丹药的迷恋（《抱朴子·金丹》云"夫金丹之为物，烧之愈久，变化愈妙；黄金入火，百炼不消，埋之毕天不朽。服此二物，炼人身体，故能令人不老不死。此盖假求于外物，以自坚固"③）。而且需

---

① 参见刘笑敢：《道教》，陈静译，上海古籍出版社2008年版，第18页。

② 笔者按：由此来看，道教所谓的"本"并不具有唯一性，彰显了浓厚的功利性色彩。不仅如此，由于"老庄主张绝圣弃知、抨击礼义、实行无为而治等，都是有损于名教，不利于维护当时的封建统治秩序的"，所以葛洪在《抱朴子》中对老庄道家甚至也有所批评："道家之言，高则高矣，用之则弊，辽落迂阔，譬犹干将不可以缝线，巨象不可使捕鼠，金舟不能凌阳侯之波，玉马不任骋千里之迹也。"（《用刑》）见许抗生：《葛洪道教思想研究》，《道家思想与现代文明》，中华书局2015年版，第260页。

③ 笔者按："百炼不消，埋之毕天不朽"的丹药虽在特性上近于天地之久长（将人与天地

要指出的是，房中术本为传统社会避谈之事，在道教这里却因其与长生关系密切，而成了正当言说的对象，同样也体现了浓厚的世俗性与功利性。可以说，道教的世俗性与功利性，一方面决定了其对各种有利于自身发展的思想资源的充分汲取与吸收，另一方面也导致了道教的理论水平与实践方法根本上是受制于其世俗性与功利性的，因而其理论分析与形上建构并没有道家哲学那么突出。但道教将修道长生与积善事功密切联系起来，实则正体现了其欲弥合"道"本有的形上超越性与客观存在之社会政治之间的罅隙，故而谢路军称谓道教这些人是"在出世与入世中徘徊，在隐遁与现实中出入"①。

实际上到了魏晋及其以后，道教渐渐并不再看重外丹和符箓，反而把炼养的重心放在了精神解脱上。出现这种变化的原因，最直接的恐怕与肉体追求长生成仙目标的失败不无关系。另外还受作为"三玄"重要内容的老庄精神对这一时代的整体影响，同时道教又吸收了"佛教般若学和佛性论的思想养料，用老庄和玄学加以融会贯通，逐步形成道教所特有的道性说和精神超越之道"②，乃至到了唐朝发展出了重玄之学。实际上，唐朝出现的重玄之学③，是"道教理论在融会佛、儒和道家哲学的基础上出现的

类比，以天地之长久为依据来探讨人之长生问题，是道教的一贯做法。如《上清灵宝大法·序》中说："人禀中和之全气，故像天地之大体，及其气血运动，密契阴阳。"《钟吕传道集》也说：人"气液升降如天地之阴阳，肝肺传导若日月之往复"，等等），但作为气化形成之人体如何能化融此坚物呢？虽有种种炼药入体之法，但万物之性毕竟各有差异。故而由此来看，道家在延年长生之法的探索上仍显得不够精致自洽。

① 谢路军：《中国道教源流》，九州出版社 2004 年版，第 57 页。
② 谢路军：《中国道教源流》，九州出版社 2004 年版，第 77 页。
③ 笔者按：唐朝重玄之学的出现，就佛教思想资源来看，它是受了佛教"即体即用"思维方式（李荣对道的阐释及其与万物的关系）、"中道"（成玄英对"重玄之道"的解释）及"破执"（成玄英将庄子的"坐忘"解释为"兼忘"）等思想，以及禅定、止观等修行方法（司马承祯"主静"的修养方法）的影响。

一个飞跃，为道教理论的发展开辟了新的研究领域，也为宋元全真教的兴起奠定了思想基础"①，至此道教的理论面目才为之一新，从此以后，道教才真正拥有了可以与佛教和儒学相抗衡的哲学理论。

3. 自然与益生之间的思想关联

在上文，我们对道家道教的生命、生死态度做了整体性的梳理，已基本厘清了在这中间由自然顺生向养生益生的转向与变化。在文章的最后，我们再重点看一下自然与益生之间的关系，以便更好地考察与评价在它们之间出现的这种转向。

从思维理路上来看，道家道教都从"道"和天地之长久（《老子·七章》云："天长地久。天地所以能长且久者，以其不自生，故能长生"。）看到了人存在的有限性与困境，只不过在如何超越人的有限性与悲剧性上出现了较大差异。道家鼻祖老子认为人应该自然无为，尤其是他眼中的圣人更应该"处无为之事，行不言之教"（《老子·二章》），"无为""好静""无事""无欲"（《老子·五十七章》），"无为""无执""欲不欲""学不学"（文见《老子·六十四章》），等等，以真正效法道和天地存在与变化的自然本真之状态。在《老子》文本中，我们发现，"圣人"往往与"民"（有时候用"天下"）对举连言，非常具有"王"的色彩②，而且在这种对比言

① 谢路军：《中国道教源流》，九州出版社 2004 年版，第 77、80 页。另外，关于成玄英的重玄学还可见李刚：《成玄英的人生哲学评说》，《四川大学学报》（哲学社会科学版）2001 年第 1 期。

② 于此，林光华认为，圣人与侯王的层次是不同的，圣人要比侯王高一个层次。对于两者之间的差别，她申论道："圣人体道，圣人是《老子》中理想的形象，也是最高的人格形象，他们直接体悟了道，因而懂得'无为'的道理，知道这是最好的治理国家的方法，类似尧、舜、禹这样；侯王守道，侯王是现实中国家的治理者，他们通过向圣人学习来明道，然后贯彻到治国中，对于百姓的生存至关重要，代表了老子对现实中执政者的最高期望"。由此来看，圣人为体道者，侯王则是守道者，皆为"道"在现实政治层面的具体体现，只是他们与"道"的距离远近有所不同而已，或者说他们与

说中更凸显了圣人体道、践道的典范意义（《黄帝四经·道原》即云："故唯圣人能察无形，能听无声，知虚之实。""通天地之精"，"知人之所不能知，服人之所不能得。"诸如此类的话语，即已彰显了道家视域中的圣人与道之间的关系）①，可以说是天下万民的榜样，简直是"道"在人世间的化身。那么圣人践道何以可能呢？② 这是因为天地万物莫不由"道"而生、从"道"而出（《老子·二十五章》即云："有物混成，先天地生。寂兮寥兮，独立不改，周行而不殆。可以为天下母。"《老子·五十一章》更直接指出："道生之，德畜之，物形之，势成之"），故天下万物没有不尊崇"道"而重视"德"的（《老子·五十一章》即云："万物莫不尊道而贵德"）。既然圣人有着"道"在人世间化身的一面，那么他在治理天下的时候往往是以合乎"道"的方式进行的，是谓"治大国若烹小鲜""以道莅天下"（《老子·六十章》）。于此，老子以从上而下的视角推阐出"道"在人世间运转流行的合理性与有效性，从而告诉人们天下事物皆从"道"出，我们在认识事物的时候应以"道"观之。不仅如此，老子还告诫我们，掌握事物和把握规律只是认知"道"的途径与手段，这并不是人生的最终目的，我们最终还必须要回归和坚守万物的根本——"道"，从而就能终身没有危险（《老子·五十二章》云："天下有始，以为天下母。既得其母，以知其子。既知其子，复守其母，没身不殆"）。

　　同样，对于"道"和"天地"的无为，《庄子》也给予了充分的关注。

　　"道"的结合程度进而影响到得道的程度与气质有所不同而已。引文见林光华：《〈老子〉之道及其当代诠释》，中国人民大学出版社 2015 年版，第 213 页。

① 对此，刘笑敢也认为，《老子》中的圣人"是道之原则的体现者，可以为'天下式'"。刘笑敢：《老子古今》，中国社会科学出版社 2009 年版，第 338 页。

② 关于圣人践道何以可能的问题，林光华认为："道与圣人具有一体性。让万物是其所是的根源是道，人格代表是圣人。"林光华：《〈老子〉之道及其当代诠释》，中国人民大学出版社 2015 年版，第 111—112 页。

《庄子·至乐》说："天无为以之清，地无为以之宁。故两无为相合，万物皆化生……故曰：'天地无为也而无不为也。'人也孰能得无为哉！""杂乎芒芴之间，变而有气，气变而有形，形变而有生。今又变而之死。是相与为春秋冬夏四时行也。"于此，庄子后学在强调道和天地无为的同时，还意在彰显万物的自然生成与变化过程，而在天地万物的生成与变化过程中便处处透着"道"的精神与功用（《庄子·知北游》即云：道"无所不在"）。以此知之，庄子后学在继承老子之"道"形上性与超越性的同时，还非常关注"道"与现实世界的结合问题，并在探讨这一问题的过程中用"气"作为沟通两者的桥梁与纽带①，从而在对"道"的认知和把握上便成为一种可能。既然"道"和天地是无为的，而人的生死过程又如同春秋冬夏四季的自然运行一样，那么在生命形体方面，人是无能为力的，一切附加在人身上的行为都是妄作，只能为自身招致祸患，所以在这方面只能随顺。但正如上文所言，人又不能仅止于此，否则人终将深陷于命运之困顿与悲剧性而无法自拔，故而庄子后学提出"外化内不化"之说，从而试图以"内不化"的方式②与"道"相合来借以实现对生死、形体等束缚、局限的内

---

① 笔者按：在《老子》文本中，虽也出现了"气"字（《老子·十章》有"专气致柔"，《老子·四十二章》有"万物负阴而抱阳，冲气以为和。"《老子·五十五章》则有"心使气曰强"，等等），但主要指涉气或精气本身而言，尚看不出具有沟通"道"与现实世界的功能及意义。另外，陈鼓应先生对于战国时期的道家何以关注"气"、"气化"，从理论上作出了说明。对此，他说："老子的宇宙生成论过于空泛，在道和万物之间缺乏中间环节，战国道家（庄学及黄老）乃发展出气化论以补不足。"陈鼓应：《老庄新论》（修订版），商务印书馆 2008 年版，第 109 页。

② 笔者按：在庄子强调"无己"、"无功"、"无名"（文见《逍遥游》）的基础上，庄子后学在《知北游》中则进一步专门探讨了知道、安道和得道的方法与途径，并假托黄帝的名义予以作答："无思无虑始知道，无处无服始安道，无从无道始得道。"这一方面说明了庄子后学虽以"气"为中介来试图言说和把握"道"，但"道"本身毕竟还有着形上性与超越性的固有传统，故而在这里借黄帝之口道出了认知和把握"道"的方式要自然无为；另一方面也彰显了庄子后学当中的黄老色彩，或者说大盛于战国中晚

在式精神性超越。可以说，在道家思想框架内虽然也有着强调养生、长寿的内容，但那也是在"道"的观照下展开的，因而道家对生死与生命的态度主要还是自然无为和顺生的，更何况道家所强调的养生、长寿都是以天道无为和因任自然为根本前提的（如《庄子·天道》云："夫虚静恬淡寂漠无为者，天地之平而道德之至，故帝王圣人休焉。休则虚，虚则实，实则伦矣。虚则静，静则动，动则得矣。静则无为，无为也则任事者责矣。无为则俞俞，俞俞者忧患不能处，年寿长矣"）。在这里，我们需要指出的是，《庄子·天道》中对"天道"的强调与重视，实是庄子后学对"道"所进行的一种体认。这种体认在将"道"在宇宙空间中的位置加以明确化的同时，又将"道"因形上性、无限性和遍在性所产生的神秘性① 与宿命论色彩〔这在庄子那里表现得尤为明显，他强调"死生，命也"，"人之有所不得与"（《庄子·大宗师》），并要求人们"安时而处顺"（《庄子·养生主》）〕做了某种程度上的弱化处理。从思维理路上看，庄子后学对"道"之神秘性与宿命论成分所做的弱化处理，再加上又将"气"处理为连接"道"和现实世界的中介桥梁，这无疑为道家（主要指老庄之后的道家）持续而深入地探讨人如何在乱世中合理地生存与延长寿命做了学理上的准备，进而为道教对"道"所做的功利性、世俗性处理，为道教转向对长生不死、得道成仙现实功用的浓厚关注奠定了理论基础。

与道家多强调自然、顺生不同，道教则往往执着于对生命形体的养护，并试图以把养护方法系统化、精致化的"益生"方式来实现肉体的长生不死，

期的黄老之学对于这一历史阶段诸子学的发展都产生了不小的影响，而庄子后学则只是其中所展现的一个方面而已。

① 老子往往用"不可道"、"惟恍惟惚"、"为道日损"等语汇来表述，而庄子则于《庄子·大宗师》里有着集中表述："夫道，有情有信，无为无形；可传而不可受，可得而不可见；自本自根，未有天地，自古以固存；神鬼神帝，生天生地；在太极之先而不为高，在六极之下而不为深，先天地生而不为久，长于上古而不为老。"

进而以之来化解因人之有限性所产生的困顿与悲剧性。那么，在对待生命态度上，为何在道家和道教之间产生了这么大的变化，原因何在？

在此，我们首先要指出的是，就老子所开创的道论思想体系而言，"道"在道家、道教那里，本身就不同程度地含有宇宙万物的本原；万物化生、生成的动力和根据①；天地运转的自然规律等义项与内容②。因而，道家强调自然、顺生，道教强调养生、益生，本身就包含在"道"所蕴含的不同义项当中，是符合"道"之外延的。③ 所以道家多强调"益生曰祥"

---

① 对此，周耿亦有相应论述："道生万物之后，又内在于万物，成为万物各自的本性（道分化于万物即为'德'）。"见周耿：《"道生、物形"论：先秦道家万物生成论的基本模式及其理论意义》，"黄老道家研究的新拓展"学术研讨会论文集，2015 年 11 月，第 279 页。

② 李晓英将之总结为：道体现为每一个体；道指涉每一个体背后的他者及个体和他者的共在关系；道喻指道德的实质层面，即圣人的境界，一共三层含义。（参见李晓英：《先秦道家"道"论新解》，《史学月刊》2008 年第 5 期。）余明光先生在充分研究长沙马王堆汉墓帛书《黄帝四经》的基础上认为，"道"既是创造万物的本原，又是万事万物的属性，也是思想和行为的准则。（参见余明光：《黄帝四经与黄老思想》，黑龙江人民出版社 1989 年版，第 21—28 页。）刘文英则认为，老子的道论是一个整体性的系统，其内在结构包括立道、遵道和修道三个层次；其道概念则分别有本原义、本体义、规律义、原则义、方法义和境界义，而有机地联系在一起。[参见刘文英：《老子道论的现代分疏与解读》，《南开学报》（哲学社会科学版）2002 年第 2 期。]

③ 对此，陈鼓应先生亦指出："老子书上所有的'道'字，符号形式虽然是同一的，但在不同章句的文字脉络中，却具有不同的义涵。有些地方，'道'是指形而上的实存者；有些地方，'道'是指一种规律；有些地方，'道'是指人生的一种准则、指标或典范。因而，同是谈'道'，而含义却不尽同。含义虽不同，却又是可以贯通起来的。"诚是。[见陈鼓应：《老庄新论》（修订版），商务印书馆 2008 年版，第 139 页。] 另外，关于道的义项，陈鼓应先生认为道有三义："实存意义的道"、"规律性的道"和"生活准则的道"。"实存意义的道"包括"道体的描述"与"宇宙的生成"两个方面。"规律性的道"包括"对立转化"和"循环运动"这两个规律。"生活准则的道"包括第十六章"致虚极，守静笃"等。陈先生对道之义项的总结，会有助于我们加深对"道"本身的理解。参见陈鼓应：《老子哲学系统的形成和开展》，《老子注译及评介》（修订增补本），中华书局 2009 年版，第 1—12 页。

[(《老子·五十五章》)"祥者"，与《老子河上公注·玄符第五十五》注解为"长也"和"长大"不同，今人多解释为"不祥"①]，"不知说生，不知恶死"（《庄子·大宗师》），"常因自然而不益生"②（《庄子·德充符》），而道教则悦生惧死，强调生对于作为类概念的人的重要性，故而衍生出了一系列与行善、积福、炼形、长生等相关的重生理念与养生文化。

其次，汉代道家道教对"道"所做的"术化"处理，无疑与这一历史时期尚用崇功社会风气密切相关。根据陈丽桂的研究，"汉人治学，经世企图强烈，闳博而大气，儒道皆然。汉代思想家重视对实际政治与人生事务之讨论而不尚玄虚。"③这种社会风气进而影响到了这一历史阶段的理论导向与治学风气，因而汉代道家道教崇尚"道"用，以术释道，是社会历史发展在思想文化上的具体反映。可以说，汉代道家道教注重"道"用，自然就包含着像《老子想尔注》那样将道与益生、长生联系起来的理论向度与现实需求（《想尔注》在注解《老子》时往往有"行道致生""行道者生""能致长生"诸如此类的话语）。不仅如此，《想尔注》甚至还视"生"为"道"之别体，彰显了道教在东汉时期对长生的重视而将其抬高到了与"道"几无差别的地步。

另外，道家道教关于生死、生命态度发生的重大转向，还与道教本身成立之初的复杂情形以及实践形式大有关联。关于道教的产生情形和实践

---

① 任继愈先生言谓："'祥'，古时用作吉祥；也有时用作妖祥。这里是指的灾殃、妖孽。《庄子·庚桑楚》：'孽孤为之祥'，《左传》昭公十八年：'将有大祥'，'祥'字都是指的灾祸。"（任继愈：《老子绎读》，北京图书馆出版社2006年版，第121页脚注。）另亦可见钟泰：《庄子发微》，上海古籍出版社1988年版，第127页。

② 除此之外，在《庄子》其他篇章中也多次强调"自然"和不妄作，如："顺物自然"（《庄子·应帝王》)，"应之以自然"（《庄子·天运》)，"莫之为而常自然"（《庄子·缮性》)，等等。

③ 陈丽桂：《汉代道家思想》，中华书局2015年版，第131页。

形式，董平认为"实与老庄之说并无太多的本质上的直接关联，而毋宁是作为思想形态的黄老之学、作为信仰形式的万物有灵、作为诠释模型的阴阳——五行以及作为实践方式的秦汉方术诸方面之协力互动而产生的一种结果；这一结果在原因上的复杂性同时即决定了其可能的理论诠释空间的广阔性"①。也就是说，道教之所以能够在生命态度上发生如此大的转向，实与道教产生过程的复杂性以及道教实践方法的多元性密切相关。理论诠释空间的广阔性，自然就蕴含着学术理路发生转向的可能性。因而，在对待生死和生命的态度上，老庄基于人之有限性与悲剧性的现实存在而主张自然顺生，道教却采取了"一种完全乐观主义的态度，它认为人不需要在永恒的信仰对象那里寻求此在生活的庇护，而是将永恒对象看作是人可以直接接近并与之纯粹相同一的，而且与永恒实在的这种同一，是于此在的生存过程本身即可以完成与实现的"②。可见，在生死与生命态度上，道教由原来道家或多或少所具有的悲观色彩、宿命论转向了"一种完全乐观主义的态度"，故而不厌其烦地谈论养气、炼形、重生、长生、仙寿等话题，这是在道教可诠释的理论框架允许范围之内的。

当然，道教之所以也以"道"来称谓，自然是与道家一样都有着推崇"道"的一面，只不过不同的是，前者还非常注重养生、益生，并对影响人生命形体的因素加以关注与探讨，这在道教经典文本《太平经》那里有着突出的表现。在《太平经》中关于乐生、重生的话语很多，比如："天地之性，万二千物，人命最重"③，"要当重生，生为第一"④。为何生对

---

① 董平：《庄子与葛洪——论道家生命哲学向宗教信仰的转变》，《浙江社会科学》2004 年第 4 期。
② 董平：《庄子与葛洪——论道家生命哲学向宗教信仰的转变》，《浙江社会科学》2004 年第 4 期。
③ 王明：《太平经合校》，中华书局 1960 年版，第 34 页。
④ 王明：《太平经合校》，中华书局 1960 年版，第 613 页。

于人如此重要呢？这是因为"凡天下人死亡，非小事也。壹死，终古不得复见天地日月也，脉骨成涂土。死命，重事也。人居天地之间，人人得一生，不得重生也"①。故而，《太平经》认为"人最善者，莫若常欲乐生，汲汲若渴"②。既然生命对于人如此重要，那么怎样对待生命才能延年益寿甚至成仙升天呢？在这方面，《太平经》显然是对传统伦理规范与儒家道德精神做了充分吸收③，并积极运用传统伦理规范与儒家道德精神的思想资源来辅助自庄子后学以来愈加显著的养生、益生思想，从而"以期达到形神共存，即'形神俱妙'，而'肉体飞升'"④的现实目的。但是随着时间的推移与道教的发展，道教人物已逐步意识到肉体长存不死已不可能，故而后期道教则多转向于重视精神不死，对此，海波也评论说："早期道教在宗教实践上注重养气炼形，追求肉体长生的显效。其修炼方法十分具体，综合了华夏传统的仙道、养生术，有服饵、服气、辟谷、行气（闭息）、导引、按摩、叩齿、咽津、存思等多种花样，易于常人修习。大概因养气炼形一类长生实验方法的失败和不理想，促使道教后来渐转向重于修心，从老庄的守静、守心、坐忘、心斋等炼神之道出发，融摄了佛家擅长的修心之道。"⑤

---

① 王明：《太平经合校》，中华书局 1960 年版，第 298 页。

② 王明：《太平经合校》，中华书局 1960 年版，第 80 页。

③ 詹石窗认为，"《太平经》告诫世人，养生不但要事亲、敬师，而且要广行善事以积德，因为'不孝而为道者，乃无一人得上天者也。'（王明：《太平经合校》，中华书局 1960 年版，第 656 页。）"另外，《太平经》还认为"作善为恶，报应在生命的长与短。它认为，天地是喜欢人为善，不喜欢人为恶的，天地目睹人有道德为善，则大喜；见人为恶，则大怒忿忿。行善正，则得天心而生；行恶，失天心，则凶死"。见詹石窗：《道教与中国养生智慧》，东方出版社 2007 年版，第 163—164 页。

④ 詹石窗：《道教与中国养生智慧》，东方出版社 2007 年版，第 168 页。

⑤ 海波：《从"重生轻死"到"生死齐一"——道家死亡观的哲学维度》，《哲学研究》2008 年第 1 期。

因而，在文章的最后，我们完全可以说，在道家道教之间生死和生命态度上发生的这种重大转向与变化，既是社会政治历史发展的一种现实要求，也是人们在应对和解决人与宇宙及社会关系的理论需要与精神诉求。

责任编辑：段海宝

版式设计：庞亚如

图书在版编目（CIP）数据

传道与出仕：共同体理论视野下的先秦儒家／李友广，王晓洁 著 . —北京：
人民出版社，2018.11

ISBN 978－7－01－019798－2

I.①传…　II.①李…②王…　III.①儒家－哲学思想－研究－中国－先秦时代

IV.① B222.05

中国版本图书馆 CIP 数据核字（2018）第 215802 号

传道与出仕

CHUANDAO YU CHUSHI

——共同体理论视野下的先秦儒家

李友广　王晓洁　著

人 民 出 版 社 出版发行

（100706　北京市东城区隆福寺街 99 号）

天津文林印务有限公司印刷　新华书店经销

2018 年 11 月第 1 版　2018 年 11 月北京第 1 次印刷

开本：710 毫米 ×1000 毫米 1/16　印张：16.5

字数：210 千字

ISBN 978－7－01－019798－2　定价：49.00 元

邮购地址 100706　北京市东城区隆福寺街 99 号

人民东方图书销售中心　电话（010）65250042　65289539

版权所有·侵权必究

凡购买本社图书，如有印制质量问题，我社负责调换。

服务电话：（010）65250042